佛山科学技术学院佛山岭南文化研究院2014年度招标课题

(项目编号：14lnwh04)

佛山市人文和社科研究丛书编委会

顾　问：郭文海
主　任：邓　翔
副主任：温俊勇　曾凡胜
编　委：（按姓氏笔画顺序）
　　　　邓　辉　申小红　许　锋
　　　　李自国　李若岚　陈万里
　　　　陈丽仪　吴新奇　聂　莲
　　　　曹嘉欣　淦述卫　曾令霞

中共佛山市委宣传部　主编
佛山市社会科学界联合会

佛山市人文和社科研究丛书

陈启沅评传

CHENQIYUAN PINGZHUAN

许　锋　著

中山大学出版社
SUN YAT-SEN UNIVERSITY PRESS

·广州·

版权所有　翻印必究

图书在版编目（CIP）数据

陈启沅评传/许锋著. —广州：中山大学出版社，2018.7
（佛山市人文和社科研究丛书）
ISBN 978-7-306-06382-3

Ⅰ.①陈…　Ⅱ.①许…　Ⅲ.①陈启沅（1836—1904）—评传　Ⅳ.①K825.38

中国版本图书馆 CIP 数据核字（2018）第 146795 号

出 版 人：王天琪
策划编辑：李海东
责任编辑：李海东
封面设计：方楚娟
责任校对：刘丽丽
责任技编：何雅涛
出版发行：中山大学出版社
电　　话：编辑部 020-84110771，84113349，84111997，84110779
　　　　　发行部 020-84111998，84111981，84111160
地　　址：广州市新港西路 135 号
邮　　编：510275　　传　　真：020-84036565
网　　址：http://www.zsup.com.cn　E-mail：zdcbs@mail.sysu.edu.cn
印 刷 者：广州家联印刷有限公司
规　　格：787mm×1092mm　1/16　12.75 印张　240 千字
版次印次：2018 年 7 月第 1 版　2018 年 7 月第 1 次印刷
定　　价：45.00 元

如发现本书因印装质量影响阅读，请与出版社发行部联系调换

传主简介

陈启沅（1836—1904），名如琅，字启沅，号芷馨。广东省南海县江浦司简村堡简村乡（今广东省佛山市南海区西樵镇简村）人。我国近代爱国华侨、著名民族企业家、蚕学家、慈善家。创办我国第一家民族资本经营的机器缫丝厂——继昌隆缫丝厂，是中国近代民族工业的创始人。一生著述颇丰，著有《蚕桑谱》《陈启沅算学》《理气溯源》等著作，其中《蚕桑谱》对晚清蚕桑科技的传播发挥了很大作用，是中国近代社会史、经济史、科技史的参考资料。

内容简介

本书对陈启沅创办我国第一家民族资本经营的机器缫丝厂——继昌隆缫丝厂的全过程进行了详细描写；对继昌隆缫丝厂的发展、兴盛、变迁等进行了客观、公正的述评；对陈启沅个人及其创办、倡导的缫丝工业在珠江三角洲乃至全国缫丝工业的发展中所起到的作用，进行了客观分析；对陈启沅所著《蚕桑谱》《陈启沅算学》等著作在当时的社会、经济、生活中所起的作用进行了细致研究。

本书在完成整理和保存与陈启沅相关的历史资料的同时，具有较大的文献参考价值；也是迄今为止有关陈启沅的最为详实的一本评传，搜集的史料丰富，分析、论证细致，观点明确，文字简洁流畅。

《佛山市人文和社科研究丛书》
出版前言

　　文化是一座城市的品格和基因，佛山是座历史传统悠久、人文气息浓郁、文化积累深厚的城市。近年来，佛山经济社会发展日新月异，岭南文化名城建设如火如荼，市、区有关部门及镇街从各自工作职能或地方发展特点出发，陆续编辑出版了一些人文社科方面的书籍及资料。但从全市层面看，尚无一套完整反映佛山历史文化和人文社科方面的研究丛书，实为佛山社会文化传承的一大憾事。为弥补这不足之处，中共佛山市委宣传部、佛山市社会科学界联合会决定联合全市社会科学研究力量，深入挖掘佛山历史文化资源，梳理佛山哲学社会科学研究成果，编辑出版《佛山市人文和社科研究丛书》，并力争将其打造成为佛山市的人文社科研究品牌和城市文化名片。

　　本套丛书的策划和编辑，主要基于以下几个方面的考虑：一是体现综合性。丛书从全市层面开展综合性研究，既彰显佛山社会经济文化综合实力，也充分展现佛山人文社科研究水平，避免了只研究单一领域或个别现象，难以形成影响力的缺憾。二是注重广泛性。丛书对佛山历史文化、名人古迹、民俗风情、非物质文化遗产和经济、政治、社会、生态等各个方面都给予关注，而佛山经济社会发展亮点、历史文化闪光点和研究空白领域更是丛书首选。三是突出本土性。丛书选题紧贴佛山实际，具有鲜明的地方特色，作者主要来自佛山本地，也适当吸收外部力量，以锻炼培养一批优秀的人文社科研究人才。四是侧重研究性。丛书严格遵守学术规范，注重学术研究的广度、深度和高度，注重理论的概括、提炼和升华，在题材、风格、构思、观点等方面多有独到之处，具备权威性、整体性、系统性和新颖性，是值得收藏或研究的好书籍。五是兼顾通俗性。丛书要求语言通俗易懂，行文简洁明了，图文并茂，条理清晰，易于传播，既可做阅读品鉴之用，也是开展对外宣传和交流的好读物。六是坚持优质性。丛书综合考虑研究进度和经费安排，本着宁缺毋滥的原则，采取成熟一本出版一本的做法，"慢工出细活"，保证研究出版的质量。七是力求系统性。每年从若干选题中精选一批进行资助出版，积沙成塔，形成规模，届时可再按历史文化、哲学社会科学、佛山典籍整理等形成系列，使丛书系列化、规模化、品牌化。八是讲究方便性。每本书，既是整套丛书的一部分，编排体例、形式风格保持一致，又独立成书，自成一体，各有风采，避免卷帙浩繁，方便携带和交流。

自 2012 年底正式启动丛书编辑工作以来，包括这一辑在内，已编撰出版五辑。每一辑书籍的编撰，编委会都要多次召开专门会议，讨论确定研究主题、编辑原则、体例标准、出版发行等事宜。经过选题报告、修改完善、专家审定、编辑校对等环节，形成每一辑的《佛山市人文和社科研究丛书》。此次第五辑《佛山市人文和社科研究丛书》包括《烟草大王简照南研究》《源流、传播与传承——佛山粤剧发展史》《佛山文苑人物传辑注》《佛山政府、企业"互联网+"——兼论城市社区治理与服务》《陈启沅评传》《佛山冶铸文化研究》《佛山幼儿教育实践与探索——佛山市机关幼儿园愉快园本课程建设》等七本著作。通过数年的持续努力，现已初步形成了一整套覆盖佛山人文社科方方面面的研究丛书，使之成为建设佛山岭南文化名城、增强地方文化软实力的一项标志性工程。

本套丛书的编辑得到了佛山科学技术学院、广东东软学院、广州城建职业学院、佛山市博物馆、佛山市机关幼儿园等单位和全市广大人文社科工作者的大力支持，中国社会科学院首批学部委员、著名学者杨义教授欣然为丛书作总序，中山大学出版社为丛书的出版做了大量艰苦细致的工作，在此一并表示衷心的感谢，并对所有关心和支持丛书编撰工作的社会各界人士致以深深的敬意！

佛山市人文和社科研究丛书编委会
2018 年 6 月

都来了解佛山的城市自我
——《佛山市人文和社科研究丛书》总序

杨 义
（中国社会科学院首批学部委员）

大凡有文化底蕴的地方，都有它的身份、品格和精神，有它的人物、掌故和地方风物，从而在祖国文化精神总谱系中留下它独特的文化DNA。佛山作为一座朝气蓬勃而又谦逊踏实的岭南名城，自然也有它的身份、品格、精神，有它的人物、掌故、风物和文化DNA。对于佛山人而言，了解这些，就是了解他们的城市自我；对于外来人而言，了解这些，就是接触这个城市的"地气"。

佛山有"肇迹于晋，得名于唐"的说法。汉武帝派张骞通西域之后，中国始通罽宾，即今克什米尔。罽宾属于或近于佛教发祥之地，在东汉魏晋以后的数百年间，多有高僧到中原传播佛教和译经。唐玄奘西行求法，就是从罽宾进入天竺的。据清代《佛山志》，东晋时期，有罽宾国僧人航海东来传教，在广州西面的西江、北江交汇的"河之洲"季华乡结寮讲经，宣传佛教，洲岛上居民因号其地为"经堂"。东晋安帝隆安二年（398），初来僧人弟子三藏法师达昆耶舍尊者，来岛再续传法的香火，在经堂旧址上建立了塔坡寺。因而佛山经堂有对联云："自东晋卓锡季华，大启丛林，阅年最久；念西土传经上国，重兴法宇，历劫不磨。"其后故寺废弛。到了唐太宗贞观二年（628），居民在塔坡冈下辟地建屋，掘得铜佛三尊和圆顶石碑一块，碑上有"塔坡佛寺"四字，下有联语云："胜地骤开，一千年前，青山我是佛；莲花极顶，五百载后，说法起何人。"乡人认为这里是佛家之山，立石榜纪念，唐贞观二年镌刻的"佛山"石榜至今犹存。佛山的由来，因珠江冲积成沙洲，为佛僧栽下慧根，终于立下了人灵地杰的根脉。

明清以降的地方志，逐渐发展成为记录地方历史风貌的百科全书。读地方志一类文献，成为了解地方情势，启示就地方而思考"我是谁"的文化记忆遗产。毛泽东喜欢读地方志书。在战争年代，每打下一座县城，他就找县志来读。1929年打下兴国县城，获取清代续修的《瑞金县志》，他如获至宝，挑灯夜读。新中国成立后，毛泽东到各地视察、开会，总要借阅当地志书。1958年在成都会议之前，他就率先借阅《四川通志》《蜀本纪》《华阳国志》，后又要来《都江堰水利述要》《灌县志》，并在书上批、画、圈、点。他在这次成都会议上，提倡在全国编修地方志。1959年，毛泽东上庐山，就借阅民国时期吴宗慈修的《庐山志》及《庐山续志稿》。可见编纂地方人文社会科学文献，是使人明白"我从何而来"，"我的文化基因若何"，保留历史记忆，增加文化底蕴的重要工程。

从历史记忆可知，佛山之得名，是中外文化交流的一个亮丽的典型。它栽下的慧根，就是以自己的地理因缘和人文胸怀，得经济文化的开放风气之先。因为佛教东传，不只是一个宗教事件，同时也是开拓文化胸襟的历史事件。随同佛教而来的，是优秀的印度、波斯、中亚和希腊文化，它牵动了海上丝绸之路。诸如雕塑、绘画、音乐、美术、物产、珍宝、工艺、科技、思想、话语、逻辑、风习，各种新奇高明的思想文化形式，都借助着航船渡过瀚海，涌入佛山。佛山的眼界、知性、文藻、胸襟，为之一变，文化地位得到提升。

但是佛山胸襟的创造，既是开放的，又是立足本土的。佛山的城市地标上"无山也无佛"，山的精神和佛的慧根，已经化身千千万万，融入这里的河水及沃土。佛山的标志是供奉道教北方玄天大帝（真武）的神庙，而非佛寺，这是发人深省的。清初广东番禺人屈大均的《广东新语》卷六说："吾粤多真武宫，以南海佛山镇之祠为大，称曰祖庙。"那么为何本土道教的祖庙成了佛山的标志呢？就因为佛山为珠江水流环抱，水是它的生命线，如屈大均接着说的："南溟之水生于北极，北极为源而南溟为委，祀赤帝者以其治水之委，祀黑帝者以其司水之源也。"于是从北宋元丰年间（1078—1085）起，佛山就建祖庙，宋元以后各宗祠公众议事于此，成为联结各姓的纽带，遂称"祖庙"。祖庙附有孔庙、碑廊、园林，红墙绿瓦，亭廊嵯峨，雕梁画栋，绿荫葱茏，历数百年而逐渐成为一座规模宏大、制作精美、布局严谨、具有浓厚岭南地方特色的庙宇建筑群。

这种脚踏实地的开放胸襟，催生和推动了佛山的社会经济开发的脚步。晋唐时期的佛山，还只是依江临海的沙洲，陆地尚未成片。到了宋代，随着中原移民的大量涌入和海外贸易的兴起，珠江三角洲的进一步开发，佛山得到了进一步发展，于是有"乡之成聚，肇于汴宋"的说法。佛山邻近省城，可以分润省城的人才、文化、交通、商贸需求的便利；但它又不是省城，可以相当程度地摆脱官府权势压力和体制性条条框框的约束，有利于民间资本、技艺、实业和贸易方式的发育。珠江三角洲千里沃野，需要大量铁制的农具，因而带动了佛山的冶炼铸造业。屈大均《广东新语》卷十五说："铁莫良于广铁，……诸炉之铁冶既成，皆输佛山之埠，佛山俗善鼓铸，……诸所铸器，率以佛山为良，陶则以石湾。"生产工具的改进和省会、海外需求的刺激，又进一步带动了以桑基鱼塘为依托的缫丝纺织业。

起源于南越先民的制陶业，也在中原制陶技术的影响下，迅速发展起来了。南宋至元，中原移民把定、汝、官、哥、钧诸名窑的技艺带到佛山石湾，与石湾原有的制陶技艺相融合，在吸取名窑造型、釉色、装饰纹样的基础上，使"石湾集宋代各名窑之大成"。石湾的土，珠江的水，在佛山人手里仿佛具有了灵性，它们在南风古灶里交融裂变、天人合一，幻化出了五彩斑斓的石湾陶。清人李调元《南越笔记》卷六记载："南海之石湾善陶。凡广州陶器，皆出石湾，尤精缸瓦。其为金鱼大缸者，两两相合。出火则俯者为阳，仰者为阴。阴所盛则水浊，阳所盛则水清。试之尽然。谚曰'石湾缸瓦，胜于天下。'"李调元是清乾嘉年间的四川人，晚年著述自娱，这也取材于《广东新语》。水下考古曾在西沙沉没的古代商船中发现许多宋代石湾陶瓷。在东至日本朝鲜、西至西亚的阿曼和东非的坦桑尼亚等地，也有不少石湾陶瓷出土。自明代起，石湾的艺术陶塑、建筑园林陶瓷、手工业用陶器不断输出国外，尤其是园林建筑陶瓷，极受东南亚人民的欢迎。东南亚各国如泰国、越南、新加坡、马来西亚、印度尼西亚等地的出土文物中，石湾陶瓷屡见不鲜。至今在东南亚各地以及香港、澳门、台湾地区庙宇寺院屋檐瓦脊上，完整保留有石湾制造的瓦脊就有近百条之多，建筑饰品更是难以计其数。石湾陶凭借佛山通江达海的交通条件和活跃的海外贸易，走出了国门，创造了"石湾瓦，甲天下"的辉煌。石湾陶瓷史，堪称一部浓缩的佛山文化发展史，也是一部精华版的岭南文化发展史：南粤文化是其底色，中原文化是其彩釉，而外来文化有如海风拂拂，引起了令人惊艳的"窑变"。

佛山真正名扬四海，还因其在明清时期演绎的工商兴市的传奇。明清时期的佛山，城市空间不断拓展，商业空前繁荣，由三墟六市一跃而为二十七铺。佛山的纺织、铸造、陶瓷三大支柱产业，都进入了繁荣昌盛的发展阶段。名商巨贾、名工巧匠、文人士子、贩夫走卒，五方辐辏，汇聚佛山。或借助产业与资本的运作，富甲一方，造福乡梓；或潜心学艺、精益求精，也可创业自强。于是，佛山有了发迹南洋的粤商，有了十八省行商会馆，有了古洛学社和佛山书院，有了诸如铸铁中心、南国丝都、南国陶都、广东银行、工艺美术之乡、民间艺术之乡、中成药之乡、粤剧之乡、武术之乡、美食之乡等让人艳羡的美名，有了陈太吉的酒、源吉林的茶、琼花会馆的戏……百业竞秀、名品荟萃，可见街市之繁华。乡人自豪地宣称："佛山一埠，为天下重镇，工艺之目，咸萃于此。"外地游客也盛赞："商贾丛集，阛阓殷厚，冲天招牌，较京师尤大，万家灯火，百货充盈，省垣不及也。"清道光十年（1830）佛山人口据说已近六十万，成为"广南一大都会"，与汉口、景德镇、朱仙镇并称"天下四大镇"，甚至与苏州、汉口、北京共享"天下四大聚"之美誉，即清人刘献廷《广阳杂记》卷四所云："天下有四聚，北则京师，南则佛山，东则苏州，西则汉口。"佛山既非政治中心，亦非军事重镇，它的崛起打破了"郡县城市"的旧模式，开启了中国传统工商城市发展的新途径。它以"工商成市"的模式，丰富了中国城市学的内涵。

近现代的佛山，曾经遭遇过由于交通路线改变，地理优势丧失、经济环境变化的困扰。但是，佛山并没有步同列四大名镇的朱仙镇一蹶不振的后尘，而是在艰难中励志探索，始终没有松懈发展的原动力，在日渐深化的程度上实行现代转型。改革开放以来，佛山又演绎了经济学家津津乐道的"顺德模式"和"南海模式"。前者是一种以集体经济为主、骨干企业为主、工业为主的经济发展方式。借助这种模式，顺德于20世纪80年代完成了从农业社会到初始化工业社会的过渡，完善了有利于科学发展的体制机制，诞生了顺德家电的"四大花旦"——美的、科龙、华宝、万家乐。后者是以草根经济为基础，按照"三大产业齐发展，五个层次一齐上"的方针，调动县、镇、村、组、户各方面的积极性和社会资源，形成中小企业满天星斗的局面。上述两种模式衍生了佛山集群发展的制造基地、各显神通的专业市场、驰名中外的佛山品牌、享誉全国的民营经济。

佛山在自晋至唐的得名过程中埋下了文化精神的基因，又在现代产业经济发展中，培育和彰显一种敢为人先、崇文务实、通济和谐的佛山精神。这种文化基因和文化精神，使佛山人得近代风气之先，走出了一批影响卓著的名人：从民族资本家陈启沅到公车上书的康有为，从"近代科学先驱"邹伯奇到"铁路之父"詹天佑，从"岭南诗宗"孙蕡到"我佛山人"吴趼人，从睁眼看世界的梁廷枏到出使西国的张荫桓，从岭南雄狮黄飞鸿到好莱坞功夫巨星李小龙。在现代工商发展方式上也多有创造，从工商巨镇到家电之都，从"三来一补"到经济体制改革，从专业镇建设到大部制改革，从简镇强权到创新型城市建设，百年佛山人在政治、经济、文化领域引领风骚，演绎了一个个岭南传奇。佛山适时地开发了位于中国最具经济实力和发展活力之一的珠江三角洲腹地，位于亚太经济发展活跃的东亚及东南亚的交汇处的地理位置优势，由古代四大名镇之一转型为中国的改革先锋。

佛山人生生不息、与时俱进的创造力，蕴含着深厚的文化血脉和丰富的文化启示，值得进行系统的梳理和深层次的阐释。当代的佛山人，在默默发家致富、务实兴市的同时，应该自觉地了解生于斯、长于斯的这个城市的"自我"，总结这个城市发展的风风雨雨、潮起潮落的足迹，以佛山曾是文献之邦、人文渊薮的传统，来充实自己的人文情怀，提高"佛山之梦"的境界。佛山人也有梦，一百年前"我佛山人"吴趼人在《南方报》上连载过一部《新石头记》，写贾宝玉重入凡世乃是晚清社会，他不满于晚清种种奇怪不平之事，后来偶然误入"文明境界"，目睹境内先进的科技、优良的制度，不胜唏嘘。他呼唤"真正能自由的国民，必要人人能有了自治的能力，能守社会上的规则，能明法律上的界线，才可以说自由"；而那种"野蛮的自由"，只是薛蟠要去的地方。这些佛山文化遗产，是佛山人应该重新唤回记忆，重新加以阐释的。

"我佛山人"是我研究小说史时所熟悉的。我曾到过佛山，与佛山人交流过读书的乐趣和体会，佛山的文化魅力和经济成就也让我感动。略有遗憾的是，当我想深入追踪佛山的历史身份、品味和文化 DNA 时，图书馆和书店里除了旅游手册之类，竟难以找到有丰厚文化底蕴的新读物。"崇文"的佛山，究竟隐藏在繁华都市的何方？"喧嚣"的佛山，可曾还有一方人文的净土？我困惑着，也寻觅着。如今这套《佛山市人文和社科研究丛书》，当可满足我的精神饥渴。它涵盖了佛山的方方面面，政治、经济、文化、历史、人文、地理、城市、人物、事件，时空交错、经纬纵横，一如古镇佛山，繁华而不喧嚣，富有而不夸耀；也如当代佛山，美丽而不失内秀，从容而颇具大气。只要你开卷展读，定会感受到佛山气息，迎面而来；佛山味道，沁人心脾；佛山故事，让人陶醉；佛山人物，让人钦佩；佛山经验，引人深思；佛山传奇，催人奋进。当你游览祖庙圣域、南风古灶、梁园古宅之后，从容体味这些讲述佛山文化的书籍，自会感到精神充实，畅想着佛山的过去、当下和未来。我有一个愿望，这套丛书不止于三四本，而应该是上十本、上百本，因为佛山的智慧和传奇，还在书写着新的篇章，佛山是一部读不完的大书。佛山，又名禅城。佛山于我们，是参不透的禅。这套丛书可以使我们驻足沉思，时有顿悟！

我喜欢谈论人文地理，近来尤其关注包括佛山在内的南中国海历史文化。但是对于佛山，充其量只是走马观花、浮光掠影，爱之有加，知之有限。聊作数言，权作观感，是为序。

2014 年 2 月 9 日

目　　录

第一章　桑梓之乡　造就奇才 ·· 1
　　第一节　乐耕堂上　奉请其义 ·· 1
　　第二节　科举失利　志向动摇 ··· 16
　　第三节　一方水土　底蕴深厚 ··· 24

第二章　人在海外　志在蚕桑 ··· 33
　　第一节　四方多故　岂可偷生 ··· 33
　　第二节　出洋谋生　蓄意经营 ··· 38
　　第三节　植桑养蚕　可做文章 ··· 45

第三章　知行合一　造福桑梓 ··· 53
　　第一节　改良设备　开办工厂 ··· 53
　　第二节　开动机器　革新工艺 ··· 60
　　第三节　严格管理　教之乡人 ··· 70
　　第四节　蚕桑事业　造福桑梓 ··· 76
　　第五节　利益纷争　两败俱伤 ··· 89
　　第六节　迁往澳门　重整旗鼓 ·· 107

第四章　回迁故乡　鼎盛发展 ·· 117
　　第一节　思则有备　研制单车 ·· 117
　　第二节　齐头并进　纵横商海 ·· 131
　　第三节　融入当局　结交官员 ·· 136
　　第四节　研究蚕学　著书立说 ·· 150
　　第五节　算学专才　风水名师 ·· 163
　　第六节　斯人已逝　气息长存 ·· 170

附录　陈启沅大事年表 ··· 178

参考文献 ··· 181

后　记 ··· 185

第一章 桑梓之乡 造就奇才

第一节 乐耕堂上 奉请其义

相对于本书主人公陈启沅丰富的人生经历而言,他的故乡"简村"(图1.1)名字非常简单。一个字的村名在中国的自然村里不能说空前绝后,但也是不多见的。笔者起初没有专门去考证"简"村的来源,索性化繁就简——一个简单的村落,一片简单的山水,一幅简单的男耕女织图,却孕育了一个极不简单的人。

图1.1 简村乡情

资料来源:陈启沅纪念馆。

简村位于今广东省佛山市南海区西樵镇。从佛山南海波光潋滟的千灯湖驱车至简村只需要半个小时的工夫。一天午后，阳光温煦，无风无雨，路上不堵车。当车子拐了几个弯，被手机导航导入简村的时候，笔者的第一印象很好——一眼望去，整个村子朴实、清秀、内敛，没有炊烟，也不喧嚣与嘈杂。村口，有几棵大树。人们在树下下棋、打牌。日子，随遇而安。

南方多水，水生万物。

简村的河，开挖于1663年（清康熙二年）。① 河水从村子里穿过，在阳光的映照下如一条流光溢彩的蚕丝带。河水悠悠，无言无语。它见证了村子的兴衰荣辱，村民的悲欢离合，社会的嬗变起伏。河岸停泊着几艘篷船和小木船。这些瘦长的船专为窄窄的河道而量身定做，划起来轻轻巧巧，如蜻蜓或燕子在水面低徊或者飞翔。笔者沿河而行，寻访河水的脉络和流经的方向。小河在一座老宅前拐了个弯儿，仿佛蜻蜓点水似的落了一下脚，然后，涓涓细流一路向前流淌（图1.2）。

图1.2 简村的河涌

资料来源：许卓摄。

老宅临河而居。在南方人眼里，水是聚财之物，风生水起，川流不息。

这不是陈启沅的老宅，他的老宅如今只剩下一个概念，大多数简村人说不出究竟。这处建筑见证了陈启沅曾经的辉煌与富有。

建筑的围墙坚实高大，虽被岁月无情地冲刷，却未见破败之相。进入宅院，一院子桑树绿叶葳蕤，茂密得很。陈启沅当年种下的桑树早已不见踪迹，但是，他亲手种下的桄榔树已长到一二十米高。据说他当时只种了一棵，后来树生三枝（图1.3），象征陈启沅兄弟三人浓郁的亲情。

---

① 《简村谱》。

三月初七)①。只是《辞海》里关于陈启沅的词条却清晰地标明其出生于"约1825年"②。《辞海》既权威又严肃,其表述不能不让人重视。曲从规在《陈启源与中国近代机器缫丝业》③的论文(陈启源实为陈启沅)中,也引用了这一说法。仅上述两个时间相比,便相差近10年。一个人提前10年或滞后10年来到世上,人生的发展、路径大相径庭。况且,这一个"10年"的差距对于本书欲实现对陈启沅"述其生平,议其得失"的理想目标也具有十分重要的意义,一错便会再错,全部的研究便属于空中楼阁。鉴于《辞海》在我们心中惯常的权威地位,故有必要费些笔墨考证清楚。

一个人的出生日期,记得最清楚的当是其父母。由于历史久远,风雨沧桑,笔者没有查到陈启沅的父母留下的任何蛛丝马迹。此外,对于这个人的出生日期,记得最清楚的应该还有他本人。陈启沅所著《蚕桑谱》及其他著作中有几则"自序",可惜,这些"自序"中均没有关于其生日的记载。再就是其家人与后代的回忆。陈启沅之子陈蒲轩、陈锦赟等,其曾孙辈陈天杰、陈秋桐、陈树华、陈安薇等在忆述陈启沅的文章中也未提及此点。笔者从清宣统二年《南海县志》关于陈启沅的记述中,同样没有获取确切信息。筛选之后,最后一个能参照的似乎就是陈启沅纪念馆陈列的《陈启沅家族世系表》(图1.7)。这上面记载着陈启沅的出生日期,一般来讲,如果陈启沅曾是修家谱之人,而这本家谱在子孙一代代传承、接替过程中,又始终保持了原样,那么,它应该是准确的。

但时光荏苒,岁月更迭,有时候有些事情只是一种美好的愿望。

在本书稿写作过程中,陈启沅的孙子陈作海出版了一本著作,其言,经过反复考证、对比,最后确认,陈启沅"生于1836年三月初七"④,也就是道光十六年的农历三月初七。中国古代习惯用农历记事,但有时又公历、农历混杂,《陈启沅族谱世系表》记载的"1834"可能是公历,但"3、7"又可能是农历。如此,便给我们的研究造成了一定程度的障碍。

陈作海,1930年出生于广州市,曾就读于岭南大学。1991年退休,现定居美国。孙子辈的记述只能作为参考。虽然陈作海"肯定"了这一结论,并言,"如果有关单位认为我以上的资料和看法是正确的话,请设法

---

① 《编者的话》,广东省南海市政协文史资料委员会编:《南海文史资料》第二十四辑(《蚕桑谱专辑》),1994年。
② 《辞海》(第六版缩印本),上海辞书出版社2010年版,第220页。
③ 曲从规:《陈启源与中国近代机器缫丝业》,《史学月刊》1985年第3期,第47页。
④ 陈作海:《缫丝风云录——记中国近代民族工业先驱陈启沅》,华南理工大学出版社2017年版,第135页。

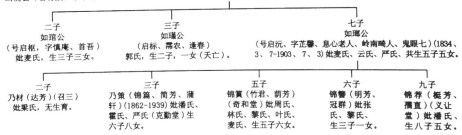

图1.7 《陈启沅族谱世系表》

资料来源：陈启沅纪念馆。

注：此表多处出现错误，不宜再引用。具体情况见下文分析。

加以改正，以免今后一直错下去"。但是，其言虽凿凿，毕竟属于"一家之言"。况且，他所著之书是一本传记文学，非史学之范畴。故而，笔者只能将其观点陈列于此，并仍要寻找确凿的证据。

据陈启沅九子陈孺直记载，陈启沅"生于道光十六年丙申"（图1.8）①。这一年是1836年。陈启沅去世时，陈孺直年已"十三岁，仍照上年就读。七月初三日，丁父忧。"② 在陈启沅逝世60周年时，陈孺直曾举办纪念活动："孺直设席二酌，召集家人行礼纪念，他赋诗一首，……诗末，孺直以小字注明：'先考六十九，生母三

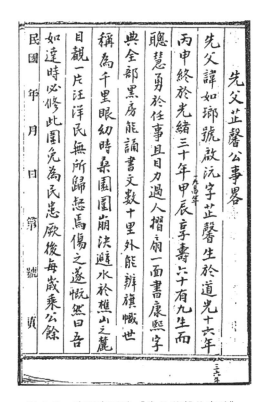

图1.8 陈孺直手稿《先父芷馨公事略》

---

① 陈孺直：《先父芷馨公事略》，陈孺直：《家中先人事略》（手稿）。
② 陈孺直：《本身大事记》（手稿）。

十六，我十三岁。'"① 另据陈启沅的孙媳记载，陈启沅"生命丙申年三月初七日子时"（图1.9）②。结合陈作海之言，以及对应上述两则"家谱"所载，陈启沅的出生日期应是道光十六年三月初七，即1836年农历三月初七，卒于1904年，享年69岁（虚岁）。最近从海外寄回的几份历史资料亦已确认。以往与此不一致者，当照此纠正。

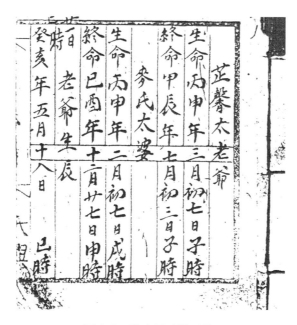

图1.9　陈启沅孙媳手稿

本书的研究便是从这一年开始。

一个男童的出生对于农家而言无疑是喜悦的，但在多子多福的古代中国家庭，无论城乡又很平常；今非昔比。只是，他的父母也不会想到，这个男婴日后会成为中国著名的民族企业家，一个影响珠江三角洲乃至中国缫丝工业的了不起的伟人。

我们继续刨根问底。

一个人无法选择生于什么样的家庭，但不可否认，生于什么样的家庭对于人一生的成长有着潜移默化甚至巨大的影响。我们有必要怀着浓厚的兴趣继续探寻陈启沅的家世背景。

简村是陈启沅的故乡，陈启沅出生于岭南一个普普通通的农家，这是

---

① 贺喜：《近代商人与商人家庭——以陈孺直的生活史为中心的讨论》，温春来主编：《"中华文明视野下的西樵文化"国际学术研讨会论文集》，广西师范大学出版社2012年版，第357页。

② 《芷馨太老爷》（陈启沅孙媳手稿）。

不用怀疑的事。但是，即便同为农家，互相之间也有区别，乃至区别甚大。司马迁不是也曾耕牧河山之阳？有人言陈启沅的祖先"世代务农"①。中国古代乃农业社会，绝大多数中国人的祖先都是世代务农者，这很正常。陈启沅祖上的事情过于迂远，不必去了解。我们习惯上认可"子承父业"的文化传统。如果陈启沅之父是个地地道道的农人，陈启沅自幼"耕牧"也便顺理成章。但是，若不是呢？陈启沅本人对于自己的出身没有明确的说法，对其父却有如此表述：

先父奉政公，号缉斋，晚年归隐。②

寥寥12个字，传递出诸多信息，值得细细品咂。

"奉政"乃清朝官阶名，不可随意取用。陈启沅言其父"奉政公"，即其父有"奉政大夫"的散阶，这是个五品官衔。"散阶"自何而来？其父"归隐"于道光年间，其时清朝还没有广开捐纳，捐官衔的费用也很高，一般中小商人捐不起。而各种资料显示，其父并不富有，最多只是小康。依中山大学教授邱捷判断，"陈有威的'奉政大夫'是来自陈启沅的貤赠而非自己所捐"③。在清代的官僚制度中，貤封制度体现了孝的观念。清朝同以往的朝代一样，规定凡是九品以上的文武官员都可以得到相应的封阶。貤封是指官员将自身所受的封诰，请求改授自己的亲族尊长；若其人已死，则称为貤赠。④

陈启沅既可貤赠，自身便有官阶，究竟如何，容后再议。

陈启沅读过不少书，在中国历史上，"归隐"二字不能信口开河，随便乱说，有特殊的含义，不是什么人都可以套用。晋陶渊明可谓其中的代表人物之一，其《归去来兮辞》写的正是辞官回家途中和回家后怡然自得的心情。中国古代也有"小隐隐陵薮，大隐隐朝市"的说法。陈启沅言其父"归隐"——既有"归"途，便有"去"路。那么，其父曾去往何处？

其父有号，也有名，有字：名有威，字学新⑤——名、字、号俱全。不像我们现在，只剩下一个姓名。《颜氏家训·风操篇》曰："古者，名以正体，字以表德。""字"，有身份的人才取。"号"，《周礼》释曰："谓尊其名，更为美称焉。"号是人在名、字之外的尊称或美称，更是封建社会

---

① 吴建新：《陈启沅》，广东人民出版社2012年版，第1页。
② 陈启沅：《蚕桑谱》，广西师范大学出版社2015年版，第13页。
③ 邱捷与本书作者来往函件。
④ 张楠、彭法：《论清代官僚制度中体现的孝观念》，《中州学刊》2012年第5期，第153页。
⑤ 《陈启沅家族世系表》。

中的中上层人物（官员、文人、知识分子）借住地和志趣等为自己取的"外号"，如杜甫号少陵野老、白居易号香山居士、郑燮号板桥等。但到了明清时代，人们把取号视为一种时髦，上至皇帝下至一般黎民百姓，几乎人人有号，号已不再是身份、地位的象征。文化传统改变了，"阳春白雪"一下子变为"下里巴人"，故据此无法一步到位地推测出其父到底属于社会哪个阶层。

我们也有必要分析一下陈启沅其名、其字、其号的来历。陈启沅九子陈孺直记载，陈启沅，"名如琅，号启沅，字芷馨"①。陈启沅三子陈蒲轩记载，"先父讳如瑔，字启沅，号芷馨"②。按照现在人的理解，陈启沅的名字叫"陈如琅"是没有争议的，问题是其字、其号。"沅"与"芷"均出自屈原的诗歌《九歌·湘夫人》中"沅有芷兮澧有兰"一句，意思是：沅水之中有盛茂之芷，澧水之内有芬芳之兰。芷、兰均为芳草，有别于一般植物。"沅芷澧兰"比喻高洁美好的人品或事物。按照中国古代的"规矩"："男子二十，冠而字"，"女子许嫁，笄而字"，③ "幼名，冠字"④。据说在上古时期，婴儿在出生三个月的时候就由父亲给命名。在古代，男子长到20岁的时候要"结发加冠"，以示成人，就要取字；女子在15岁时要举行"结发加笄"之礼，以示可以嫁人了，也要取字。据此分析，在古代中国，不管男女，只有到了成年才取字或称呼其字。而陈启沅15岁时其父已经去世。我们判断，其名、其字乃其父所起。其父究竟给陈启沅起了什么字呢？

不妨先从陈启沅兄弟三人的"号"上分析。那个时代人人有"号"，"号"彰显个性，而陈启沅的二哥号"启枢"，三哥号"启标"⑤，三兄弟的"号"如此"一致"，没有道理。另外，《蚕桑谱》一书中有一页由陈启沅自己所写："光绪丙戌年陈氏七子岭南畸人启沅稿"。"岭南畸人"是陈启沅的号，如果"启沅"也是他的号，将两个号放在一起代表自己，不合情理。再者，陈启沅的墓碑是由当时南海知县所题："岭南畸人陈启沅之墓"，一个人的墓碑用他的两个号来代表也让人匪夷所思。综上所述，陈启沅、陈启枢、陈启标不是三兄弟的"号"，而是字，只有这样理解才符合父亲给三兄弟起名字的"惯例"。鉴于《陈启沅族谱世系表》出现了多处错误（包括陈启沅妻妾等资料），笔者绘制了新表（图1.10）。

---

① 陈孺直：《先父芷馨公事略》。
② 陈蒲轩手稿。
③ 滕一圣译注：《礼记译注》，商务印书馆2015年版，第16页。
④ 滕一圣译注：《礼记译注》，第78页。
⑤ 陈孺直：《陈氏近代族谱简略》（手稿）。

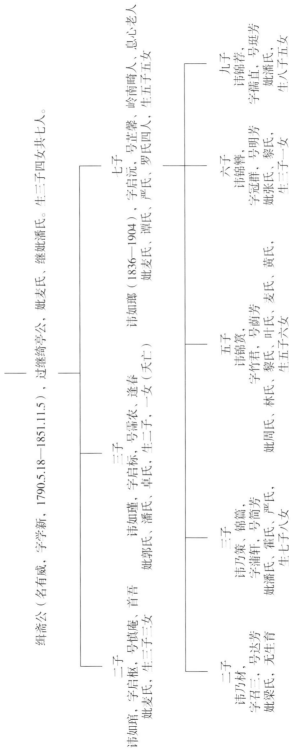

图1.10 《陈启沅族谱世系表》（新）

笔者推测，其父"归隐"回乡之前无非有三种可能，或做官，或经商，或混迹于市井之间，做小本生意，后者虽属小打小闹、混口饭吃一类，但出门在外，于大千世界闯荡，不管做什么工作，陈启沅的祖先"世代务农"之说便可以打个问号。

若陈启沅之父曾为官，在何处做官，官居何位？以目前的史料未能查证。种种迹象表明，陈启沅之父生前未曾做过官。

但也可以排除其父属于市井流辈。这是有根据的。其父归隐之前的事情陈启沅从未言及，或者他自己亦讲不清楚；但其父归隐之后，设"乐耕堂"，讲"大道理"（图1.11），言传身教，令陈启沅受益良多，这是确凿的。其父之举，便非一般农人或市井之人所能为。

图1.11 陈启沅之父设"乐耕堂"，为后代讲述做人做事的道理
资料来源：陈启沅纪念馆。

对于其父在"乐耕堂"上所讲的道理，少年陈启沅有时听不明白，便要请教，"奉请其义"时，其父耐心解释，慷慨激昂、意味深长地说：

耕以为民之本。

并进一步释义：

孟子曰："树艺五谷，五谷熟而民人育。"大舜伊尹尚乐于耕，而况吾侪乎！且天下大利归于农，使子孙勤力其中，不独与凡人齐，即可以富国而强兵也。有子曰："百姓足，君孰与不足。"汝等勉之。①

上述一番话，只能是一位读过书且读过不少书的人才能"复述"出的道理。这段话的意思是：

耕地是农民的本职，不可荒废。孟子（《孟子·滕文公上》）说，教会农民种植、培育稻、黍、稷、麦、菽等农作物的方法，农作物长势良好、丰收在望，人民才能得到养育。先贤智者大舜、伊尹尚且乐于耕种，况且我们这些普通人呢。民以食为天，由此，天下大的利害、权益都出于农民和田地，如果世世代代的农民都能勤力耕种，把自己所做的事情看高一些，那么，一个国家就会富强，国家的兵力就会强壮。孔子也说，百姓都富裕了，做君王的又怎么可能不富裕呢？这些道理，你们应该牢牢记住。

这样一番话既是父亲对孩子的谆谆教诲，也是一位有知识和见地的百姓对社会、政治、生活的态度。话虽不多，却能看出其乃胸怀天下、忧国忧民、重农乐耕、有思想与情怀的人，是饱读儒家之书的人。那时的陈启沅正是人生观、世界观逐步成熟、定型的时期，经常受到这种思想的熏陶和影响，对其整个人生成长无疑影响深远。

从另外一个角度讲，即便陈启沅的父亲读过一些书，思想境界也达到了一定高度，却未必要"设堂传道"。"乐耕堂"之设立，是其父有别于一般农人、农商之人的显著特征。也说明其父对家庭中的每一个成员尤其是子女均寄予厚望，试图通过言传身教来提高家族成员的思想和人文情怀。

陈启沅对其父的追忆出自其所撰《蚕桑谱》自序（图1.12）。本书完稿时陈启沅已到知天命之年，其父已故去多年。但其向父亲"奉请其义"时正处于"舞勺"②之年，十三四岁这个年纪的确能记下很多事，故而虽时隔近40年，但陈启沅对于其父当年的勉励之语仍可完整地复述出来也在情理之中。

综上所述，我们可以得出这样的结论：陈启沅的父亲在"主动"归隐之前已经商多年，是个专事农贸生意或其他什么生意的商人，后带着一些积蓄归隐回乡，他"读过一些书，一生以务农为主，年轻时也做过一些小

---

① 陈启沅：《蚕桑谱》，第13～14页。
② 陈启沅：《蚕桑谱》，第13页。

生意"①。这便是陈启沅的家世。

陈启沅之兄长陈启枢曾在岳父麦宪培的资助下到越南谋生，先做工，很快自立商店经营。生意相对顺利的原因盖"麦氏本有不少子侄，在安南经商也"②。亲人间互助互帮让陈启枢很快完成了"原始积累"。这证明麦氏家境不错。古代人家娶亲嫁女讲求"门当户对"，因此，陈家家境也应"旗鼓相当"，才配得上，说得过去。

也有人言，陈启沅出身于世代"以农桑为业"的贫困家庭。③以农桑为业，我们应该是认同的，也不难理解，岭南、南海自

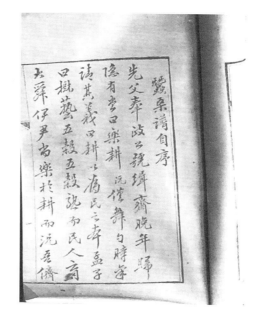

图1.12 《蚕桑谱》自序

古便是桑蚕之乡。陈启沅本人也说过自己"与两家兄以农桑为业"④。

但是否"贫困"，有商榷的必要。同样值得商榷的还有"少孤"。

陈启沅自己表达过这样的意思——"少孤家贫"⑤，此语出自陈启沅所著《理气溯源》的《罗经管见自序》（图1.13），时间是1883年（光绪九年），其时他47岁。此后，清宣统二年《南海县志》中亦言陈启沅"少孤贫"⑥。这应该是"沿用"了陈启沅的说法。

"少孤"，令人不解。古语所称"少孤"者，系年幼时父亲去世是也，如"孔子少孤，不知其墓"⑦；"鳏寡孤独废疾者，皆有所养"⑧。如陈启沅少孤，何来"乐耕堂"上聆听其父谆谆教诲一幕？若《陈启沅家族世系表》所载其父生卒年属实，其父去世时，陈启沅年已15岁。在封建社会，男子到这个岁数也不算小了。王阳明17岁时已迎娶夫人诸氏。在这个年纪

---

① 陈作海：《缫丝风云录——记中国近代民族工业先驱陈启沅》，第3页。
② 陈天杰、陈秋桐：《广东第一间蒸汽缫丝厂继昌隆及其创办人陈启沅》，中国人民政治协商会议广东省广州市委员会文史资料研究委员会：《广州文史资料》第八辑，1963年，第59页。
③ 曲从规：《陈启源与中国近代机器缫丝业》，第47页。
④ 陈启沅：《蚕桑谱》，第14页。
⑤ 陈启沅：《罗经管见自序》，陈启沅：《理气溯源初集》。
⑥ 《陈启沅列传》，（清）郑荣修，桂坫等纂：《南海县志》，宣统二年，成文出版社有限公司1947年版，第1728页。
⑦ 滕一圣译：《礼记译注》，第55页。
⑧ 滕一圣译：《礼记译注》，第118页。

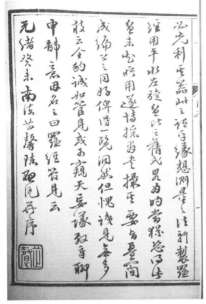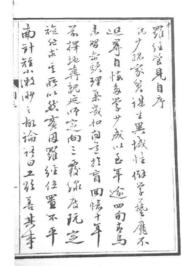

图1.13　陈启沅《罗经管见自序》

即便父亲去世，陈启沅也和"少孤"没有关系。"孤"的另一个理解是"孤独"。"陈启沅原有兄弟七人，四人早夭，长成的有三人。行二的启枢、行三的启标，启沅最少行七。"① 《陈启沅家族世系表》② 列其父"生三子四女共七人"。另外，陈氏家族即便在父亲去世后也没有"正式分家"③。一家老小几十口人聚在一个屋檐下生活，陈启沅的孤独从何而来？故而，陈启沅之"孤"是不存在的。他自言"少孤"的真实含义留待他人去解。

是否为贫？还是要回到陈启沅之父身上。陈启沅出生时其父年过不惑，若未"归隐"必有"事业"；若已归隐，耳顺之年在"乐耕堂"上阐释"农本、乐耕"思想，其时若其家徒四壁，穷困潦倒，何来"夸夸其谈"之情之举之底气？

据陈启沅的孙子陈作溥回忆："陈启沅早年曾做过卖油郎，走家串街卖油。"故有研究者推断，"陈启沅'少孤贫'是可信的"④。但陈启沅做卖油郎是15岁以前父亲在世时的事还是15岁以后父亲去世后的事，一时难以断定。再说，走街串巷卖油就是做生意，与贫困没有必然联系。现在

---

① 陈天杰、陈秋桐：《广东第一间蒸汽缫丝厂继昌隆及其创办人陈启沅》，第58页。
② 吴建新：《陈启沅》，第3页。
③ 陈作海：《缫丝风云录——记中国近代民族工业先驱陈启沅》，第6页。
④ 袁进：《"绮亭公生祠"质疑》，《广东史志》1994年第1期，第47页。

进城打工者那么多,各有各的活路,不能一概言之"贫困"。有乡人描述陈启沅当时的穷困状况,有一次,"在冬寒,(陈启沅)拿着红薯充饥,边吃边行,过村前小涌,手指僵硬,红薯跌下涌里,为饥饿驱使,也要下水取回"①。笔者小时候,吃饭时掉下几粒馍馍渣子,父母也让拣上吃掉;节约是一种美德。据此细节说明陈启沅生活陷于窘困之状况难免牵强。对于这件轶事,一家报上又是这样讲的:陈启沅有一个外号叫"番薯沅"。外号的由来是有一个灾年的冬天,天气特别寒冷,陈启沅拿着一个番薯充饥。经过村前的小桥时,因衣单指冷,一下拿不住番薯,致使跌落桥下河水之中。无奈因饥饿所使,只得卷起裤腿,下小河要将番薯捞回来,用河水洗净了继续吃,脚却已都冻冰了。"在那几年,由于陈家人口多,经常一天只能吃一顿米饭,其他只能以番薯充饥。"②

还有"辅证"。其兄陈启枢曾将妻儿逐回娘家以解决生存问题,传说还写下"休书"一封:

无柴无米,不成夫妻,仔(指子女)细汝去归,仔大汝返来。③

家庭人丁多是把"双刃剑",既能显示一个家庭兴旺发达,也能让一户殷实人家重新返贫。就算家底不错,有着金山银山,但也会坐吃山空。一对父母抚养多个子女从来都不是容易的事情,一不小心,就会陷于吃了上顿没下顿的窘境。

对于陈启沅的生活状况,其子陈蒲轩曾言:"先父芷馨公,善继先志,半儒半农,小有余蓄。"④ 说明陈启沅在简村时手头曾积攒了一点钱财。

亦有人说陈启沅出身于一个中小地主家庭。⑤

毫无疑问,用"半农半儒"来形容陈启沅的生活状况是非常贴切的,也是笔者最希望看到的结果。陈启沅自言,父亲去世后,他与两家兄以农桑为业(图1.14),"实则半农而半儒也"⑥。

---

① 陈天杰、陈秋桐:《广东第一间蒸汽缫丝厂继昌隆及其创办人陈启沅》,第59页。
② 《家族轶事》,《新快报》2012年11月20日。
③ 识燕归:《陈启沅轶事三则》,中国人民政治协商会议广东省南海县委员会文史资料研究委员会:《南海文史资料》第十辑(《陈启沅与南海县纺织工业史专辑》),1987年,第74页。
④ 黄景坤:《关于陈启沅和继昌隆丝偈几个问题之我见》,中国人民政治协商会议广东省南海县委员会文史资料研究委员会:《南海文史资料》第十辑(《陈启沅与南海县纺织工业史专辑》),第23页。
⑤ 朱英:《中国第一个民族资本的近代企业是哪一家?》,《历史教学》1981年5期,第62页。
⑥ 陈启沅:《蚕桑谱》,第14~15页。

图 1.14　陈启沅务农图

资料来源：陈启沅纪念馆。

陈启沅青少年时期正值鸦片战争、太平天国革命，内忧外患，加之天灾人祸，民生凋敝。他曾目睹"桑园围崩决"，家乡陷于"一片汪洋""民无所归"①之惨状，其心忧伤，怒焉如捣。那个时候，无论城市或者乡村，老百姓的日子都不太好过，但归结到单个家庭却各有苦衷，甚至千差万别。

笔者如此刨根问底、不厌其烦地考证陈启沅的家世和出身，是为了从他的人生源头找到一枚种子，而这枚种子或许就是王阳明所说的"良知"，或许就是孟子所言的"善"，或许就是老子所言的"道"。

第二节　科举失利　志向动摇

生活中总是存在这样那样的矛盾。虽然父亲教导孩子们勤力农田，当一个好农民，但每个人都在寻找人生更好的出路，即便这条路颇为崎岖，十分不好走。

陈启沅也不例外。

---

① 陈孺直：《先父芷馨公事略》。

前述，陈启沅之子陈蒲轩形容父亲"半农半儒"，其实颇耐人寻味。"半农半儒"是一种生活状态，但在进入这种生活状态之前，陈启沅是不甘心"半农"的，他一直想摆脱或甩掉"农"的身份，虽然他从内心里认可父亲之言，但让他一世务农，着实心有不甘。我们都知道，农是农活，儒是读书，风马牛不相及，甚至是两个极端。读书人不屑于干农活、掏大粪；农人视读书为迂腐，见着书便打瞌睡，动辄一句"把书读到驴肚子里"，极尽讥讽挖苦之能事。所以，不论受到父亲如何的熏陶和潜移默化的影响，陈启沅少年时期的志向绝不是"农"，而是"儒"。陈启沅"一度志在科场"①。这完全符合古代中国家庭乃至当今中国不少家庭尤其是农村家庭对子女的人生设计与期望。而中国几千年封建社会的残酷现实是，"一个农民家庭如果企图生活稳定并且获得社会声望，惟一的道路是读书做官"②。从古至今，农家孩子想要彻底改变命运，光耀门楣，读书这一条路非走不可。在南海，无论百姓的日子过得如何，也都不会对这一条"捷径"产生任何的怀疑。

"沅既长，两赴童子试。"③ 童生试是明清两代取得生员（秀才）资格的入学考试。应考者无论年龄大小，均称童生。这条路，千军万马过独木桥，能过者寥寥无几。但陈启沅两次参加科举考试均告失败。从现有的资料我们看不到陈启沅是如何读书的，下了什么样的功夫，吃了多少苦，但一方水土，地灵人杰，凭陈启沅的聪明和努力，考试应该不是问题。可是命运最会捉弄人，陈启沅在科举考试的征途上连第一道门槛都没有迈过去。换一种思维看，就算第一道门槛迈过去了，等待他的还有第二道、第三道。古语云"书中自有黄金屋，书中自有颜如玉"，但幸运者寥寥；对于更多人而言，读书、求取功名是一场苦难之旅。三百多年前的王阳明不聪明么？他第一次参加乡试，中了举人，可是后来的两次会试都名落孙山。原因很多，一言难尽。但是，一个读书人连秀才都没考上，内心自是沮丧，少年陈启沅内心五味杂陈，寝食不安，极为正常。或许正在此时，他的志向开始动摇，是继续考，还是放弃？无疑，抉择是异常痛苦的。但是，在做出最后选择之前，陈启沅没有丢掉书本——陈启沅一生都没有丢掉书本，这是一个好习惯，也是其事业做大的基础。如今很多人，心比天高，却远离书本，十分不明智与可笑。

有一段时间，陈启沅当起了教书先生。

---

① 转引自汪敬虞：《从中国生丝对外贸易的变迁看缫丝业中资本主义的产生和发展》，《中国经济史研究》2001 年第 2 期，第 33 页。
② ［美］黄仁宇：《万历十五年》，中华书局 2007 年版，第 193 页。
③ 陈启沅：《蚕桑谱》，第 14 页。

当时的南海、顺德等地,"私塾遍地,教育很发达"(图1.15)①。私学为孔子所创,大致相当于今天的民办教育,只是私塾规模大小不同。陈启沅"做塾师谋生"②,又一次印证了陈启沅在成长过程中有意无意脱离其父以农为本、勤力其中的教诲。教书与务农相比,前者大体体面、轻松一些。但是,毋庸置疑,当老师也不是一件容易的事,若误人子弟,可是天大的罪过。陈启沅是否有这个能力?为了应试,他必然读了很多书,并且要刻苦地读书,以打下传统学问的底子。他学问的底子或者平生之所学,若干年后,在其所著《联吟集》《艺学新篇》《课儿尺牍》中,必有体现,可惜的是,这些书已悉数失传,我们无缘得见其庐山真面目。他撰写并传世的《蚕桑谱》,深入浅出,不计工拙,体现出深厚的旧学渊源,于"子部和经部的传统学问,依然保持着强烈的追求"③。如此,陈启沅"足以胜任教书的工作"④便不是一句空话。为了教好书,他还要补充一些知识,"正因为在私塾帮忙,启沅也有机会熟读了私塾启蒙必读的书,如《三字经》《千字文》《孝经》《秋水轩尺牍》等。此后他又读了一部分四书五经,有时还看一些诸子百家的书籍"⑤。"帮忙"为何意?教书是独立的工作,而"帮忙"似乎像如今的"助教",是协助主教而非主教。此一悬念容后再议。

图1.15　南海旧时私塾上课的情形

资料来源:陈启沅纪念馆。

南海农民重视教育、督促子女读书的原因,一则是为了让孩子参加科

---

① 吴建新:《陈启沅》,第2页。
② 吴建新:《陈启沅》,第2页。
③ 苟铁军:《评介》,陈启沅:《蚕桑谱》第8页。
④ 吴建新:《陈启沅》,第2页。
⑤ 陈作海:《缫丝风云录——记中国近代民族工业先驱陈启沅》,第3页。

举考试，光耀门楣；二则如果参加科举考试失败，做不了官，还可以教学以谋活路。

南方人很现实，也很务实。

教书的工作一度成为陈启沅谋生的主要手段。但情况似乎不妙，虽然学生不少，塾师需求量很大，可考不上科举转而做塾师的年轻人也很多，陈启沅兄弟俩面临着激烈的竞争。

当时，陈启沅和兄长都做塾师，"启枢、启沅原在本乡简村教蒙馆"，每位塾师争得的生源有限，"只各得学生十人八人"①。此处有一个细节——如果陈启沅兄弟是在别处教书，生源自然不是他们所要考虑的，像如今的老师排课，老师无法选择学生。如果是在自己家乡教书，要学生主动找上门来，那一要看老师的名气和本事，二要看学费多寡。"启沅年少则以读书为主。后来二哥在私塾执教，启沅协助他"——这便是"帮忙"之由来。"二哥去后"——这指的是陈启枢赴安南经商之后，"二哥的私塾教席，也由启沅继任"。② 按照此言，到了这时候，陈启沅才"转正"为正式的塾师单独执教。陈启枢、陈启沅从学生身上，"每年脩金每人只二两银"，"家计甚难维持"。③ 按照十人八人计算，兄弟俩每年只挣二十两银不到。

二十两银到底是多还是少？

据有关资料表明，道光初年，一两白银换一吊钱，也就是一千文铜钱，一个生鸡蛋是二三文铜钱，一斤鱼是三十文铜钱左右。到鸦片战争的时候，一两白银可以换到制钱一千六七百文。比照如今的货币与物价，一两白银大致相当于200元人民币，而粮食价格大致相当于2元人民币每公斤。一个人维持基本生活，一年至少需要五两银子。如此说来，仅凭陈启沅兄弟二人所做的塾师工作，是维持不了一个大家庭的开支的，还需要有一些"副业"。

由于父亲在世，少年时代的陈启沅生活很幸福，"家内劳作，都是父亲带着二哥、三哥做的"，陈启沅"以读书为主"。④ 父亲把科举中第、光耀门楣的希望始终寄托在小儿子身上。但是，陈启沅又非两耳不闻窗外事，一心只读圣贤书，当时，"洪秀全太平军起义席卷全国，佛山三合会亦乘时崛起。……启沅也认识一些这样的人，并偷偷地请他们讲述起义的

---

① 陈天杰、陈秋桐：《广东第一间蒸汽缫丝厂继昌隆及其创办人陈启沅》，第59页。
② 陈作海：《缫丝风云录——记中国近代民族工业先驱陈启沅》，第6页。
③ 陈天杰、陈秋桐：《广东第一间蒸汽缫丝厂继昌隆及其创办人陈启沅》，第59页。
④ 陈作海：《缫丝风云录——记中国近代民族工业先驱陈启沅》，第3页。

故事，心生向往"①。通过这个细节我们看出，陈启沅虽偏居南海简村一隅，却格外关注政治与时局，敏感地捕捉来自外界的一切声响。正所谓风声雨声读书声，声声入耳；国事家事天下事，事事关心。"勇于任事"②的他甚至想过"投奔三合会或者太平天国，和他们一起推翻清朝，或许会有好日子过"③。

随着父亲的去世，陈家的生活格局似乎出现了一些变化，陈启沅有时候要面对温饱问题。陈作海有这样一段描述：

> （陈氏）一家兄弟三人，每年从春到冬勤力耕作，植桑养蚕，所打的粮食还不够一年之用，有时还要加上一些番薯和瓜菜，或者掺入一些杂粮才能把日子打发过去。一般年景还能勉强过去，如遇灾年，则要挨饿受冻。④

陈父去世之后，陈启枢赴安南打工；两三年之后，陈启沅随陈启枢远赴安南。家中的主要劳动力是其二哥二嫂。按理说，在男耕女织的传统中国，在南海这样不但能种植水稻，还能养鱼、植桑、养蚕的生态环境之中，百姓的日子是不愁过的；且当地人又深谙做生意之道，头脑灵活，再加勤谨，养自己不说，纵是一家老小也是衣食无忧。吴建新从晚清珠江三角洲的一本蚕书上看到，如果一个十口之家，经营桑基鱼塘，猪桑鱼蚕四宗养齐，一年的收入可以抵得上两年的支出，加上经营商业和手工业的收入，就是一个中等富裕人家。可是，天下大乱，百姓处于水深火热之中，如美国著名中国研究专家、历史学家、社会活动家魏斐德所言，"太平天国叛乱是世界上最具灾难性的内战。……15年的屠杀与饥馑，使中国付出了1000万到2000万生命的代价。"⑤

陈启沅5岁的时候，即1840年，第一次鸦片战争爆发，"广州城的无辜居民和安居乐业的商人惨遭屠杀，他们的住宅被炮火夷为平地，人权横遭侵犯"⑥。

与战争和鸦片随之而来的还有各种洋货，"因为洋布价格便宜，顺德县一半的妇女已放弃纺织"⑦。面对洋货的冲击，"中国的农业和手工业面

---

① 陈作海：《缫丝风云录——记中国近代民族工业先驱陈启沅》，第5页。
② 陈孺直：《先父芷馨公事略》。
③ 陈作海：《缫丝风云录——记中国近代民族工业先驱陈启沅》，第6页。
④ 陈作海：《缫丝风云录——记中国近代民族工业先驱陈启沅》，第4页。
⑤ ［美］魏斐德著：《大门口的陌生人》，王小荷译，新星出版社2014年版，第1页。
⑥ 《马克思恩格斯选集》第二卷，人民出版社1972年版，第14页。
⑦ ［美］魏斐德著：《大门口的陌生人》，第223页。

临破产,白银大量流向外国,加上各级官员贪污腐化,人们逐渐贫困,怨声载道"①。

家庭手工业的衰落会造成家庭生活的贫困,陈启沅的故乡简村也不能例外。传统中国男耕女织、日出而作日入而息的平静生活,一下子支离破碎。

陈启沅有着大的理想。当一个乡村塾师不是他的人生目标,倘若那样的话,他便不会拥有后来壮阔的人生。陈作海这样评价他的爷爷陈启沅:"他不属于当时社会要求的循规蹈矩、墨守成规的那类人。他不受所谓正统思想束缚,敢于打破一切常规,敢于想象,敢于创造。尤其是读诸子百家的书多了,还产生一些'离经叛道的想法'。"② 这样一个人,在参加科举考试时岂能不在文章中袒露心志?也许,这正是他两次考秀才未果的真正原因。

既然做塾师的工作不是陈启沅的目标,就算他干得不错,也不会长久地干下去。其父去世之后,家庭生活状况也逼迫他不得不丢掉书本,正如陈启沅所言,至"父没矣",遂"弃书而继父志"。③

此处的"弃书",当理解为转行。对于读书人来讲,书只要拿起来,便是再也弃不掉的。即便再也不翻书,读过的诗书已然像磐石一样稳稳地盘踞在脑海中了。

读书的志向动摇,继承"父志"务农,对于当时的陈启沅可以看作是不得已的事情,也是没有出路的出路。他一句"无奈家计日繁",多少有一些悲怆或者凄凉的成分,也可算作对自己当时生活处境的寥寥自嘲。"无奈"容易理解,"繁"应为繁杂、纷繁、繁重之意,与贫与困无甚关系。从另一个角度揣测,或者也是陈启沅对一时生活境况的自嘲,是一种生活态度。

"父志"是务农。农者春种秋收,撒网捕鱼,种桑养蚕也。这与陈启沅最初的人生目标差之千里。倒是可以这样评价彼时的陈启沅:其农桑之心常有,这是农家子弟的秉性;但其内心深处的愿望并非专司农活,一辈子当一个地地道道的农人。

分析陈启沅青少年时期的成长轨迹,他有大志向,但或生不逢时,或机会不好,或机遇没有垂青于他。他懂得变通,知道放弃,深谙适者生存之道。他不言磨难与痛苦,不轻易向生活低头。"外面"的人有意无意提到他青少年时期过的"苦日子",只是在增加一个人的"阅历"与"亮

---

① 陈作海:《缫丝风云录——记中国近代民族工业先驱陈启沅》,第5页。
② 陈作海:《缫丝风云录——记中国近代民族工业先驱陈启沅》,第3页。
③ 陈启沅:《蚕桑谱》,第14页。

色",是一种善莫大焉的好意。

从16岁到18岁的几年间,陈启沅应是边工作(或做塾师,或于桑基鱼塘中淘生活)边为父亲守孝的。他是一个读书人,懂得古礼。

之后,陈启沅随兄长陈启枢赴南洋创业,开启一段不同寻常的旅程,其辉煌的人生序幕由此徐徐拉开。

在出国之前,陈启沅结婚了,"新婚不久",妻子"刚刚怀孕"。①

陈启沅不曾预料,若干年后,当他回国投身缫丝工业时,他会成为中华民族现代工业进程中一个可圈可点的人物,他的名字会成为一个词条进入《辞海》,他建立的那座老宅会成为一座名人故居——这便是陈启沅纪念馆(图1.16、图1.17),供无数后人凭吊与怀念。

纪念馆内,东边的大院子仍种着桑,偏屋陈列着养蚕用具(图1.18、图1.19)。陈启沅设计的蒸汽缫丝机模型,撰写的《蚕桑谱》《陈启沅算学》《理气溯源》三部著作,以及刊载他的事迹的《南海县志》等历史资料,处于正堂,向世人诉说着主人的风雨沧桑。

图1.16 绮亭陈公祠(陈启沅为祭祀其过继祖父陈绮亭而建。后被人们改建为陈启沅纪念馆)

资料来源:许卓摄。

---

① 陈作海:《缫丝风云录——记中国近代民族工业先驱陈启沅》,第7页。

图 1.17　修葺一新的陈启沅纪念馆

资料来源：许卓摄。

图 1.18　2015 年的蚕桑园外景

资料来源：卓尔吉一湄摄。

图1.19 蚕房

资料来源：许锋摄。

第三节 一方水土 底蕴深厚

故乡让每一个人引以为豪。两个素不相识的人见面，总要先问一问对方的家乡在哪里。评价一个人，总会提到他的故乡。一方水土养一方人，一个人的理想与情操与其故乡关系甚大。现在我们熟悉南海，自20世纪80年代改革开放后，南海成为著名的"广东四小虎"之一，经济蓬勃，产业兴旺。城市的"级别"虽不高，却有人口200多万，下辖桂城、狮山、西樵、九江、丹灶、大沥、里水7个镇街。行走于南海，你会叹服于其越来越宜居的人文生态环境，越来越多的广州人选择在南海安家落户，一条广佛地铁将"广佛同城"的概念逐步落实，从南海千灯湖、蟠岗公园或金融高新区坐地铁，几十分钟便可抵达广州的芳村、坑口，再有二三十分钟，可抵天河、海珠。

其实，南海悠久的历史更让你叹为观止。

早在六七千年前的新石器时代，南海境内的西樵山一带已有先民繁衍生息。公元前214年（秦始皇三十三年），置南海郡。隋朝设县，岭南文明，和谐兴盛。汉晋桑蚕，五代开陶。唐有洋商，富裕安详。南海还是岭南文明、广府文化的发源和传承地，是黄飞鸿、康有为、叶问等人的故乡。醒狮、南拳、龙舟等固有民俗始终得以传承、发扬，迄今仍闪烁着熠熠光辉。

尤值一提的是，距陈启沅的故乡几里远的地方，是广东四大名山之一的西樵山。陈启沅曾在家乡简村"遥望西樵山上"①。陈启沅上过那山，远望树木蓊郁，景色如锦；近听溪水潺潺，鸟语花香。乃夏日避暑之胜地，陶冶性情之佳境。

笔者亦上过那山。曲径通幽，峰峦叠嶂，绵延起伏，这样的山在岭南不多见。早在唐代就有不少文人雅士到西樵山讲课、著书，写诗、作赋，留下150多幅匾额楹联、上百处摩崖石刻以及40多篇关于西樵山的传说。至明代，文人雅士更是纷至沓来，群贤毕至，一派"谈笑有鸿儒，往来无白丁"的学术盛景。理学名儒陈白沙、湛甘泉、方献夫、霍韬等在此设堂讲学，分别建立大科书院、云谷书院、四峰书院和石泉书院。至清代，文人雅士又在山中兴建三湖书院、云溪书院、云瀛书院，读书、研学风气日益浓郁。明嘉靖初年，浙江著名学者方豪说："西樵者，天下之西樵，非岭南之西樵也。"②

天下之西樵山的兼收并蓄、多元包容、与时俱进，潜移默化地影响了陈启沅和越来越多读书人，使其具有远大的理想与抱负。

南海也是丝绸之乡。

对于丝绸，我们熟悉。随着生活品质的提升，人们开始拒绝化纤，回归棉质，而丝绸制品既具有棉布的透气性，又高档华贵，彰显身份，颇受人们喜爱。

中国是古代桑蚕丝绸生产的发源地，历史悠久，古丝绸之路驰名中外。古文献中把养蚕制丝方法传为黄帝之妻嫘祖所创造，当然，"这只是一种假托"③。甲骨文中，有帛、丝、桑、蚕等象形文字（图1.20）。

殷代，蚕有蚕神，称蚕示，被崇拜为远古神灵之一。"祭蚕示或用三牛，或用三宰，或用羌，典礼十分隆重。又每于蚕神求年，知蚕桑之业，

---

① 黄景坤：《陈启沅传》，中国人民政治协商会议广东省南海县委员会文史资料研究委员会：《南海文史资料》第十辑（《陈启沅与南海县纺织工业史专辑》），第16页。
② 方豪：《棠陵文集》（收入《四库全书存目丛书》集部第64册）卷三，《记·西樵书院记》。转引自温春来、梁耀斌：《丛书总序》，陈启沅：《蚕桑谱》。
③ 徐新吾：《中国近代缫丝工业史》，上海人民出版社1990年版，第1页。

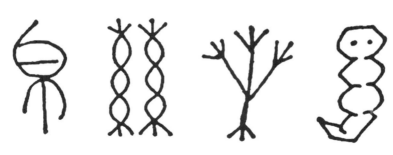

图 1.20　甲骨文中的"帛、丝、桑、蚕"
资料来源：南京云锦博物馆。

与农业生产一样，亦为一年的重要收成"。① 在西周时期，种桑养蚕不但是普通农家的主要工作，王室之中或亲力亲为，或倡导示范，并有制度监督、规范，种桑养蚕蔚然成风。

我国最早的诗歌总集《诗经》中有多处生动的记载。《诗经·豳风·七月》曰："蚕月条桑，取彼斧戕。以伐远扬，猗彼女桑"，"载玄载黄，我朱孔阳，为公子裳"。②《诗经·鄘风·桑中》曰："期我乎桑中，要我乎上宫"。③《诗经·魏风·十亩之间》曰："十亩之间兮，桑者闲闲兮"，"十亩之外兮，桑者泄泄兮"。④《诗经·郑风·将仲子》曰："将仲子兮，无逾我墙，无折我树桑"。⑤

春秋战国时期，纵是列国争雄，硝烟弥漫，但都把蚕丝生产定为富国裕民的要策之一。当时的主要蚕丝区是山东、河南一代。记录鲁国大儒孟子言论的《孟子》中，有孟子向梁惠王"五亩之宅，树之以桑，五十者可以衣帛矣"⑥ 的谏言。

西汉丝织技术之精妙，在湖南长沙发现的马王堆一号汉墓中，笔者已亲眼所见，"纱料质轻而薄，犹如现在的尼龙纱。如一件素纱禅衣，衣长一二八厘米，袖通长一九〇厘米，重量仅四九克；另一块纱料，幅宽四九厘米，长四五厘米，重仅二·八克"。此次出土的丝织品，"有绢、罗纱、锦、绣、绮，等等"，丝织品的颜色有"茶褐、绛红、灰、朱、黄棕、棕、

---

① 胡厚宣：《殷代的蚕桑和丝织》，《文物》1972 年第 11 期，第 6 页。
② 《七月》，《诗经》，中华书局 2006 年版，第 217～218 页。
③ 《桑中》，《诗经》，第 67 页。
④ 《十亩之间》，《诗经》，第 142 页。
⑤ 《将仲子》，《诗经》，第 109 页。
⑥ 王琪译注：《孟子译注》，北京：商务印书馆，2015 年，第 6 页。

浅黄、青、绿、白等"。①

而简村所在的西樵,早在秦汉时期就是"南粤蚕桑养殖基地"②。

到了三国"煮酒论英雄"时期,蚕丝业已由中原、川、陕发展到长江以南,这代表黄河、长江、珠江三大流域都已有了蚕丝生产。

尤为生动的一幕,在汉唐时期,广州一带"壤土饶沃,田稻再熟,蚕桑五收"③,极具繁荣之景象(图1.21所示为《汉宫养蚕图》)。至南朝刘宋时,广州已生产出薄如蝉翼的葛布,"一幅八丈长的布卷起来,可装入竹筒内,誉为'入筒细布'"④。"包括中国人、阿拉伯人、犹太人、锡兰人、印度尼西亚人、波斯人"都忙于把"外国的宝石、木材、药品、香料运来这里以供应唐朝对舶来品的需要,换取中国的丝绸、奴婢和瓷器"⑤。

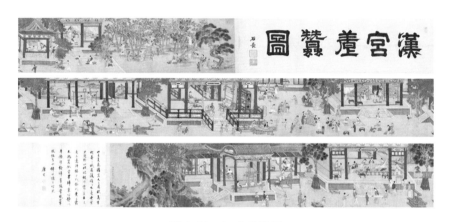

图1.21　汉宫养蚕图

资料来源:http://www.sohu.com/a/77597661_141088。

图1.22为笔者从澳门博物馆拍回的中国古代植桑、养蚕、缫丝、纺织流程图。

---

① 湖南省博物馆、中国科学院考古研究所文物编辑委员会:《长沙马王堆一号汉墓发掘简报》,文物出版社1972年版,第5~6页。
② 黄星光:《广东省蚕桑产业发展战略研究》,《蚕业科学》2009年第3期,第681页。
③ 南海市地方志编纂委员会:《南海县志》,中华书局2000年版,第576页。
④ 曹振中:《南海纺织工业史概况》,中国人民政治协商会议广东省南海县委员会文史资料研究委员会:《南海文史资料》第十辑(《陈启沅与南海县纺织工业史专辑》),第76页。
⑤ [美]魏斐德:《大门口的陌生人》,第47页。

图 1.22　古代植桑、养蚕、缫丝、纺织流程

资料来源：澳门博物馆。

至明清两代，广东已成为南方除江浙之外的第二大蚕区（图1.23所示为《清代养蚕图》）。在市面好的时候，由于"蚕桑生产实有三十之息"①，一个十亩地的小农户以桑养蚕便能维持八口之家的生活。广东顺德、南海人口尤其稠密，蚕丝生产能容纳更多的劳动力，故为了解决生存问题，越来越多的百姓依赖蚕桑就业，"周围百余里，居民数万户，田地一千亩百余坎，种植桑树以饲春蚕。诚粤东蚕桑之沃壤"②。

图1.23　清代养蚕图

资料来源：陈启沅纪念馆。

至鸦片战争前夕，广州已成为全国丝绸出口的最大城市，毗邻广州的佛山等地也成为有名的纱绸产区。③

有人认为，鸦片战争导致"海上丝绸之路"的结束，邱捷言，一般认为，"海上丝绸之路"始于秦汉，繁荣于唐宋，到明清则既繁盛而又发生了重大转变；鸦片战争后，"海上丝绸之路"就不复存在了。事实上，晚清丝绸出口对中国社会、经济的影响，也是空前绝后的（图1.24所示为

---

① 《沈氏农书》。转引自徐新吾：《中国近代缫丝工业史》，第24页。
② 何石安、魏默深辑：《重刊蚕桑图说合编蚕桑合编序》。转引自徐新吾：《中国近代缫丝工业史》，第27页。
③ 张鉴等：《雷塘庵主弟子记》卷五，第16页。转引自徐新吾：《中国近代缫丝工业史》，第27页。

清代的珠江贸易商船)。如果把视野扩大,那么晚清中外各方面的交流、冲突、融汇,更是远远超过鸦片战争前。从这个角度看,认为鸦片战争导致"海上丝绸之路"的结束并不符合客观事实。①

图 1.24　清代繁盛的珠江贸易商船
资料来源:南粤先贤馆。

而不管在古代还是近代,中国始终是丝绸生产大国。中国蚕丝生产技术东传朝鲜和日本较早,到 6 世纪中叶(南北朝时期)又西传至中近东及欧洲。此后,中国仍是世界丝绸最基本的供应国家,中国蚕丝技术亦领先于世界。②

南海植桑养蚕的历史还要久远一些。在东汉末年,已是"高则桑土,

---

① 邱捷:《清代广东丝绸出口与"海上丝绸之路"》,《学术研究》2017 年第 5 期,第 103 页。

② 《前言》。徐新吾:《中国近代缫丝工业史》,第 1 页。

下则沃衍"① 的景象。

1762 年（清乾隆二十七年），广东生丝成为外商争购的对象，一时销路畅旺，丝价上扬，南海境内九江、西樵、南庄、沙头一带迅速掀起"弃田筑塘，废稻种桑"高潮。嘉庆年间古人的《竹枝词》生动描述了这种情况：

> 呼郎早趁大冈墟，妾理蚕缫已满车。
> 记问洋船曾到几？近来丝价竟何如？②

到 1831 年（清道光十一年），九江已成"境内无稻田，仰籴于外"③ 的纯桑塘区，吃的粮食要依赖"进口"。同时，丝市、桑行、蚕行纷纷出现，形成包括农工商贸在内的完整的蚕桑专业性体系。此种情形下，前述陈家一年打的粮食不够吃是有原因的——不是打不下，是种得少，不像西北、中原、东北，千百年来当地农民的主业始终是种粮。

至陈启沅少年时代，西樵居民已经全面进入"岁食茶叶与植桑衣我"④ 之地步，衣食来源都靠种茶和种桑养蚕获得；蚕桑已不是副业，而是主业。孙中山言："此地（指广州）每年有三次收获，二次为米作，一次为杂粮，如马铃薯或甜菜之类。其在蚕丝每年有八次之收成。"⑤

其实还有鱼。南方雨水多，农家因地制宜创造出"桑基鱼塘"的生产模式，水塘养鱼，蚕沙喂鱼，塘泥肥桑，样样不浪费，使得种桑、养蚕、养鱼有机结合，形成一条天然、环保、节约的人工生态链。类似的环保生态链北方亦有之，比如养猪，猪的粪便可制肥，肥可种庄稼，庄稼地可为猪提供饲料。《老子》曰："道生一，一生二，二生三，三生万物"⑥，环环相扣。恩格斯在《自然辩证法》中也指出："相互作用是事物的真正的终极原因。"⑦ 世间万物，循环往复，相互作用，这是农民在长期生产生活中悟出的道理，也是日常践行的不二法则。

靠山吃山，靠水吃水，南海人，吃的是桑，吃的是蚕。

---

① 曹振中：《南海纺织工业史概况》，第 76 页。
② 黄世瑞：《广东对外开放史上蚕丝业的兴衰及其经验教训》，《农业考古》1996 年第 1 期，第 202 页。
③ 南海市地方志编纂委员会：《南海县志》，第 576 页。
④ 南海市地方志编纂委员会：《南海县志》，第 576 页。
⑤ 孙中山：《建国方略》，北京：中国长安出版社，2011 年，第 131 页。
⑥ 马将伟译注：《道德经译注》，北京：商务印书馆，2015 年，第 80 页。
⑦ 恩格斯：《自然辩证法》，《马克思恩格斯选集》第三卷，人民出版社 1972 年版，第 552 页。

陈启沅出生于蚕桑之乡，耳濡目染，少年又读过很多书，对广东及南海历史的了解和理解可谓透彻，又受"商品性农业的不断发展"[①] 的市场的熏陶和影响，对农业、生产、商业、工业自有不同于常人的强烈体会和感悟。故而，留洋若干年后，陈启沅又折返故乡"吃蚕""吃桑"，也是情理之中的事。

[①] 黄启臣：《明清珠江三角洲"桑基鱼塘"发展之缘由》，中国生物学史暨农学史学术讨论会论文，2003年，第4页。

第二章 人在海外 志在蚕桑

第一节 四方多故 岂可偷生

一个不容回避的事实是，陈启沅生于乱世，天下不太平。"英国用大炮强迫中国输入名叫鸦片的麻醉剂"①，在1800年（清嘉庆五年）时，已经达到2000箱②。陈启沅幼时，东印度公司将"价值2500万美元的39000箱鸦片顺利地偷运入中国"③。"特别是1840年以来，由中国向印度输出的白银是这样多，以致天朝帝国的银源有枯竭的危险。"④

中国政府终于到了"非立即采取坚决措施不可的地步"⑤。

1839年6月3日（清道光十九年四月二十二日），清廷钦差大臣林则徐下令在东莞虎门海滩当众销毁鸦片，至6月25日结束，总共销毁鸦片2376254斤。"虎门销烟"揭开了中国近代史上反对外国侵略的第一页，也成为"第一次英中战争的起因"⑥。

1841年（清道光二十一年）春，是鸦片战争的第二年。1月，英国人对广东虎门要塞发动了又一次进攻，"使中方损失了500人、两座炮台和大部分战船"⑦。随后，"英国军队越来越不耐烦，逐渐逼近广州城"⑧。

1842年（清道光二十二年），英军沿长江向下游进攻，6月攻陷吴淞，7月攻陷镇江，进犯南京。腐朽的清政府向侵略者屈膝投降，于1842年8

---

① 马克思：《中国革命和欧洲革命》，《马克思恩格斯选集》第二卷，人民出版社1972年版，第2页。
② 马克思：《鸦片贸易史》，《马克思恩格斯选集》第二卷，第25页。
③ 马克思：《鸦片贸易史》，第27页。
④ 马克思：《中国革命和欧洲革命》，第2页。
⑤ 马克思：《鸦片贸易史》，第28页。
⑥ 马克思：《鸦片贸易史》，第28页。
⑦ ［美］魏斐德：《大门口的陌生人》，第8页。
⑧ ［美］魏斐德：《大门口的陌生人》，第9页。

月签订丧权辱国的《南京条约》。从此，帝国主义加紧对中国的军事、政治、经济和文化的侵略、控制和掠夺，使中国延续几千年的封建社会逐步解体，沦为半殖民地半封建社会。

1840年（清道光二十年）以前，中国政府严禁西方人进入广州城内。

1841年5月，当英国人进攻广州时，清军的防线一下子就崩溃了①。鸦片战争的爆发，使他们获得合法进入广州城的权利。②

在抵御外敌侵略中，陈启沅的家乡南海（佛山）所制造的大炮给予外敌以狠狠的打击。如今的广州沙面南堤依旧保留着两门清代西炮台的遗物，大炮为1841年（清道光二十一年）在佛山铸造，分别重3000公斤和4000公斤，与锦纶会馆和仁威庙一起共同见证了广东军民的抗侮史。

一个幼小的孩童或许听见了隆隆的炮声，但并不清楚这代表什么。但是在江南地区，蚕农陷入"在外国侵略者的掠夺和封建主义的压榨下，对市场的依赖日益加深，并备受城乡商业和高利贷资本的盘剥"③之中，却是不争的事实。马克思言："中国的纺织业在外国的这种竞争之下受到很大的危害，结果就使社会生活受到了相当的破坏。"④

当然，外国资本主义商品的大量输入，在破坏了中国自给自足的自然经济及城市手工业和农民家庭手工业的同时，也促进了城乡商品经济的发展，从而为中国资本主义的产生造成了某些客观条件。⑤

时局的变化令人担忧，一位中国知府说过这样一段话：

祖先神圣的传统既已湮没，上天亦抛弃了我们。那些专心注视着事态发展的人，那些看到我们的地方官是多么自私和人民是多么堕落的人，都有一种沉重又令人不可思议的预感。我们正处在一场大革命的前夜。许多人都感到了这一点。但是，不知道动力将来自外部还是内部。⑥

1853年（清咸丰三年），太平天国政府在南京成立。正如陈作海所言，

---

① 《中西纪事》第6卷，第10页。转引自［美］魏斐德：《大门口的陌生人》，第59页。
② 倪文君：《天使与魔鬼的两极印象——鸦片战争前西方人眼中的广州人》，《南方都市报》2013年4月28日。
③ 徐新吾：《中国近代缫丝工业史》，第52页。
④ 马克思：《中国革命和欧洲革命》，第3页。
⑤ 张志建：《南海早期的民族工业——继昌隆缫丝厂》，《历史教学》1986年第1期，第38页。
⑥ R. P. Hue：《穿越中华帝国的旅行》第1卷，哈勃出版社1856年版，第372页。转引自［美］魏斐德：《大门口的陌生人》，第149页。

这个时期的陈启沅甚至有加入太平天国的冲动。

1854年（清咸丰四年）4月27日—5月26日，"红巾贼起"，"先是粤省莠民聚众拜会，其党分布各州县，约期皆反……"①

当然，太平天国政府对于产地的生丝贸易采取了保护与奖励的政策。②当然，这指的是长江中下游一带，太平天国所管辖的区域。

1856年（清咸丰六年）10月23日，英国以"亚罗号事件"为借口进犯广州，正式挑起第二次鸦片战争，加速了中国社会半封建半殖民地化的进程。这一次战争给"业已贫困的广东又增加了一层经济负担"③。

面对四方多故、内讧外侮相逼而来的国情，弱冠之年的陈启沅慨然曰："天下非十数年不能大定，民生凋敝，宁忍坐视？然运筹帷幄，决胜疆场，既非所长，亦非吾志，惟天既生我于中国，睹此干戈扰攘，战争未息，岂可局蹐乡间，转徙了此余生乎？"④

陈启沅究竟于何年离开简村去往安南，说法不一。《南海县志》载，陈启沅"岁甲寅至南洋"⑤，这便是1854年（咸丰四年）的事，这时陈启沅19岁。陈天杰记为"时在1854年（咸丰四年甲寅）秋间事"⑥，与此一致。陈作海所言为"清咸丰五年（1855年）秋天"⑦，此时陈启沅值弱冠之年。而陈孺直记载"父壮年曾经商安南"⑧，壮年一般是指30多岁。

综合诸多史料，笔者认为，陈启沅于弱冠之年出洋谋生一说较为合理。

时兄弟三人商议，"窘守家园，终非久计，不如向外发展，较有希望"⑨。南方的秋天，燠热苦闷。陈启枢、陈启沅兄弟二人"先往澳门为出发点"⑩，再乘船前往安南。

从陈作海的记述中，我们清晰地看到了陈启沅的外貌："一米五左右高，身体瘦削，面有菜色，头顶骨中间突出，大耳，高鼻梁，有两个突出的大门牙。"⑪

---

① 民国《顺德县志》第23卷，第5页。转引自［美］魏斐德：《大门口的陌生人》，第165页。
② 徐新吾：《中国近代缫丝工业史》，第86页。
③ ［美］魏斐德：《大门口的陌生人》，第189页。
④ 《陈启沅列传》，（清）郑荣等修，桂坫等纂：《南海县志》，第1729～1730页。
⑤ 《陈启沅列传》，（清）郑荣等修，桂坫等纂：《南海县志》，第1730页。
⑥ 陈天杰、陈秋桐：《广东第一间蒸汽缫丝厂继昌隆及其创办人陈启沅》，第59页。
⑦ 陈作海：《缫丝风云录——记中国近代民族工业先驱陈启沅》，第1页。
⑧ 陈孺直：《先父芷馨公事略》。
⑨ 陈孺直：《陈氏近代族谱简略》。
⑩ 陈孺直：《陈氏近代族谱简略》。
⑪ 陈作海：《缫丝风云录——记中国近代民族工业先驱陈启沅》，第2页。

一副普普通通的相貌，一个朴实的农家子弟——惯常，他所拥有的也是一个普普通通的人生。

他们乘坐的这艘船以货运为主，也搭载一些乘客。船长约20米。舱内放满了各种麻袋、布匹等物，总计有一百多担。船上的伙食简单，米饭、咸菜、咸鱼。陈启枢、陈启沅兄弟二人随身带了一床被子，一个放了几件换洗衣裳的柳条箱，一个柳条篮子，篮子里装满陈启枢的妻子给他们兄弟准备的鸡蛋、西樵大饼和炒米饼。路途遥远，"西樵大饼和炒米饼是家乡的土特产，都是能放置很久的干粮"①。

兄弟俩此番远行与陈启枢当年被迫离乡已不是一个概念。当年陈启枢是因为贫困，不得已才到安南寻找活路，他所写"休书"实属被逼无奈，前些日子归乡时，其妻对此仍耿耿于怀。陈启沅自告奋勇到麦家请嫂子回家，其嫂"哭着拿出当年的'休书'给小叔（启沅）看。陈启沅见此'休书'，顿时想起贫苦岁月时，兄嫂子侄分散的窘境，苦劝二嫂体谅二哥当年苦衷，突然急中生智，把那'休书'撕碎，往咀里一塞，吞咽下肚"。其嫂被小叔这一行为所感动，怨气全消，遂携儿带女，告别娘家，欣然回到简村与启枢团聚，"从此夫妻、父子感情，更胜从前"。②

陈启沅第一次乘坐远洋帆船，内心充满惊喜。他困惑的是在茫茫大海之中，在没有任何参照物的情况下，船老大如何掌握船行进的方向。想不明白就去问船工。船工告诉他，白天，看的是太阳，根据太阳在各个时辰和各个季节的位置不同而导航；晚上则看北斗星。阴天怎么办？陈启沅提出疑问。阴天则看罗盘。陈启沅第一次听到罗盘这个名词，经过详细询问才知道罗盘原来就是"司南"。司南他是知道的，是古代中国人的发明。他读过《韩非子·有度》，轻吟道："先王立司南以端朝夕"。他记得《鬼谷子·谋》中也载有司南："郑（国）人之取玉也，载司南之车，为其不惑也。"

若干年后，马克思写了《机器。自然力和科学的应用》一书，书中说："火药、指南针、印刷术——这是预告资产阶级社会到来的三大发明。火药把骑士阶层炸得粉碎，指南针打开了世界市场并建立了殖民地，而印刷术则变成新教的工具，总的来说变成科学复兴的手段，变成对精神发展创造必要前提的最强大的杠杆。"③

陈启沅没有机会读到这本书。但他也许想到了这样一个问题，中国人发明的指南针，却为居心叵测的洋人导航，使其远涉重洋侵略中国，真是

---

① 陈作海：《缫丝风云录——记中国近代民族工业先驱陈启沅》，第2页
② 识燕归：《陈启沅轶事三则》，第74～75页。
③ 马克思：《机器。自然力和科学的应用》，人民出版社1978年版，第67页。

奇耻大辱。

船舱内空间逼仄局促，空气流通不畅，兄弟俩热得睡不着觉，索性到甲板上乘凉。陈启沅坐在船头，浮想联翩。一望无际的大海，茫茫的黑夜，汹涌的波涛，渺茫的前路，使得一位没有见过世面的书生既慨叹自己学识的浅薄，又对未来的一切充满希冀。对他而言，这一次出洋是其人生的第一次远足。他知道古人成年之后都要经历一次远行，正所谓读万卷书，行万里路。他想到孔子，想到司马迁，想到李时珍……每个人的境遇有所不同，但都是在中国的土地上行走，而自己却背井离乡谋生活、混饭吃，与先贤相比差之千里，与自己的理想差之千里。

陈启沅没有意识到，正是这一次远行开阔了他的视野，启迪了他的智慧，改变了他的人生航向。

出洋谋生，不算继承父志。此言似有一些残酷或不近人情。但是，其时，就算陈启沅留在故乡也没什么好日子过。他的家乡，来自广东开平的盗贼陈吉在距简村四十多公里的顺德大良周围开始了"长达三天的抢掠"，"当地军官全部被杀，城外住宅被抢，城内的商店和住房大部分被烧"。① 外患内忧，纷至沓来，民生涂炭，苦不堪言。

中国古语说得好：三十六计，走为上策。思忖陈启沅的一生，处处有"走"的成分，有主动，有被动。"弃学"，是被动的；"弃农"，有了一些主动的成分；"学贾"②，为发展和出路计，是主动的。他的思想深处，绝非小富即安，而是要通过经商之实践，"冀有所得，以还哺祖国"③。当然，在漫长的人生旅程中，我们应该允许一个年轻人理想的逐步升级。他心中那枚读书人良知的种子是历经风雨而一点点萌芽的，不是速生、一蹴而就，是渐悟，而非顿悟。

陈启枢、陈启沅兄弟俩出走外国，家中老小已做安顿。三个兄弟分工，"留启标在乡务农，照料家小"，所有收入兄弟三家均分；"及后发迹，仍属兄弟三人共有"。④ 意指陈启枢和陈启沅在安南打工或做生意的全部收入，会均为三份，兄弟三家各得其一。如此安排，兄弟三人便可各司其职，外出者放心，留守者安心，后方团结、稳定。

---

① ［美］魏斐德：《大门口的陌生人》，第 181 页。
② 陈启沅：《蚕桑谱》，第 15 页。
③ 《陈启沅列传》，（清）郑荣等修，桂坫等纂：《南海县志》，第 1730 页。
④ 黄景坤：《陈启沅传》，第 4 页。

第二节　出洋谋生　蓄意经营

陈启枢、陈启沅兄弟俩为何选择到安南谋生？

安南即为越南。华人出国的历史千年有余，但在19世纪前，出国的华人大部分如陈启枢、陈启沅兄弟，是为了谋生，寻求一个较好的生存环境。

时英国、葡萄牙、西班牙、美国相继禁止奴隶贸易，黑奴被解放，导致劳工大量缺乏，西方资本主义国家盯上了"具有良好体力，从小就习惯于劳作并且适应热带或亚热带气候的中国劳工"，广东人极受欢迎。第二次鸦片战争之后，西人迫使清政府签订了允许其在华招工的条约，一时间，华工更是大量出国，"有海水处皆有华人的足迹"。① 出洋谋生使部分人摆脱了穷困的命运，珠江三角洲流行这样的说法："春天出去，冬天回来，捞一两百个大洋银，不久可以成个家。""在外面干得好，还会升官发财。""与其饿着肚子，不如远走高飞。不跑远程，有了金山银山，也不会流进你的口袋。"②

航程虽不是山路，但可用"崎岖"形容，甚至历经千难万险。到第七天时，风云突变，乌云密布，风力增大，大家按照以往的经验，知道要刮台风了。生活在南方的人，何尝不清楚台风的厉害。前不久台风在珠海登陆，摧枯拉朽，势如破竹，重创那一座美丽的城市。更遑论在前不着村后不着店的海上。有些乘客已在求佛祖或观世音菩萨保佑，"启枢兄弟不信神佛，但也求祖先保佑"③。船身已在剧烈地摇晃。为了防止帆船颠覆，帆已降了下来，帆船像一叶孤舟在大海上漫无目的地漂游。船老大告诉大家，由于台风越来越大，船已无法按照预定的航线航行，好在距离目的地安南已经不远，船现在尽量向最近的陆地靠拢，大家要抓住机会，看到陆地时跳船逃生。

帆船艰难地向陆地和沙滩靠拢，"启枢左手提着小柳条箱子，启沅右手提着放干粮的篮子，兄弟俩手拉着手也顾不得多想一齐跳下海去"④。

---

① 周建波、孙淮宁：《洋务运动期间华侨对国内投资及其作用》，《生产力研究》2009年第19期，第84页。
② 吴建新：《陈启沅》，第5页。
③ 陈作海：《缫丝风云录——记中国近代民族工业先驱陈启沅》，第8页。
④ 陈作海：《缫丝风云录——记中国近代民族工业先驱陈启沅》，第9页。

"旅途多舛，险象环生"①，幸而有惊无险。此番出洋，"月余始达"②。

安南是法国的殖民地。关于刚到安南的经历，陈作海的记述与一些资料有一些出入。按照陈作海的记述，陈启枢先前在安南，并无自己的"实业"，只是打工，负责一段工程，按月有一定的生活费用，工程完工后，获得了一大笔奖金，这才有接陈启沅前去安南的一幕。而陈天杰、陈秋桐的记述则言，陈启枢之妻麦氏娘家有不少子侄在安南经商，陈启枢在安南经营约三年，且经济状况"稍有收获"③。黄景坤又言，陈启枢在堤岸投资有一家自营商店④，经营杂货。既是投资，便是老板，已取得一些人脉和物质基础。

按照陈作海的记述，兄弟俩落脚于堤岸这个商埠，"目前最迫切的是如何利用手上仅有的几十两银子做点小生意，免得坐吃山空"⑤。经过几天的市场调查，他们发现还是打"柴米油盐酱醋茶"的主意比较稳妥，见效快，容易挣钱。遂在居民点附近找到一间店铺，铺面很小，租金不贵。白天可开门卖货，晚上可关门打地铺睡觉。铺面后面还有一个小院，可以烧茶煮饭。衣食住行，若经营得好，靠这个铺面基本都能解决。兄弟俩择一良辰吉日，名为"均和栈杂货店"的小卖部正式开张。杂货店虽小，但现金流充沛，一月之后盘点，除去一切开支，略有节余。

陈启沅一介书生靠开杂货店谋生活，内心充满苦涩，却又不得已。因为在异地他乡，若连基本生活问题都解决不了，就谈不上有更大的发展。他想起老子的一句话：合抱之木，生于毫末；九层之台，起于垒土；千里之行，始于足下。他知道，一切的机会，或许就在这第一步，就在漫长或者短暂的等待之中。

不能说陈启沅手无缚鸡之力，但"弃书"不久，他除了有一些知识，有一点男子的力气，也再无其他技能。不过，他天生还有一双"鬼眼"——关于其眼容后再叙。他利用这一双眼睛做起了钟表修理的生意。

适逢一个大老板的客厅有一座一人多高的大钟坏了，请人修理没有修好。陈启枢告诉陈启沅这一消息后，陈启沅想试一试。他见过大钟，虽不知其内部详细结构，但知是由齿轮传动，如果拆下来仔细检查，一定会查出问题。陈启沅备齐修理钟表用的钳子、镊子、起子等工具，与其兄来到大老板家。经过仔细检查，果然，其中一个齿轮轴有点弯曲。

---

① 陈作海：《缫丝风云录——记中国近代民族工业先驱陈启沅》，第8页。
② 陈孺直：《先父芷馨公事略》。
③ 陈天杰、陈秋桐：《广东第一间蒸汽缫丝厂继昌隆及其创办人陈启沅》，第59页。
④ 黄景坤：《陈启沅传》，第4页。
⑤ 陈作海：《缫丝风云录——记中国近代民族工业先驱陈启沅》，第11页。

发现轴有点弯曲，陈启沅凭借的是一双"鬼眼"；如何把弯曲的轴校正，却要靠知识和技术。从陈启沅所受的教育和成长经历看，他此时没有掌握这样的知识和技术。但是，"启沅对机械的东西是有天赋的"①，天赋有时候会让人在某些领域无师自通。

陈启沅掌握了钢的退火、淬火技术。但是，对钟表的齿轮轴进行退火、淬火，难度相当大，因其过短、过细、过精。陈启沅将从齿轮上拆下的轴带回杂货店进行退火处理，退火之后的钢轴变软，易于敲打、校直。之后，再淬火，使其重新变硬，但太硬又不行，还要回火。回火的介质有水、油以及在空气中自然冷却等方法，这样的工艺可使钢轴既有硬度又不失韧性。没有经受过严格的训练，却能掌握这等复杂的金属热处理工艺流程，委实不易。

俗话说，没有金刚钻不揽瓷器活。陈启沅凭借胆大、心细、悟性修正了齿轮轴。兄弟返回钟表主人处，将拆下来的零件按部就班安装好之后，上了机油，大钟开始"嘀嗒嘀嗒"地运转了。

大钟的主人大喜过望。陈启沅却不放心，一直听了一天，一切正常。三天后，大钟仍然运转正常，他才放下心来。大钟的主人对陈启沅言："我有不少朋友也有钟表，如有坏了的，我介绍他们拿给你修理。"初来乍到，陈启沅便赢得了当地人的信任，挣到了高于一般的修理费，也收获了人脉。

有钱人家，客厅都喜欢摆放一座钟。这种落地大钟都是从法国进口的，既能报时，又可作为家居装饰，体现其家底殷实。也有的人家，墙上挂着挂钟，桌子上摆着台钟。此外，一些有钱或有一定身份的绅士还喜欢佩戴怀表，像我们在电影中看到的，金色的外壳，一条金链连接到衣扣上，显示富有和儒雅的风度。陈启沅敏感地捕捉到这些信息，既然当地人对钟表有如此大的消费需求，修理钟表的生意一定可做。他认为虽然钟表有大有小，但内部构造和原理应该差不多，只要小心谨慎，一般故障都是可以修复的。陈启沅的这种自信既源于第一次修理大钟的成功，也来自他对自己能力的把握。

很快，上次大钟的主人为陈启沅介绍了新的业务。一个挂钟，走得不准。挂钟小，内部空间有限。陈启沅拆开后没有发现异常，他判定这是由于挂钟用得久了之后零件上布满灰尘，影响了敏感度。他将零件浸泡在煤油中清洗干净，重新装回去，挂钟运行恢复正常。

两次修理钟表均旗开得胜，增强了陈启沅的信心。只是，若要开钟表

---

① 陈作海：《缫丝风云录——记中国近代民族工业先驱陈启沅》，第12页。

修理店，陈启沅还有一些技术问题没有掌握，如他对怀表的修理则没有把握。陈启沅兄弟决定去西贡学习怀表的修理技术，购买必要的修理工具，了解钟表修理这一行的价格。只是，拜师学艺并非易事，同行是冤家，没人愿意教。陈启沅采取的是"偷艺"的方式。陈启沅"偷艺"凭的是他那一双"鬼眼"。他驻足钟表店，若无其事地看表，打问钟表的价格，眼睛实则瞄向一侧的修理师傅，看多几次，便熟稔于心。这个"偷艺"的过程只用了大半天。"第二天，启沅就在杂货店门边写了一条'精修钟表'的条子，正式开始营业。"① 后来，这个条子又换成了木板。

也许，在有些人眼里，钟表修理是个小生意，没有多少钱可赚，因此，堤岸那个地方长期没有钟表修理店。陈启沅的招牌一打出来，顾客盈门，一时忙不过来。陈启沅又招了一名学徒，指导他负责拆卸和清洗零件，陈启沅负责后续的回装、上油、调试和校准。事业刚起步，手头没有多少积蓄，陈启沅买不起高级落地钟，时间的校准成了一个问题。他采用中国古老的时间校准方法，在后院有太阳光的地方立一木桩，在木桩顶上钉一根长钉，随着时间的流动，长钉在地面上投射不同的阴影，从长到短，又从短到长，阴影最短的那一时刻，就是中午十二点。"经过三天的测试，可准确地测得日正当午的时间，……他就用这作为标准时间，来校正修理好的钟表，十分准确。"②

陈启沅所仿制的这一仪器叫"日晷"。日晷是我国古代利用日影测得时刻的一种计时仪器（图2.1），由晷盘和晷针组成。晷盘是一个有刻度的盘，中央装一根与盘面垂直的晷针。晷盘为平行于赤道面，倾斜安放；晷针为指向南、北极方向的金属针。针影随太阳运转而移动，刻度盘上的不同位置表示不同的时刻。

但陈启沅仅用一根木桩、一根长钉便因陋就简地解决了面临的棘手问题，再一次印证他在某些方面确实具有特殊的才能。

由于陈启沅维修钟表态度好、质量高、收费便宜，且保用一年，名声传开，顾客纷至沓来。他索性另外找了一间铺面，起名"陈记修理钟表店"，开门营业。几个月后，加之省吃俭用，已积攒了一些资金。但是，陈启沅是一个善于总结和思考的人，他认为，"修理钟表是投资少、收益大的技术性行业"，但是，"这个行业主要都是重复性的操作，不用太多的学问"，业务量"与人口成一定的正比例关系"，数量的增加比较缓慢，发展到一定时候，如人口不增加，"生意也不会有很大的增加"，修理钟表不

---

① 陈作海：《缫丝风云录——记中国近代民族工业先驱陈启沅》，第14页。
② 陈作海：《缫丝风云录——记中国近代民族工业先驱陈启沅》，第15页。

图 2.1　中国古代的日晷

资料来源：http：//blog.sina.com.cn/s/blog_507931750102ux05.html。

是长久之计。陈启沅对徒弟进行耐心的指导，以便他能独当一面，自己则"抽出更多的时间和精力去考虑另外的一些大事"。①

大事也好，小事也罢，陈启沅兄弟从杂货店和钟表修理的生意上，经过一年的创业，总收入净赚了近三百两。这是他们的"第一桶金"。他们拿出六十两寄回简村，按照兄弟间的约定，每家分得二十两。其余资金，留作继续创业的资本金。

事实证明，陈启沅不是小富即安的那一类人，他从修理钟表生意上赚了钱，但目光没有被局限于此。他的远见在于不断地挖掘新的项目，寻找新的利益增长点，为将来做更大的事业进行资金储备。

这一次陈启沅瞄准的仍然是当地居民的日常生活所需：酱。

柴米油盐酱醋茶，酱只是其中之一，陈启沅为何选择在酱上做文章？他敏锐地发现，当地"包括豆酱、豆豉、面酱和酱油等，产量供应不足而

---

① 陈作海：《缫丝风云录——记中国近代民族工业先驱陈启沅》，第 15～16 页。

且价格也偏高,想来会有利可图"①。

南方人喜食酱。顿顿饭不离酱油。做鱼时,常用豆豉;鱼清蒸出锅,洒上几滴酱油,原汁原味,香气宜人。陈启沅在家乡时见过乡人晒酱,自己虽没操作过,但仔细钻研,必不难学。他找了一口小缸,在后院做起试验。小试牛刀,豆酱色、香、味俱佳。又做第二次试验,这次量多,成功之后放在杂货店出售,颇受欢迎。有了前两次的成功,第三次,陈启沅专门购置一个可容纳二十斤黄豆的"酱钵",一次将料下足,经过一段时间的日晒、发酵,也成功了。

做酱本不复杂。在中国的农村,比如东北,家家做酱,一做一大缸,够吃一年,有大豆酱、黄豆酱,酱里面可腌黄瓜、茄子等物;小葱蘸酱,香得很。那时做酱,自给自足,不添加任何防腐剂。故而,酱做好之后,保管尤为重要,保管不善,进了水或其他脏物,酱发霉,就没法吃了。陈启沅兄弟筹划开一间酱园,批量生产,这就需要一个大的场地,能放置20个酱钵,且日照充足;还要有一间大的厨房,能洗豆、煮豆、发酵,且周围无污染源;还需要一间储存成品的仓库。批量生产与小作坊加工是两个概念。

既开酱园,打自己的招牌,便要确保每个批次的产品品质、味道一致,这来不得半点侥幸,凭的是真功夫。

陈启沅是个善于学习的人,知道第一炮一定要打响,否则前功尽弃。"他根据自己的经验,又参照书上的介绍,总结了生产的程序。"②

一个书生,脱掉长衫,袒胸露背,做酱的事业,这是陈启沅之前没有想过的。这是不是他的理想,是不是继承父志,现在看来并不重要,重要的是,他要做得像模像样,要不鸣则已,一鸣惊人。他严格把控原料关,将黄豆中的残次品去除,剩下优质黄豆,搓洗干净,用冷水浸泡一夜,直到粒粒饱满。之后是煮,要煮熟,但又不烂,保持原形,用手轻轻一捏,宛如粉末。沥干水分之后,加入面粉拌匀,让每一颗豆子都裹上一层面粉,又不能厚。将豆子均匀地摊在簸箕里,底部架空,盖上稻草,置于阴凉处,让它充分发酵,这个过程需要五天左右,这一道工序叫"霉酱"。下一道工序是加冷却之后的盐开水,然后在日头下暴晒、搅拌。

当酱发出扑鼻的酱香时,陈启沅尝了一下,"有特殊的鲜味","启沅正式生产的第一批酱成功了!"③

有了自己的产品,"均和昌酱园"的开张便顺理成章。除生产豆酱外,

---

① 陈作海:《缫丝风云录——记中国近代民族工业先驱陈启沅》,第17页。
② 陈作海:《缫丝风云录——记中国近代民族工业先驱陈启沅》,第17~18页。
③ 陈作海:《缫丝风云录——记中国近代民族工业先驱陈启沅》,第18页。

陈启沅还生产面豉、豆豉、酱油、酱菜等。除了自销，还装成小坛批发给其他杂货店。由于他的酱质量好，价钱合理，回头客多，生意越来越好，逐步形成了自己的品牌知名度。

中国有一句古语：打虎亲兄弟，上阵父子兵。陈启枢、陈启沅兄弟二人凭借团结互助、干一行爱一行、吃苦耐劳、谦虚好学的精神在安南扎稳了脚跟。"生意有了起色，虽然已经是小老板了，但他们并没有因此而满足，而是经常思考着如何才能扩大生意的规模。"做生意既要头脑灵活，还要有足够的资金，钱要靠钱挣，本钱很重要。"他们两人都认为要想生意做大，第一是要有足够的资金，第二是要找准投资经营的项目。"①

初到安南，两次创业成功，证明陈启沅是有做生意的头脑的，甚至天生就是做生意的料。在鱼龙混杂、藏龙卧虎的商埠，看起来商贾云集，生意无处不在，但小打小闹容易，做大做强难。

陈启沅怀着浓郁的兴趣"四处打听当地最需要何种货物"，结果让他非常欣喜，原来当地人最喜欢"土绸"，其中有一种叫"薯莨纱"的织物更广泛地受到人们欢迎。薯莨纱这个名字人们或许不太熟悉，但一提起它的另外一个名字——香云纱，则很著名，很多人知道。香云纱的加工是将桑蚕丝织物先用广东特有的植物薯莨的汁水浸染，再用珠江三角洲特有的富含铁质和盐分的河涌淤泥覆盖，经日晒而成的昂贵的丝绸制品。此种丝绸通常为黑色、咖啡色及深蓝色。老电影《半夜鸡叫》《红色娘子军》中的周扒皮、南霸天等人都穿过这种"亮闪闪"的衣衫。时至今日，一件香云纱衣裙动辄上千元，仍是普通人穿不起的高级衣裳。

南海正是盛产香云纱之地。

觅得商机之后，兄弟俩迅速行动，由陈启沅留守安南，陈启枢即刻回家乡采购。但首次出师不利，装运薯莨纱的货船在返回安南途中，在琼州附近沉没，"货物损失殆尽"。之后，陈启枢再次回到家乡采购，这一次采购的货物除了西樵山的土产丝绸，也有杭州丝绸。所采货物到安南之后"甚为畅销"②，兄弟俩因经营顺利而获利甚丰。此后，兄弟俩合力经营，日益发展，除原来的自营商店外，又设立"怡昌荫"商号，"经营丝绸之外兼办典当业"③。

之后，兄弟俩又创办堤岸怡丰饷当（即当押铺，安南堤岸只这一家，是向政府饷承的）④，这意味着其成为获得当地政府批准的唯一一家典当

---

① 陈作海：《缫丝风云录——记中国近代民族工业先驱陈启沅》，第18页。
② 陈孺直：《先父芷馨公事略》。
③ 吴建新：《陈启沅》，第7页。
④ 陈天杰、陈秋桐：《广东第一间蒸汽缫丝厂继昌隆及其创办人陈启沅》，第59页。

行，在经营上完全处于垄断地位。

兄弟俩还开设"裕昌和东京庄""盛其祥谷米行"。① 总之，什么赚钱就干什么，将南方人特有的精明与聪敏发挥得淋漓尽致。经营与事业取得如此成功，足以证明陈启枢、陈启沅兄弟不但在当地站稳了脚跟，且与当地政府关系密切。

十余年间，"兄弟俩已成为当地巨商了"②。在堤岸有一条广东街，陈启沅兄弟经营的店铺"几乎占了半条广东街"，陈氏兄弟"已跃为堤岸华侨中的富商了"。③

如果说赚钱是人生的目标，陈启沅已经较快地实现了。做生意，原始积累最难，第一桶金最难。只是，赚钱是否是陈启沅当年"决计远游，冀有所得"的终极目标？显然，个人或家族发家致富并不是他全部或主要的愿望，他想要创造更大的人生价值，而这个价值是什么？他也许清楚，也许朦胧。"启沅多次回乡探亲，看到乡亲们虽然天天起早贪黑地辛勤劳动，或种稻养鱼，或植桑养蚕，或缫丝织绸……如遇风调雨顺的好年景，还能得到温饱，或者略有节余。但如遇水旱风虫等灾害，则又会衣食无着，甚至卖儿卖女"——他开始思考的问题是，在穷困时，自己只能独善其身，现在富裕了，如何"兼济天下"呢？④

居善地，心善渊，与善仁，言善信，正善治，事善能，动善时。陈启沅内心良知的种子开始萌芽；他的"善"，最终成就了其一生的辉煌。

第三节　植桑养蚕　可做文章

首先富起来的陈启沅没有忘记"父志"，从来"未尝废农桑之心"⑤。他或许一直在辩证地分析父亲于"乐耕堂"上之教诲，虽勤力务农为民之本也，但离富国而强兵道路遥远。制造洋枪洋炮，发明机器，开动马达，才更有希望富国强兵。如此，如何秉持"农桑之心"，有朝一日能真正地还哺祖国，是他在安南期间始终留心的事。

从这一点上说，陈启枢与陈启沅属于"志同道合"。现有的史料上，

---

① 黄景坤：《陈启沅传》，第5页。
② 陈天杰、陈秋桐：《广东第一间蒸汽缫丝厂继昌隆及其创办人陈启沅》，第59页。
③ 陈作海：《缫丝风云录——记中国近代民族工业先驱陈启沅》，第21页。
④ 陈作海：《缫丝风云录——记中国近代民族工业先驱陈启沅》，第22页。
⑤ 陈启沅：《蚕桑谱》，第15页。

对于陈启枢的记载寥寥数语，但能够感觉到，其自尊心较强。正如前面所述，他与妻子感情虽好，但由于日子穷，小两口吵架，陈启枢"命其妻挈子女大归"①——古语讲，"之子于归"——夫家才是女子的归宿，现在倒好，丈夫把老婆、孩子赶回娘家，不是感情不和导致，只是为了一口饭。对于一个男人来讲，这是极没面子的事，真是一分钱难倒英雄汉。

兄弟俩都"未尝废农桑之心"，这是他们今后投资兴建缫丝厂的基础。而陈启枢对这个兄弟显然颇为倚重和信任，之后投资缫丝工业，陈启枢在后方负责筹款，陈启沅在前方负责筹建，配合颇为默契，从未发生龃龉，乃至因利润分配不公而拆分、拆台。可以说，在陈启沅事业成功的路上，陈启枢是一路护佑的。

命运总是眷顾有心人。陈启沅身在安南，总在思考家乡与安南的差别，试图寻找一个突破口。机遇便是在这种不断的比较中获得的。南海的地理、气候条件与安南基本相同。南海以农业生产为主，安南也是如此。南海是鱼米之乡，植桑养蚕，与安南没什么区别。陈启沅敏感地意识到两地之间一定有更大的商机。

陈启沅的目光最后落到蚕丝生产行业。

安南世代都用手工缫丝织绸，与南海并无二致。可是，自欧洲工业革命以来，法国经济突飞猛进，安南是法国殖民地，人口多，劳动力廉价，原料充足，法国资本家将以蒸汽机为动力的缫丝机械引入安南。先进的生产工艺进入当地之后，当地人放弃原始生产方式，改用机器缫丝和织绸。陈启沅惊讶地发现，使用机器缫丝之后，蚕丝产量和质量都有大幅度的提高，尤其是产量，"比手工作业提高了八至十倍"，这让他兴奋不已，触动了他"一探机器缫丝究竟的决心"。②

陈启沅对新鲜事物有着强烈的求知欲和好奇心。此时，他也早不是初来乍到安南时的"孤家寡人"，在各行各业都有朋友。经朋友介绍，他进入一家法国人办的缫丝厂，看到一台以煤炭为动力的蒸汽机带动几百台缫丝机同时运转，几百个工人有条不紊地操作，场面蔚为壮观，他一时惊讶无语。的确，工业和机器不要说对于陈启沅这个出身于农民阶层的商人，对于大多数中国人而言，都是闻所未闻、见所未见的，乍一见到，惊讶得连嘴巴都合不上实属正常。

不敢相信，不敢想象，耳听为虚，眼见为实。

一夜无眠的陈启沅在思考一个问题，如果在家乡简村也搞上一套这样

---

① 陈天杰、陈秋桐：《广东第一间蒸汽缫丝厂继昌隆及其创办人陈启沅》，第59页。
② 陈作海：《缫丝风云录——记中国近代民族工业先驱陈启沅》，第24页。

的缫丝机，那么，"全村人的生计，将会大大得到改善。南海、顺德及周边各地，所生产的蚕茧也不少，如果买来一些机器利用当地的蚕茧搞生产，会有翻天覆地的变化"①。

其时，机器缫丝设备为英、法两国生产。陈启沅经了解，可供300个缫丝工人工作的全套缫丝设备约为白银20000两，设备安装和调试费用为白银5000两。这可是一笔巨款。后期还有管理和维修费用。兄弟俩计划将安南的生意作抵押，并向当地银行借贷，"估计还能筹集得来，对原来的生意影响也不大"②。

但是，一个严峻的事实是，如果陈启沅在安南建厂，订货很简单；但是要想将设备引入中国，且由中国人经营，受诸多条件制约。洋人告诉他，"这类工厂设备能否输入到中国，要请示英国伦敦总公司才能决定"，而且，即便英国同意，清政府这边也未必同意，"要得到清政府的建厂许可证方可办理"。事实上，英国人压根儿不同意，"缫丝厂的设备现均属新产品，仍在专利保护期，其设备不能卖给中国人"。③ 其实，就算外国人同意卖给他，陈启沅这边若想得到清廷当局的同意，比上天还难，而且就算有机会上去，也是猴年马月的事。

陈启沅忧心如焚，却又束手无策。

从历史留下的雪泥鸿爪中看出，在安南期间，陈启沅兄弟俩对蚕桑"蓄意经营"，尤其是陈启沅对于"蚕桑业，丝织业，尤为注意"。④ 从"蓄意""注意"到落到实处，需要找到联结点、突破口。如今，盘踞在陈启沅心头的这个"结"刚要打开又被紧紧地系住。

此后，陈启沅在安南"遍游各埠"，非"到此一游"，而是"考求汽机之学"。⑤

陈启沅深知"祖国人民生计穷蹙，非振兴实业无以挽救"⑥。他决意改变家乡手工缫丝的落后状况，让中国的生丝在国际市场上有立足之地。考求的方法是什么？偷师学艺。这是他惯用的一着。出钱买机器外国人不卖；想学技术外国人不教；仿制与复制既无机会，外国人也不让。在此情况下，陈启沅"铤而走险"，想方设法弄清原理之后自己造！

他发现自己所处的时代，随着蒸汽机器的普遍使用，欧洲主要资本主

---

① 陈作海：《缫丝风云录——记中国近代民族工业先驱陈启沅》，第25页。
② 陈作海：《缫丝风云录——记中国近代民族工业先驱陈启沅》，第25页。
③ 陈作海：《缫丝风云录——记中国近代民族工业先驱陈启沅》，第25页。
④ 陈天杰、陈秋桐：《广东第一间蒸汽缫丝厂继昌隆及其创办人陈启沅》，第59页。
⑤ 《陈启沅列传》，（清）郑荣等修，桂坫等纂：《南海县志》，第1730页。
⑥ 陈孺直：《先父芷馨公事略》。

义国家已经基本完成工业革命。在安南河内、暹罗（泰国）等地，皆是外人所举办的机械化工厂，中国已经落后了。

陈启沅比较机器缫丝与手工缫丝的工艺差别，发现原理是基本相同的，不同的是：用了机器之后，所有收卷蚕丝的緅都用机器带动，转动平稳均匀；冲茧的热水是用水管从沸水锅炉和冷水锅炉送到各釜位，工人可自己调节至最恰当的温度。

这是陈启沅看到的，其实机器的原理远非如此简单，既然是一场"革命"，必然有其更加深奥之处。对于尚存在的疑问，陈启沅别无他法，唯有身临其境观察琢磨。朋友又一次帮助他"到安南河内参观另一间法国人办的机器缫丝厂"，陈启沅不会实话实说表明自己也想办一间厂，而法国人以为他是一个生意人，他们之间有生意可做，遂"详细介绍了工厂的机器配置和生产流程"。这一次，陈启沅"大概搞清了机器缫丝的工作原理"。①

其一，动力是一台蒸汽机，这陈启沅知道，但这台蒸汽机非自己生产，而是外购，陈启沅留心了蒸汽机的功率。其二，由蒸汽机提供动力，动力的传递靠的是各种大小不同的钢轮，然后由緅完成各个釜位丝口的收集。緅是专用部件，需要自己制作，这是缫丝机的主体。由于这一部分非常复杂，陈启沅未完全弄清楚其原理。其三，输送冷、热水的喉管需要自己制作，这个零件看起来不复杂，但做起来未必容易。

陈启沅喜欢钻研、琢磨新鲜事物，对机器有浓厚的兴趣；但隔行如隔山，他没有接受过专业的教育，对机械设计和制造一窍不通。而放眼周围，又是文盲居多，个别人只会识几个字，能打算盘。科学知识对于那个时代的中国人而言无异于天书。陈启沅想自学，但学起来谈何容易？他已是而立之年，岁数偏大，时间也不够用，生意上的诸多事情还需要他身体力行。他觉得年轻人接受新事物比较快，便在店员中找了两名在安南上过新式小学的后生，找其细谈，"晓之以理、动之以情地讲明学习机械制造任务的意义和重要性"，且承诺，"学习期间按同期参加工作店员的薪酬标准照付薪资"。②

只是，这两名店员没有接受这个任务，不是不想学，是没有信心和决心。当时行业的规矩是学徒三年便可出师，而外出学习需要耗费五六年的时间，他们心里想的是几年之后如果学无所成，现在的工作又耽误了，岂不是一无所得？担忧不无道理。机械的确不是谁想学就能学会的。无奈，

---

① 陈作海：《缫丝风云录——记中国近代民族工业先驱陈启沅》，第27页。
② 陈作海：《缫丝风云录——记中国近代民族工业先驱陈启沅》，第27页。

陈启沅只能重树信心,硬着头皮学,学会之后再传帮带。

在辗转反侧中,陈启沅想起自己读过的书,想起中国历史上涌现的一些奇才,比如孔子,"学而时习之,不亦说乎";比如诸葛亮,上通天文,下知地理,精通军事政治,还研制木牛流马,研制元戎弩;比如张衡,发明地动仪。陈启沅联系到自己到安南之后的创业史:初来乍到,一穷二白,一窍不通,通过摸索学会做生意,学会修理钟表,学会酿晒豆酱,学会经营当铺,学会鉴别玉器珠宝……知识和技术来自生活以及实践,只要肯学,不惜代价,机器缫丝的技术和知识一定能学到手。

之后,陈启沅对缫丝工业"很细心研究"①,"反复详加考察"②。可是,学习效果并不理想,始终停留在自己琢磨的基础上,既无书本阅读研习,又无老师言传身教,纵是悟性再好,也收效甚微。

陈启枢对于陈启沅的理想是支持的。他知道陈启沅想做的事必会惠及乡里。"用机器代替手工缫丝,以改善家乡人民的生活,这也是他(陈启枢)的心愿。"③ 他明确地告诉陈启沅,如用资金,有这些年的积蓄可以周转;如果现有的生意的规模没有大的拓展,他一个人也能应付过来,日常事务他处理,遇到大事兄弟们再商量。

只是,陈启枢对于陈启沅能否学到缫丝机器的制造技术,心里没底。在生意场上摸爬滚打这么多年,他清楚内行看门道,外行看热闹。陈启沅至少要花五六年的时间学习机器缫丝,如果成功,皆大欢喜;万一失败,既耽误了人生最美好的时光,又影响了生意的进一步发展,实在是极大的损失。他"不敢下这个决心给出确定的意见,还是让启沅自己好好考虑"④。

此时的陈启沅已经不满足于从事一般的商品贸易、赚取异地商品之间的差价,而在探求工业发展与农产品之间的价值规律,研究的是"效率"与"增值"问题。他发现中国生丝出口贸易在国际市场上的地位在不断下降。如日本的生丝出口在19世纪70年代时不足万担,而同一时期的广州一地就出口生丝6万担;可是,进入19世纪80年代,日本由于使用了机器缫丝,改进了生产工艺,已经超越中国。这是不容小觑的问题,是关乎中国无数蚕农利益乃至中国生丝在国际贸易中的地位的大事。

"还哺祖国,惠及乡里",陈启沅的这个决心稳如磐石。"他觉得自己

---

① 陈天杰、陈秋桐:《广东第一间蒸汽缫丝厂继昌隆及其创办人陈启沅》,第59页。
② 黄景坤:《陈启沅传》,第5页。
③ 陈作海:《缫丝风云录——记中国近代民族工业先驱陈启沅》,第28页。
④ 陈作海:《缫丝风云录——记中国近代民族工业先驱陈启沅》,第29页。

必须做出牺牲",这一道攻克制造缫丝机器的难关"只能自己来闯"。①

陈启沅在安南的十七八年中,用于研究缫丝机械和工业的时间达"六七年以上"②。六七年间,他多次进入法国人办的机器缫丝厂参观,回来后,"反复回忆","细细比较其工艺与家乡手工缫丝的异同"③。在别人的工厂考察,他不可能大大方方地拍照、绘图,问得清清楚楚。他先将考求结果"默记其要旨于脑中",归来后"忆录以图文"。④

陈启沅全部的疑惑得以实质性的解决是在结识一个姓李的中国侨胞之后。这位李师傅在法国人办的缫丝厂做设备维修。

李师傅是广东台山人,当他得知陈启沅这个有钱的老板立志振兴家乡的缫丝业后十分赞同,又见陈启沅不耻下问,非常感动和敬佩,欣然答应全力相助。陈启沅见李师傅胸怀广阔、乐于助人,也非常高兴,两人都有相见恨晚之感。李师傅给陈启沅列出一张学习的单子,要研制机器,先要学习物理学、力学、蒸汽机原理、算学、绘图学等几门专业知识。

按照李师傅的指点,陈启沅在当地和广州购买了相关书籍,订立了学习计划,开始自学。自学过程中,遇到不懂的问题他常去请教李师傅,李师傅则毫无保留,知无不言言无不尽,悉数传授。

陈启沅怀着求知的心情,"锲而不舍,夙兴夜寐,几年如一日,有时彻夜不眠"⑤,终于在六七年间将"西方汽机之学、缫丝之器及缫丝之法,大要已了然于脑中矣"⑥。

通过学习,陈启沅知道了水的液态和气态的物理性能,其与温度、体积、压力等的关系;了解了蒸汽传动部位的直线运动和曲线运动;了解了传动变速原理和蒸汽机的输出功率等专业技术知识。

有些问题,他始终心存疑虑。如烧煤,蒸汽机的输出功率相对恒定,齿轮的转速相对稳定;烧柴火,由于热能的供应存在不稳定性,蒸汽机的输出功率可能会受到影响,继而造成传动的波动。这个问题如何解决?

经过进一步学习,陈启沅知道蒸汽机里有一个装置叫稳速器,其原理是根据蒸汽机的转速来自我调节蒸汽机输入气门的大小,大时则小,小时则大,如一个恒速校准仪。

对于各釜位收集生丝的緺,陈启沅也存在诸多疑虑。緺是一个联结部

---

① 陈作海:《缫丝风云录——记中国近代民族工业先驱陈启沅》,第29页。
② 陈天杰、陈秋桐:《广东第一间蒸汽缫丝厂继昌隆及其创办人陈启沅》,第59页。
③ 陈作海:《缫丝风云录——记中国近代民族工业先驱陈启沅》,第26页。
④ 黄景坤:《陈启沅传》,第5页。
⑤ 陈作海:《缫丝风云录——记中国近代民族工业先驱陈启沅》,第29页。
⑥ 黄景坤:《陈启沅传》,第5页。

件，可以旋转。手工缫丝的绪收集生丝时靠的是人力拉动旋转，而机械传动时，为何挂上生丝时开始转动，生丝转完时会自动停止？通过学习，陈启沅知道，这是利用杠杆原理，一条生丝的拉力虽小，但经过杠杆力量的转换，可以控制丝绪的旋转和停止。但这个部件看起来简单，制作却要精密，否则会出现滞转而影响工艺。

陈启沅边学边"实践"，边"实践"边学。陈启沅提出的这些疑问，外国人乐于和盘托出，并非想帮助陈启沅，而是从骨子里认为以中国人的科学知识水平，既看不出什么名堂，也肯定学不会，不过是无知者的好奇罢了。

陈启沅"生而聪慧，目力过人"[①]，记忆力佳，"看过的东西基本上能过目不忘"，对于零件的尺寸暗暗"用手指的长短或衣衫的尺寸来作对比，回来后即记录在图纸上"，"偷师"事半功倍。功夫不负有心人。陈启沅以"不光彩"的形式，经过上百次的参观，逐步将缫丝厂全部设备画出草图，又"绘成正式可供生产的图纸"，整套图纸"装满了一大木箱"。[②] 他对缫丝厂的生产流程、人员管理、产品核算、厂房布置、设备维修等也做了调查研究和详细记录。

与陈启沅同时代的另一位中国近代实业家郑观应言："有国者苟欲攘外，亟须自强，欲自强必先致富，欲致富首先在振兴工商。"[③] 陈启沅悉心研究汽机之学、缫丝之器之后，所要做的便是"照猫画虎"，回家乡建厂，振兴工商。

而此时，清政府已改变传统的排斥华侨资本的态度，转变为积极争取、吸引华侨资本回国投资，并采取各种措施保护、招徕华侨，引发"华侨对国内投资的热潮"。陈启沅审时度势，认定缫丝业在国外市场有着"高额利润刺激"[④]，乃"有心回国计划倡办丝业"[⑤]。

陈启沅于1872年（同治十一年）"乃先回国"[⑥]。其兄陈启枢留在安南主理商务。此种"摆布"，属于兄弟之间的默契，也是事业发展之战略需要。

关于陈启沅回国的时间，有不同版本。

《南海县志》言其于"壬申岁返粤"。陈启沅自言于"癸酉之秋"。前

---

① 陈孺直：《先父芷馨公事略》。
② 陈作海：《缫丝风云录——记中国近代民族工业先驱陈启沅》，第32页。
③ 周建波、孙淮宁：《洋务运动期间华侨对国内投资及其作用》，第84页。
④ 周建波、孙淮宁：《洋务运动期间华侨对国内投资及其作用》，第85页。
⑤ 陈天杰、陈秋桐：《广东第一间蒸汽缫丝厂继昌隆及其创办人陈启沅》，第59页。
⑥ 陈天杰、陈秋桐：《广东第一间蒸汽缫丝厂继昌隆及其创办人陈启沅》，第59~60页。

者是 1872 年，后者是 1873 年。《辞海》关于"陈启沅"一条的注释为"遂于 1872 年（同治十一年）回国"①。根据陈启沅所办"继昌隆"于"1873 年春间开始筹建"② 的时间推测，其回国应是 1872 年的事。

陈启沅开启第二次创业历程。与他一同创业的是他从安南带回的两个人，"他在诸多店员中，挑选了两个 20 多岁比较精明能干而且老家又在西樵附近的店员一起回来，以便协助他建机器缫丝厂"③。

此后若干年里，陈启沅是否再去过安南，没有史料记载。但他在安南期间曾留有一则轶事：当地土人有一迷信，认为临产的孕妇在家里分娩是不吉利的事情，很多孕妇要被逼到郊野或河边破旧的草屋中去，直到分娩完毕才能回家居住，这使得孕妇备尝痛苦，新生儿成活率也低。陈启沅出于人道同情之心，筹集资金建起洁净的砖屋，请国际红十字会医护人员免费为临产土人孕妇接生，传为佳话。

---

① 《辞海》，第 220 页。
② 周建波、孙淮宁：《洋务运动期间华侨对国内投资及其作用》，第 85 页。
③ 陈作海：《缫丝风云录——记中国近代民族工业先驱陈启沅》，第 33 页。

第三章　知行合一　造福桑梓

第一节　改良设备　开办工厂

当年出国时陈启沅不过20岁出头；此番回国，已年近不惑。当年，他只是一名书生，经过近20年的打拼，摇身一变成为富商。只是，这个身份他并不十分看重。有研究者言，陈启沅回国办厂时已是"精通丝业制造工艺的专家了"①。我们更愿意相信，对于中年陈启沅而言，他更在意的是这种身份。

陈启沅乘坐的是从西贡开往香港的轮船。这是一艘巨轮，与他当年背井离乡时乘坐的帆船相比一个天上一个地下。这是以蒸汽机为动力的客货两用轮船，蒸汽机提供的动力让轮船在大海中逆流而上，"所向披靡"。

远处，蔚蓝的大海与天际的落霞连成一片，陈启沅想起王勃的《滕王阁序》中的名句：落霞与孤鹜齐飞，秋水共长天一色。今非昔比。陈启沅一顶绅士帽，穿黑色西装，白色皮鞋，风度翩翩。

在海外游历的这些年，陈启沅刻意留心国际生丝行情。由于蚕病等原因，欧洲产丝国生丝量锐减，致使国际市场上生丝供不应求。而两三年前，正当他全心学习缫丝机器研制时，苏伊士运河通航，为中国生丝进入欧洲市场开辟了一条捷径。此前，中国生丝进入欧洲必须绕过好望角到达伦敦，航程需要120天；苏伊士运河通航后，加以轮船替代帆船，一下子省了一半多时间，只需要55天至60天。故而，外商争先恐后到中国购买生丝，广东蚕丝业迎来一个大的发展机遇。抓住这个机遇尽快建厂投产，生丝不愁销路。

陈启沅心情极佳。他极目远望，对两个跟班说，"前面有一艘大货船朝我们开过来了。"海水浩淼，一望无际，哪有什么货船？船长恰好站在

---

① 吴建新：《陈启沅》，第12页。

旁边，他是外国人，但常跑这条航线，能听懂几句粤语。他举起望远镜观察，没有发现任何船只。陈启沅笑道："你过五分钟再看，就能看到了。"几分钟之后，船长又抓起望远镜观察，果真，有一艘货船向这边开来。

两日后，轮船抵达香港。陈启沅经香港转航佛山，回到阔别多年的简村。

古人云：富贵不还乡，如衣锦夜行。陈启沅富贵还乡，惹得乡人羡慕，都来祝贺、恭喜。陈启沅带回很多礼物，嘱咐妻子一一分派乡邻。有抱负的人不会陶醉在浮华之中洋洋自得，他在盘算如何筹建机器缫丝厂，如何向乡邻说这件事。

从简村出去的陈启沅眼界已开，知道机器工业的浪潮势不可挡。但世世代代生活在简村的乡邻，没见过什么世面，未必支持他的创业。果不其然，一些人听说陈启沅要搞机器缫丝，尤其一些年长者，都持否定态度，认为从古至今，植桑、养蚕、缫丝、织绸，用的都是人力，家家户户一部缫丝机，吱吱呀呀，什么都没耽误。机器怎么会代替人工？机器若代替人工，那人干什么去？

一些年轻人，接受新鲜事物的能力较强，比较赞同。

还有一些人持中庸态度。劝陈启沅，既已发财，几辈子吃喝不愁，安安逸逸享清福就是，何必再折腾？

一石激起千层浪。陈启沅耐心做着解释，但是建厂的决心丝毫也未动摇。

乡邻不知道陈启沅这些年学了什么，做了什么，对"专家"二字也不甚明了。其实，若此时称陈启沅为专家为时过早。专家者，不光有理论，还要有实践。若干年后，他才写了一部《蚕桑谱》，形成了自己的理论。实践方面，缫丝机器的研制目前还停留在纸面上，能不能成功，效果如何，有待实践的检验。只懂得蒸汽缫丝的原理，只是表面功夫；机器制造之事，对于陈启沅这个门外汉而言，实在是复杂，研制过程甚至可能以失败而告终。陈启沅能不能成为专家，关键是机器能否研制成功，能否让千百年来乡村流行的手工作坊变为乡村工业。陈启沅解决了"知"的问题，但千里之行始于足下，第二个重要步骤还没开始。陈启沅深谙"知行合一"之道，没有停留在知的阶段，一放若干年，而是迅速投入实践，迫不及待地用实践去检验真理。这一步棋，下对了。

"有图有真相"，不等于能制造出机器。制造出机器，不等于能符合真相。对于陈启沅而言，一切将要从头开始。

回国时，陈启沅带回旧轮船机器一套，"拟改造为缫丝机器"①。他带回的主要是蒸汽机，即轮船的动力部分。而非有人所言，"设备全部从法国进口"②。

一般人或许认为，轮船所用机器与缫丝所用机器，风马牛不相及，实则不然。将轮船所用蒸汽机改装成缫丝所用蒸汽机，不但可行，而且由于所购为旧物，价格也便宜。兄弟俩虽创业多年，已成巨商，但是投资机器工厂，还得好好算计，无法一掷千金，一步到位，"大手大脚"更不敢想象。开动轮船与开动缫丝机所需动能大不一样，但是对轮船所用蒸汽机进行适当的改装和控制，完全可以用在缫丝机上。机器的产生无非就是解决了动力的问题。机器代替人工，无非就是以动力代替人力。那时唯有蒸汽动力，蒸汽动力也是最为原始的动力，如今液压、电力早已替代蒸汽动力。

研制机器是后面的事。先要选择在哪里建厂。陈启沅对厂址的选择"颇费过一番苦心"③。他回国后，曾到江、浙、沪等地考察市场。最后，他认为在广东设厂是最佳选择。

这是有道理的。1842年《南京条约》的签订使广州成为西方国家海路进入中国的唯一通道和贸易场所，史称与西方国家"一口通商"时期。广州成为清代丝绸海外贸易中心。④ 广州、南海地区蚕桑和手工缫丝业的发展具备产生资本主义机器缫丝工厂的有利条件。更为重要的是，洋务运动期间，广州、南海地区对外贸易特别是生丝出口贸易的发展能直接导致缫丝厂的产生。⑤

在广东何处设厂，陈启沅也经过了深思熟虑，"在广州地区内外设厂，都不适宜"，顾虑有三：一是官吏势力常侵扰工商企业，恐有诸多限制；二是雇用工人参差复杂，难于管理；三是收购原料——蚕茧较难。

家乡西樵最为合适。据宣统《南海县志》记载，"县属养蚕之家，以西樵各乡为最盛"，"九江、西樵、大同、沙头出丝最盛"。⑥

而在西樵范围内设厂，简村最为合适。

---

① 何花落：《赞陈启沅引进我县第一套近代机器缫丝设备》，南海政协文史资料研究委员会编：《南海文史资料》第十辑，1987年，第68页。
② 汤开建：《晚清澳门华人巨商何连旺家族事迹考述》，《近代史研究》2013年第1期，第78页。
③ 陈天杰、陈秋桐：《广东第一间蒸汽缫丝厂继昌隆及其创办人陈启沅》，第60页。
④ 冷东、阮宏：《一口通商制度中的十三行与丝绸贸易》，《海南师范大学学报》（社会科学版）2014年第7期，第101页。
⑤ 周建波、孙淮宁：《洋务运动期间华侨对国内投资及其作用》，第85页。
⑥ （清）郑荣等修，桂坫等纂：《南海县志》卷四，第619、625页。

陈启沅认为有利条件有四：第一，蚕茧本出自南海、顺德地区，原料的采购最为便当。第二，招请女工，就在本村附近，彼此都是叔伯乡亲，纵有应当告诫之处，亦可由自己向其家长提出，收效自易。第三，在晚清时代，女子离家做工，尚有不放心其在外过夜的陋习，在本村附近，早出晚归，厂方无须另设宿舍。日间在厂工作，都是姊妹叔伯，家长可以放心。第四，凡创办企业，不论大的小的，一定要倚靠地头虫，设立厂房，如非当地人，困难尤大。

还有两个原因：一是本地人家均有植桑养蚕的传统，年轻的妇女大部分都会手工缫丝，以后改学机器缫丝，有基础，易于上手和熟练掌握。二是机器缫丝会集中产生大量的下脚料和废料，如茧衣、蚕蛹、蚕屎等，这些废料均可养鱼，就地处理，既方便又使乡邻获益。尤其是蚕蛹，富含高蛋白，属于美味佳肴。

这个选择是正确的。

在简村办事，陈启沅占尽天时、地利、人和等诸多要素。大家都知道，即便在乡村做事情，有时候也不是那么容易。城里有地头蛇，乡村有乡绅，一件事情，若这些"有头有脸"、有地位和话语权的人不支持甚或干涉、阻挠，是不容易干的。陈氏家族在简村栖息已有年头，其时已是陈姓人口最多，"陈氏最大"[①]。陈启沅的父亲曾是村里的知名人士，特别是陈氏兄弟这些年在国外经商赚了大钱，大家都是知道的，从古至今，对于有权有钱有势者，大家都给面子。再者，陈启沅兄弟当过私塾先生，积累了很多的人脉。故而，陈启沅不必再刻意攀附、巴结有势力的人物，"乡人也会给予情面"，"一切情况熟悉，应付自易"。[②] 在家乡办厂，其余方面，如场地的取舍、临时人力的招募，也皆有便利。

继昌隆最初的厂址就在"陈启沅祖屋旁边的空地，面积约四十余井"[③]，非吕学海所言"厂址即今日简村百豫坊本宅"[④]。笔者在简村经多方询问，也证实了这一点。"井"是古代面积单位。这块地方相当于如今450平方米左右。此块空地，地势略高，地块完整，如若发展壮大，可满足300个釜位的机器缫丝。其东边有一河涌，正是本书前述的那一条河流。机器缫丝，要大量用水，河涌可满足用水之需。河涌亦解决了物流问题。缫丝厂所用煤炭、柴火，可由外面通过河涌运入；缫丝厂所生产的生丝可

---

① 陈孺直：《陈氏近代族谱简略》（手稿）。
② 陈天杰、陈秋桐：《广东第一间蒸汽缫丝厂继昌隆及其创办人陈启沅》，第60页。
③ 陈天杰、陈秋桐：《广东第一间蒸汽缫丝厂继昌隆及其创办人陈启沅》，第61页。
④ 吕学海：《顺德丝业调查报告》。转引自彭泽益：《中国近代手工业史资料》第二卷，生活·读书·新知三联书店1957年版，第44页。

通过河涌运出。沿河涌而上几公里便是珠江,沿珠江而上便是广州。河涌之船还可航至顺德等商埠通达之地。

惯常而言,企业选址无非几个要诀:一是官府是否支持?官府即使不支持,也以不横加干涉为好。二是原材料是否易于采购?就地取材比舍近求远节省大量成本。三是人力尤其是技术工人是否充裕,能否招之即来?因为"用工荒"会限制工厂发展。四是交通是否顺达?酒好也怕巷子深,进不来出不去,愁煞人也。五是水资源是否充沛?缫丝厂乃用水大户,若是缺水、断水,动辄停产、待产,无疑是极麻烦的事。六是人文环境是否良好?若穷乡恶水,乡民怀有敌意、仇视,动辄群起而攻之,企业便难以生存。

天助陈启沅。如此一块风水宝地,虽是乡人的地,但一直闲置,遂派人去谈,很快谈拢。陈启沅的事业,尚未开始便赢得如许多的先机。

如鲁迅言,第一个吃螃蟹的人是很令人佩服的——陈启沅是中国缫丝工业中第一个想吃螃蟹的人,其勇气自然可嘉。但是,由于是开创之举,没有现成的机器,资金投入也有一定局限,所以,"筹办之初,没有完整计划",只有"一边做,一边想,一边改良","陈启沅曾遗下有许多自绘形图样本等,不下一柜子"[①],这些珍贵的资料后来全部丢失。

陈启沅此次创业虽非白手起家,但除去资金和一台蒸汽机,连一颗螺丝钉都没有。那个时代的农村普通的铁器也不多见。在简村乃至南海一带既无机器制造之工厂,也无机器制造之工人。陈启沅经多方打听,终于得知有人在广州开设有机器维修店。

这家位于广州十三行豆栏上街的陈联泰机器作坊由南海县丹灶良登村村尾坊人陈澹浦开办。最初在西樵经营,后迁至广州。除经营小五金外,兼接各式机器维修业务。因常到外国轮船上修理机械,积累了修理、安装蒸汽机的经验,在广州地区也算"小有名气"。[②]但是,机械修理厂和机器制造厂根本是两回事。陈启沅有一些失望。

面对难得的机会,陈澹浦和二子陈濂川、六子陈桃川对着图纸(图3.1、图3.2)认真琢磨、研究、讨论,虽然难度很大,但是,他们还是"决定承做"。[③]

---

① 陈天杰、陈秋桐:《广东第一间蒸汽缫丝厂继昌隆及其创办人陈启沅》,第61页。
② 广州市越秀区文联编:《广州越秀古街巷》(第二集),广州:广东人民出版社,2010年,第84页。
③ 龚伯洪:《谁制造了中国第一台机器缫丝机》,广东省佛山市南海区政协文史和学习委员会编:《南海文史资料》第40辑,2009年9月,第107页。

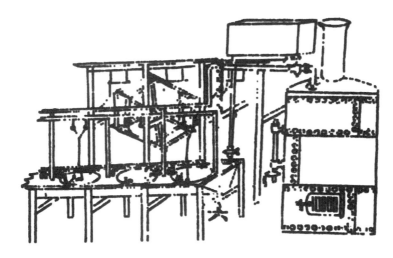

图 3.1　机汽大偈（继昌隆开办时采用的机器）
资料来源：陈启沅：《蚕桑谱》，第 88 页。

图 3.2　陈启沅使用的蒸汽式缫丝机模型
资料来源：陈启沅纪念馆。

由陈联泰负责缫丝机器的改造和安装工作，陈启沅亲自"负责技术指导"① 的一项前无古人的工程终于启动了。设备的生产，并非全部零件都

---

① 何花落：《赞陈启沅引进我县第一套近代机器缫丝设备》，第 68 页。

要自己加工，部分零配件可以外购，如轴承等，这些东西若也要自己加工，那是难于上青天；某些专用零件则必须自己做，如调速器等。整个过程，陈启沅无时不感觉到"步者尤艰"。①

首先为"资本较重"②。除从安南带回的旧船用蒸汽机耗费"约白银一千两"③外，继昌隆开设的第一个年头总计动用白银7000多两，"全由陈启枢由安南先后返汇"④。对于这笔巨资的来历，陈孺直记载系"鹭埠上产业"⑤，意指陈启沅变卖了在安南的产业，归而创设蒸汽力缫丝厂，果真如此的话，陈启枢还留在安南便无意义。吴建新言，"陈启枢将在安南堤岸广东街的物业卖给南海九江商人岑豆皮龄，将卖得物业的款项先后汇回给陈启沅，数量有七千两白银"⑥，变卖部分产业筹措资金是有可能的。而陈天杰言其全部是陈氏兄弟这些年在安南从事各项经营所得，并未借贷或吸收外股。

这7000多两资金不能全部用于基础设施建设，还要留出流动资金，大致是"收茧、工资、杂支"等约3000两，建厂和制作设备等约4000两。这一笔巨额资金只是第一年的投入，"工厂投产运行后又陆续增加了投资，前后共投入白银一万两左右"。⑦

时广东尚无缫丝工业，故没有投资额度的参照。但宁波通久轧花厂在建厂7年时，总投资已达30余万两白银。缫丝与轧花不同，但至少说明，办一间机械加工企业投资巨大而且要持续投入，一般人想都不敢想。

陈启沅面临的主要技术问题仍是蒸汽动力方面，虽然有现成的机器，但机器有效运转才能满足生产和工艺所需。他把主要力量"放在健全蒸汽方面的机器"⑧研究上。这个技术问题不解决，机械缫丝便无从说起。使用蒸汽机提供的动力是陈启沅欲办之厂与传统手工缫丝业的最显著区别。手工缫丝工艺主要工具为缫车、竹磨、锅马、丝笼、缴竿、铁锅等。而家庭作坊甚至还停留于"土灶+炭火"的方式。

实现一套完整的机械生产流程需要多个零件。有的是通用零件，可以买来；有的是专用零件，要在现场设置的铁工熔铸及做工木场加工出来；还有其他一些小部件，工人根据陈启沅设计、绘制的图纸，"按图索骥"。

---

① 陈启沅：《蚕桑谱》，第16页。
② 陈启沅：《蚕桑谱》，第16页。
③ 陈作海：《缫丝风云录——记中国近代民族工业先驱陈启沅》，第36页。
④ 陈天杰、陈秋桐：《广东第一间蒸汽缫丝厂继昌隆及其创办人陈启沅》，第60页。
⑤ 陈孺直：《先父芷馨公事略》。
⑥ 吴建新：《陈启沅》，第16页。
⑦ 陈作海：《缫丝风云录——记中国近代民族工业先驱陈启沅》，第36页。
⑧ 陈天杰、陈秋桐：《广东第一间蒸汽缫丝厂继昌隆及其创办人陈启沅》，第61页。

需要什么做什么，紧锣密鼓，须臾不敢延误。

现场除了陈启沅的工人，还有陈联泰的 4 名工人。陈联泰的工人专门负责大修小改的安装工程，陈启沅的人跟着学习，以便将来娴熟运用。这个过程持续了八九个月，"虽非顺利"，但放眼望去，蒸汽机被牢固地安装在用石灰做基础的底座上，稳如磐石。此物一立，已是先声夺人，工厂看起来"稍具规模"。①

这大半年时间对于陈启沅而言是漫长且备受煎熬的。这是一次严峻的考验。实践证明，纵然有一些资金支持，但在落后的中国，尤其在乡村，若想赶上现代工业的步伐，必然要呕心沥血，备受煎熬，脱几层皮不可。

只是陈启沅从未退缩，一直在等待一个激动人心的时刻。

第二节　开动机器　革新工艺

1873 年（同治十三年），秋末冬初，"缫丝厂的设备都已安装完毕"，"可以试生产了"。②

熟悉机械加工的都知道，设备安装完毕之后，言"试生产"为时尚早，一套设备能否正常运行乃至批量生产，调试这一关是不可缺少的。调试又分局部调试和总调试。尤为重要的是总调试，也就是联机运行。

此时的工厂，"建有煮沸水炉锅一大座，贮冷水的大锅一大座，足踩式的缫丝工作位三百个，焙茧室一间，连同焙房焙舍藏茧室等"③。煮沸水的大锅炉高约一丈五尺，宽七八尺；蒸汽锅炉高约一丈二尺，宽六尺，配有烟囱，烟囱高达三丈六尺。烟囱的高度相当于如今三四层楼房的高度，在那个时代的乡村属于标新立异。这且不算，蒸汽附设汽笛，汽笛将来专门用来提醒工人上工和放工，笛声可传数里。乡邻听说后兴奋异常，既期待一个历史性的时刻，又有着隐隐的不安。

总调试由陈启沅亲自操作，陈作海有详细的记述：

> 他开动了蒸汽机，将其调整到规定的转速，转动主轴，然后用皮带经过各个轮子传至收丝的缌轮上。由于每台缫丝机可以单独接入，陈启沅逐台单独接入，直至正常工作后，再接入下一台。这样，一百

---

① 陈天杰、陈秋桐：《广东第一间蒸汽缫丝厂继昌隆及其创办人陈启沅》，第 61 页。
② 陈作海：《缫丝风云录——记中国近代民族工业先驱陈启沅》，第 37、38 页。
③ 陈天杰、陈秋桐：《广东第一间蒸汽缫丝厂继昌隆及其创办人陈启沅》，第 61 页。

台缫丝机全部运转起来,有一千个缄轮同时灵活稳速地转动。这时,工厂内只听到轮子转动时发出轻微的"隆、隆"声和蒸汽机喷出蒸汽时的"咔嚓咔嚓"声。此刻,这些机器一起运转,就像是一个交响乐团在演奏,这些声音对于陈启沅来说是那样的和谐悦耳,他激动地告诉大家:一切正常,我们成功了![1]

陈作海还有这样的描述:

缫丝女工将釜中水温调节到适当温度后,放入蚕茧,用筷子找出丝头,将三四个茧的丝合成一条,搭在收丝的缄轮上。这时,机器即自动地转动,将丝卷在缄轮上,一个茧的丝一般长800—1200公尺,十多分钟就上完,这时这个缄轮就自动停止,女工即可接上另一组茧。在这十多分钟期间,女工就可将另外一组丝搭上另外一个缄轮。这样,一个熟练的女工,就可同时操作十条丝口,而手工缫丝一人在单位时间内只能缫一条丝,故工效大大提高了。[2]

毋庸置疑,按照上述描述,陈启沅研制的这一套机械流程充满现代感,是一道完整且完美的机械生产流程。若真如此,其与法国人办的工厂也就没有任何的区别。只是,笔者亦有两点疑问:第一,早先陈启沅曾问过,外国人生产的一套缫丝机械至少需要花费几万两白银才能购得,差距似乎太大?第二,以陈联泰和陈启沅自身的技术水平,是否有可能在一年多的时间里研制出一套世界先进的缫丝机械设备?

区别机器与非机器的关键问题是蒸汽机动力源的运用程度——用几句古诗词来形容,是全部使用,"牵一发而动全身"?还是部分使用,"犹抱琵琶半遮面"?甚至是局部使用,"一点芭蕉一点愁"?正常情况下,蒸汽机器提供动力源,动力推动各部机械运转或旋转,如我们曾经坐过的蒸汽火车,蒸汽机可以带动机车跑起来,而不是仅仅为旅客提供用来泡茶的开水。

很多资料表明,受技术条件的限制,陈启沅所购买的旧轮船用的蒸汽机没有达到带动整条缫丝生产线运转的机械化程度,它只是用来煮沸水,源源不断地提供热水,用"蒸汽来煮茧,而不是同时煮茧和牵引丝车"[3]。

那么,缫丝的动力从何而来?仍然由女工脚踏产生(图3.3),属于人

---

[1] 陈作海:《缫丝风云录——记中国近代民族工业先驱陈启沅》,第38页。
[2] 陈作海:《缫丝风云录——记中国近代民族工业先驱陈启沅》,第42页。
[3] 张茂元、邱泽奇:《技术应用为什么失败》,《中国社会科学》2009年第1期,第129页。

力提供动力,"女工从茧身寻取丝口后,即搭上木制缫丝緪,用足踩动一小铁杆,牵动緪的轴心,使緪旋转,把丝滚上制为成品"①。

图 3.3 女工脚踏产生缫丝动力
资料来源:吴建新:《陈启沅》,第 60 页。

上述说法主要是来自陈启沅的后人陈天杰、陈秋桐的回忆:"其时锅炉的作用是:一、用来发动抽水器向外涌吸水入厂;二、煮沸水,并将沸水透(过)蒸汽管输送到各缫丝工作位去。尚未有作过推动丝緪自动旋转的用途。"那么,与旧式手缫机比较,仅仅是在这一点上有所革新吗?不尽然。"它与旧式不同的是装置较灵活,且设备许多小铁支柱作轴乘〔承〕重,旋转较为合度,各女工用起来,比旧式快。"②

按照陈天杰等人的忆述,这间工厂不是完全意义上的机器工厂,是半机械化,或者具备了机器化的雏形,是手工工场向机器工厂过渡的形态。

而此种说法一直被学者、专家引用至今,如徐新吾言:"该厂虽未使用蒸汽动力带动缫丝车,却使用了国外近代缫丝工业中的蒸汽设备,以及仿制了'法国式(共拈式)'的缫丝车,其产品质量也大别于旧式的手缫土丝,所以也可划为近代机器缫丝工业的范畴。"③

---

① 张茂元:《近代珠三角缫丝业技术变革与社会变迁:互构视角》,《社会学研究》2007 年 1 期,第 25 页。
② 陈天杰、陈秋桐:《广东第一间蒸汽缫丝厂继昌隆及其创办人陈启沅》,第 62 页。
③ 徐新吾:《中国近代缫丝工业史》,第 113 页。

这是一个不容小觑更不能刻意回避的原则性问题。

陈天杰于1981年3月曾致信上海社会科学院经济研究所言："约在1892年，继昌隆自澳门迁回的后身世昌纶开始装置蒸汽动力带动缫丝车，这是广东最早出现的蒸汽机缫丝厂，但实行仅两年，女工反觉不如足踩易于掌握，于是在1894年重又恢复足踩，直到1937年。"① 这封信代表他再一次确认继昌隆简村时代并未使用蒸汽动力带动缅轮旋转。

我们先明确一下陈天杰、陈秋桐的身份。"我们是本文（按：《广东第一间蒸汽缫丝厂继昌隆及其创办人陈启沅》）所述陈启沅之从孙辈，天杰曾到安南，于安南工读时，尝在启沅、启枢开设之怡昌荫居住。天杰之父恩恕，曾在简村协理过丝厂工作，经常与天杰谈及继昌隆和启沅、启枢事。"② 如此，陈天杰、陈秋桐对于继昌隆的了解来自陈恩恕。经陈树华查一本残缺不全的陈氏族谱，"天杰是过继来，辈分与我（按：指陈树华）相同。其父不详"③。

陈作海对此自是持不同意见，他认为陈启沅在安南苦学缫丝之法，不应只学用蒸汽煮水。陈启沅建大蒸汽炉、配高烟囱目的是推动上百匹马力的蒸汽机，而用如此大功率的蒸汽机"抽水"不合情理。如只用蒸汽煮水何须耗费巨额投资和用一年多的时间才建成？他特别指出，在陈启沅建成缫丝厂的第二年，顺德县也有一间机器缫丝厂建成投产〔"同治十三年（1874年），龙山乡就开办了全县第一家机器缫丝厂"④〕，如果陈启沅当年没用机器缫丝，那历史就要重写，陈启沅的历史作用要大打折扣。

陈作海在发给笔者的邮件中写道："所谓用足踩一小铁钎，这可能只是一个'控制杆'，一踩动就能牵动缅的轴心，使缅旋转，而不是以足踩这一小铁钎作动力。他们（按：指陈天杰、陈秋桐）不知，蒸汽锅炉与沸水锅炉是两种不同性质的锅炉。蒸汽锅炉要求能耐很高的压力，输送蒸汽的管道要有耐高压的要求，只能用于推动蒸汽机，不宜用来输送蒸汽到各釜位来煮水。"按照陈天杰、陈秋桐的记述，继昌隆当时应既有蒸汽炉，也有沸水炉，还有冷水锅。

陈作海认为，"陈启沅所建的机器缫丝厂可能开头未用机器，但很快就用机器转动缅轮。"⑤ 对于这一说法，笔者是较为认同的。

---

① 徐新吾：《中国近代缫丝工业史》，第116页。
② 陈天杰、陈秋桐：《广东第一间蒸汽缫丝厂继昌隆及其创办人陈启沅》，第58页。
③ 陈树华反馈笔者信息。
④ 肖冰：《近代顺德机器缫丝业的发展（1874—1929）》，《顺德职业技术学院学报》2003年第1期，第33页。
⑤ 陈作海致笔者的电子邮件。

但是，至迟于1879年（清光绪五年），继昌隆已经在用机器了——当然，不可能如此之晚。据南海县知县徐赓陛的一则呈文，"裕厚昌……其法用机器展动各轮，轮下设有丝斛……上轮听其周转，自能成丝"①，而裕厚昌的建立得益于陈启沅"积极地帮助"②，若继昌隆不用机器，陈启沅如何帮助裕厚昌建厂并使用机器？

疑问的焦点只是一个时间节点。未使用机器进行自动化生产不是陈启沅没有掌握技术，何时开始使用要取决于陈启枢、陈启沅兄弟的资金投入，"建立相应规模的缫丝厂，如果采用陈启沅改良之后的技术——将小火轮机件改装成蒸汽设备，缫丝机和丝釜也都是当地制造，其中丝车改为木制，丝釜改用陶制——第一笔投资大约是20000两"③。而继昌隆的资金是分批次注入，陈启沅或许只是没有做到一步到位，全面投产，但带动一部分缅轮旋转，缫丝位少一些，并不需要太多的资金。

溢美之词不用吝啬——那一声响彻云霄的轰鸣，是"中国近代民族工业历史天空上划破天际的一声长鸣"④。

调试成功后陈启沅又反复检查，发现了一些小问题，准备进行改进。此外，还要再招收和培训100多名女工。为了做好正式投产前的准备工作，还需要采购蚕茧和烧锅炉用的柴火，配备相应的管理人员。

陈启沅将工厂定名为"继昌隆"——继续昌盛兴隆之意。

他叫木工做了个大木牌子，亲自写上"继昌隆缫丝厂"六个朴实的大字，挂在工厂门前。

农村凡有喜事，乡邻总要凑齐热闹一番。这一天，陈启沅邀请了四五百乡亲来工厂参观，还请了舞狮队、锣鼓队前来助阵，锣鼓喧天，踩球采青，好不热闹。乡亲们分批次进入工厂参观，只听汽笛长鸣三声，一缕白烟扶摇直上，蒸汽机轰隆旋转，女工娴熟地操作，缫出来的丝又多又快又齐整，围观者由衷地发出惊叹。只是，先前"闻启沅提议创用汽机，咸非笑之"的一些人，见"工厂已成，果著成效"⑤，又暗暗藏着另外的念头。

陈启沅听到了乡人嘈嘈切切的质疑之声："这祖宗传下来的几千年的人工缫丝，怎能随意改变呢？""用机器生产一个人能顶十个人，我们用的蚕茧被他们都收购去了，那时我们就没有蚕茧去缫丝了，我们就无法活

---

① 徐赓陛：《学堂乡滋事情形第一禀》，《不自慊斋漫存》卷六。转引自彭泽益：《中国近代手工业史资料》第二卷，第46页。
② 陈作海：《缫丝风云录——记中国近代民族工业先驱陈启沅》，第53页。
③ 张茂元：《近代珠三角缫丝业技术变革与社会变迁：互构视角》，第27页。
④ 陈作海：《缫丝风云录——记中国近代民族工业先驱陈启沅》，第39页。
⑤ 《陈启沅列传》，（清）郑荣等修，桂坫等纂：《南海县志》，第1730页。

了……"①

陈启沅没有反驳、解释。他知道一个新生事物的诞生是艰难的，被乡邻接受也有一个甚至是漫长的过程。他相信随着时间的推移，乡亲们会理解他今天的举动，会理解他今天所做的一切不单只为陈家的利益，而是造福桑梓，对乡亲们有利，对泱泱华夏民族有利。

秋去冬来。继昌隆正式投产，这是一个具有里程碑意义的事件，正如有人评价，这"标志着中国近代机器工业的开端"②；"中国现代缫丝工业的发动"便是经陈启沅开始而后至浙江、上海——浙江的缫丝工业直到1894 年才在商人的推动下在产丝中心的会稽、山阴和萧山，同时筹办起三家丝厂。上海华商缫丝工厂迟至 19 世纪 80 年代初才开始出现。③

这一年，陈启沅还不到 40 岁。按照中国古代的说法，三十而立，四十不惑，经历了几十年人生的风风雨雨，陈启沅对前途、事业开始有了清晰的定位。

他心里想的是乡邻，是百姓，是中国的缫丝工业。这是一个读书人朴素又伟大的信念，是草木扶疏一般良知的勃发。

陈启沅是"知行合一"的践行者。

中国是丝绸大国，更是丝绸古国。追根溯源，原始的缫丝工具不外乎一个缫盆、一支篗子。盆子用来装水、浸茧之用，篗子用来绕丝。缫丝就是把蚕茧浸在滚水里抽丝，是一项纯手工活计。

《孟子·滕文公下》曰："夫人蚕缫，以为衣服"，说的正是妇人缫丝。古代一般人家的女子都要学缫丝，会缫丝。到了周代，已有可能制成极简单的缫丝工具。④《三字经》言："昔孟母，择邻处，子不学，断机杼"，在孟子生活的年代，也有纺织工具。"不闻机杼声，唯闻女叹息"，这是北魏时期花木兰的故事，说明一般人家都在使用纺织工具。到了汉代，可能有较简单的缫丝车。⑤

关于古代缫丝车的结构和使用情况，据元代王祯《农书》引北宋秦观的《蚕书》及《农桑直说》所载，当时缫丝车的结构已相当复杂，且有熟

---

① 陈作海：《缫丝风云录——记中国近代民族工业先驱陈启沅》，第 39 页。
② 陶迎春：《陈启沅：我国第一家机器缫丝厂创始人》，《经济参考报》2008 年 7 月 25 日，第 12 版。
③ 汪敬虞：《中国资本主义现代企业的产生过程》，《中国经济史研究》1986 年第 2 期，第 32 页。
④ 徐新吾：《中国近代缫丝工业史》，第 35 页。
⑤ 徐新吾：《中国近代缫丝工业史》，第 36 页。

釜和冷盆，及高温和低温缫丝之分。① 这时的缫丝车远比手工操作要先进许多，可以足踏运转，坐着缫或站着缫；通过脚踏板产生动力，丝被缠绕在线轴上。关键是，脚踏板的使用让妇人可以腾出两只手自由地进行缫丝操作，确保丝丝缕缕能够有条不紊。但是，从整个历史进程来看，缫丝工具虽然一直有所发展，改进却不多，变化也不大，盖因小农经济使然。一家一户的生产模式，要想改进，既没有激情也没有动力，这是一种限制。体现到成品上便是丝粗细不匀，断头多（不接头）以及无加拈装置等。这些都长期未能得到改进。②

陈启沅生于农桑之地，自幼耳闻目睹，对这些再熟悉不过。若非如此，也不可能在安南、暹罗刻意寻访、观察。他是一个有心人。他敏锐地观察到在继昌隆建厂之前，广州、南海的缫丝工艺始终停留在手工业阶段。其实，缫丝工艺的改进在历史的多个阶段也几乎是陷于停滞的。

陈启沅从安南回国之后也曾抽出几天时间"巡游省内各地"，他"看到许多乡村农家，还是用旧式的手摇机缫丝（图3.4），都尚未知道新式缫丝的方法。"③ 农民在家里养蚕，用木制的手摇机缫丝，从养蚕到缫丝整个过程呈分散状态，效率低，没有集中管

图3.4　旧式的手摇机缫丝
资料来源：吴建新：《陈启沅》，第59页。

理的手段，导致的结果是所缫之丝质量参差不齐。好丝自然是粗细、色泽均匀，断头少，丝的绕法方便下一道工序操作。在这个方面，不能强调个人风格，各唱各的调，否则丝质便不稳定。

乡人所缫之丝被称为"土丝"。"土"——作形容词的时候，有时候好，比如土特产，别处没有，独此一家；"土包子"，便是损人、骂人的话。"土丝"，自家用没问题，小作坊用也没问题，顶多织丝的时候慢一

---

① 王祯：《农书》卷二〇，农器图谱十六，蚕缫门，第464～471页。转引自徐新吾：《中国近代缫丝工业史》，第36页。
② 徐新吾：《中国近代缫丝工业史》，第37页。
③ 徐新吾：《中国近代缫丝工业史》，第113页。

点，织成的绸子质量差一点；以前也出口，也没问题，因为大家都用同样的办法缫丝，没有对比，形不成反差。但是，当法国、美国等国家开始使用蒸汽机缫丝，有了生产线，有了流水作业时，便对丝织的原材料——生丝的质量要求越来越高。实际上这是机器的要求，是生产效率的要求。小作坊生产的土丝开始不再适应市场的需求。一直进口中国土丝的英、法丝织业提出："中国人必须严重地意识到中国生丝在欧洲的真正地位，并尽一切力量加以改进"，"除非在两方面采取改进措施，他们的生丝就必须从我们的消费中排除出去"，①"其流行趋势是拒绝使用粗细不匀的丝"②。

矛盾已然形成，但大家都无动于衷。陈启沅敏锐地观察到并且试图解决这个矛盾。这时候他还没来得及深入研究一些技术问题，要知道，复杂的技术问题也要通过生产——这个重要的实践环节才能逐步显现和解决。

费孝通分析认为（也是一个大致的说法），中国传统缫丝业所存在的技术问题主要包括：由于对蚕的病毒传播没有预防措施，蚕的成活（结茧）率低（在最坏的年景只有30%），蚕的吐丝量少；蚕生长过程中的温度和湿度得不到调节，桑叶质量和喂食次数都没有规则，结不出好茧；缫丝过程中由于水温不稳定，因此蚕茧的溶解程度不均，影响丝的光泽而且影响纤维的折断率；手工缫丝由于纤维折断率高、轮子转动不均匀、工人没有受过专门训练，因此抽出来的丝粗细不均。③

其实，这些结论不是谁的专利与研究成果，从古至今一直存在。还是那句话，此时制约中国生丝出口的瓶颈与障碍，在于买家在技术革命后，生产工艺改进了。这不是人的要求，而是机器和工艺的要求。如果不使用有韧性和粗细一致的原材料，开动起来的机器动辄要停下来，还要靠人工剔除不合格的丝线，会加大生产成本，影响生产效率。举个例子，如果造纸厂的某一道工序中，纸浆里掺杂了大量的铁片、塑料片、小树枝……那机器不闹革命才怪。

资本家不可能再像以前那样让工人把原料重缫和清理一遍——甚至，清理一遍也可以，若是一遍遍清理，那简直是要人家的命。

机器这个东西对于绝大多数中国人还是个新鲜玩意儿，既没见过，更没用过。马克思说："使用机器的基本原则，在于以简单劳动代替熟练劳动。""随着机器功效的增长，随着它把劳动生产力提高到使一个工人可能完成许多工人的工作的程度，用机器在同一劳动时间内生产的使用价值，

---

① 朱文炜、汤肯堂：《中国最早的近代工业资本家代表人物陈启沅》，《上海经济研究》1983年4期，第33页。
② 徐新吾：《中国近代缫丝工业史》，第93页。
③ 张茂元：《近代珠三角缫丝业技术变革与社会变迁：互构视角》，第24页。

从而商品的量，也增加了。""由于使用机器，产品质量得到改进——机器对使用价值的影响……这个影响在两种场合对生产过程将是加倍重要的。（1）在用机器加工原料或半成品的地方，下一道工序，下一阶段是否顺利，部分地决定于应受进一步加工的材料的完善程度。材料的质地均匀等是用机器进一步加工的条件。（2）在制造机器部件和哲〔科〕学仪器的地方，规格化、形状的数学精确性等具有更大的意义。在这里，成功的程度完全取决于这种质量。"①

机器是个好东西。拒绝使用机器和我们现在拒绝使用电脑和智能手机一样，是迂腐的保守者的表现。

陈启沅未必知道，在他们兄弟俩在安南"掘金"的时候，中国境内已经出现了第一家外国机械缫丝厂，这是英国怡和洋行投资的怡和纺丝局，约有百部丝车。所生产的丝质地优良，其售价比欧洲生产的厂丝还高。这家缫丝厂采用蒸汽动力，并用机器缫丝，是完全的机械化。

陈启沅回国后对市场进行调查时，去过江、浙、沪，或许也去过上海的这家工厂。在上海，他参观了英商麦加尔开设的机械缫丝厂，其有意式机器（丝车）100台。这家缫丝厂建于1861年（咸丰十一年）②。外国人先进的设备及工艺，令陈启沅艳羡。

但是，继昌隆成为中国民族资本第一家自己的机器缫丝厂③，对于"资本"，外界偶有异议和传闻，但陈氏后人言："从未有招收外股"④。

陈启沅含辛茹苦，呕心沥血，成为珠江三角洲乃至更大范围缫丝工业革命的引路人。他无意间开启了中国近代机器工业的序幕，改变了一个时代的生产方式。直至近一个世纪之后的1966年，南海丝厂"使用的设备基本是陈启沅发明的木制机械"。⑤

对于古代中国而言，继昌隆蒸汽机的那一声轰鸣，虽然姗姗来迟却是铿锵有力的足音。

如邱捷所言，"从1872年（按：本书所引为1873年）陈启沅创办继昌隆机器缫丝厂开始，二三十年间广东陆续出现了一批由中国人投资的、使用机器的缫丝、造纸、织布、玻璃、火柴、砖瓦、水泥、卷烟、榨油、碾米、食品等工厂，以及一批机器、船舶修造厂。在1912年的统计中，广

---

① 马克思：《机器。自然力和科学的应用》，第5、7、89～90页。
② 《中国近代农业科技史稿》编写组：《中国近代农业科技史事纪要（1840—1949）》，《古今农业》1995年第3期，第65页。
③ 张茂元：《近代珠三角缫丝业技术变革与社会变迁：互构视角》，第24页。
④ 陈天杰、陈秋桐：《广东第一间蒸汽缫丝厂继昌隆及其创办人陈启沅》，第60页。
⑤ 黎红玲、何其辉：《探访珠三角最后的缫丝厂：苦苦坚守的老行业》，《佛山日报》2016年1月10日。

东无论在'工厂'数和'使用动力的工厂'数方面都居全国首位。"（参见表 3.1）①

表 3.1　清末广东、江苏、湖北工厂情况比较

单位：家

省份	使用动力的工厂			不用动力的工厂数	工厂数合计
	工厂数	共拥有机器功率/马力	平均每厂拥有机器功率/马力		
广东	136	4566	33.6	2290	2426
江苏	114	13152	115.4	1101	1215
湖北	9	3406	378.4	1209	1218
其他省	104	3420	132.8	15786	15890
全国合计	363	24544	67.6	20386	20749

资料来源：邱捷：《近代广东商人与广东的早期现代化》，第 261 页。

这个曾经的年轻书生正沿着理想之路奋力前行。

值得一提的是，伴随着继昌隆缫丝厂的建设，陈联泰的机器制造技术亦得以提升，可谓一荣俱荣，一业兴百业兴。

在陈启沅的缫丝厂投产之后的 1876 年，陈澹浦父子从香港购进车床数台，扩大规模，扩招工人，迁址于广州十八甫桂塘新街，改名"陈联泰机器厂"，成为广东首家能够制造和安装缫丝机器的厂家。据陈澹浦的后人陈滚滚忆述，继昌隆投产后，"南海、顺德各地也相继改用汽机缫丝，纷纷向陈联泰定购缫丝机器，业务蓬勃"。之后，该厂扩大生产规模，"在南关购地建筑了一大工场，开设为东栈，扩充更多设备，作为制造装配车间"，"又在河南冼涌地方开设南栈，作为制造蒸汽炉车间"。② 它们生产的一台缫丝机器，"大者值乙千二三百元，小者七八百元"③。

陈联泰机器厂曾一度发展到相当的规模，同时还生出分支。20 世纪初，以广州为中心的珠江三角洲地区陆续出现一批机器厂，如顺德德祥机器厂、广州均和安机器厂等，都与陈联泰厂有藕断丝连的关系，以生产缫丝机和小轮船为主④。陈联泰所制造的轮船"快捷省煤"，于 1899 年由粤

---

① 邱捷：《近代广东商人与广东的早期现代化》，邱捷：《晚清民国初年广东的士绅与商人》，广西师范大学出版社 2012 年版，第 261～262 页。
② 陈滚滚：《陈联泰与均和安机器厂的概况》，广东省佛山市南海区政协文史和学习委员会编：《南海文史资料》第四十辑，2009 年，第 22～23 页。
③ 陈启沅：《蚕桑谱》，第 29 页。
④ 谭洪安：《土生粤商》，《中国经营报》2012 年 2 月 27 日，第 56 版。

海关收购为缉私艇,"比诸洋来的一般轮船还胜一筹"。①

关于陈联泰,有一首诗:

> 缫丝机上始扬名,造出火船更大声。
> 死猫塞落筑堤案,幸存新厂有新星。②

第三节 严格管理 教之乡人

现在,陈启沅要管理的是一家工厂,而不是安南的小商小铺,也不是三五人的当铺,是几百个人的集体加工厂。他非常清楚,"继昌隆正常投产之后,建立和完善各种规章制度是十分重要的",他"根据家乡的具体实际情况,有针对性地建立规章制度,并加以完善"。③

陈启沅乃一介书生,从未有在大公司工作或任职的经历,其企业管理经验从何而来?来源于他在安南期间对缫丝厂的生产流程、人员管理、产品核算、厂房布置、设备维修等做过的调查研究。但他又非一股脑照搬,而是在积极引入西方先进的机器设备和管理经验的基础上,"扬长避短,去粗取精"。④

儒家讲"格物、致知",便是推究事物的原理,从而获得知识。笔者以为,陈启沅研究蒸汽缫丝之原理,便是格物;学习到了相关知识,便是致知。但仅停留在这个层面,也就是口头上的功夫,光说不练的假把式,类似于王阳明眼中佛教的"枯禅"。陈启沅的一切经验都是"在心上用功",在"事上练",实践出真知,真知再实践,往复循环,一切的难题自然化解。

陈启沅这样搭建了继昌隆的管理架构:

设司理一人,司是掌管之意,理便是料理。这是中国宋代的一个官职,掌管狱讼。司理一职由陈启沅自己担任,相当于经理,统管全厂性的事务。另选两人做他的助手。

设司账一人,相当于会计。

---

① 陈滚滚:《陈联泰与均和安机器厂的概况》,第23页。
② 广州市越秀区文联编:《广州越秀古街巷》(第二集),第83页。
③ 陈作海:《缫丝风云录——记中国近代民族工业先驱陈启沅》,第39页。
④ 孙方一:《广东近代民族资本主义企业领导模式研究》,《广东技术师范学院学报》(社会科学版)2012年第3期,第37页。

设行江若干人，相当于买卖手、经销员，负责采购与营销，开始时为三人，而具体人数将视业务需要而增减。

另设焙茧、管工（其中女管工两人）、纽丝等岗位。

其他如巡行（即监察员、质检员）、杂工和维护机器运转的大偈和助手等共30多人。按照现在的企业管理而言，这些都属于行政管理与后勤保障工作人员。

由于未设副司理（副经理），生产、经营、采购、销售、维修，企业的一切均由陈启沅和他的助手直接控制。也未设各职能部门，省去不少中间环节。这一管理模式的好处是一竿子插到底，老板对企业各个岗位的运行情况了如指掌；糟糕的是事必躬亲，若精力不济，难免手忙脚乱。在企业初创时期，这是最有效的管理模式，否则，摊子铺得太大，机构臃肿，难免有些人浑水摸鱼或人浮于事，至少也会增加很多不必要的人力资源成本。好在陈启沅"精力过人"①。

除了上述各项固定岗位之外，继昌隆另设有一些临时性岗位，如剥茧皮、入斛打水结、派茧、挑花、勒线等，有的是拿计件工资，有的也拿固定工资。由于这些工作不需要多少技术，故而多由中年妇女担任。

缫丝女工每天放工时，将自己当天缫出的成品"脱"下来，搭在蒸汽喉的锅上，用大油布盖好便可回家。夜半时分，厂里的杂工将丝统收起来，放入焙丝房烘焙，然后挑花勒线，纽丝，包装。整个生产流程有条不紊，衔接有序。

最重要的是缫丝女工岗位，这是缫丝厂的核心技术人员。

企业经营薪酬待遇至关重要。继昌隆的各个岗位都有明确的薪酬待遇规定，十分透明、公开。

陈启沅在继昌隆任司理一职，亦属于工作人员，但"月薪似是没有规定"②。继昌隆由陈启沅与陈启枢兄弟俩全资控股，厂子亏了赚了都是他们的（还有陈启标。继昌隆开办不久，陈启标去世③），不明确月薪也无可非议。

管工、买手、焙茧、纽丝等岗位，每年工薪在80两至100两之间。此待遇应属不错。据悉，清朝时，四品、五品官员的基本年俸正在此区间内。

对于铸造及安装机器等技术性岗位，则按技术高低计值，比一般职工要高。上述各岗拿的都是固定工资。

---

① 陈孺直：《先父芷馨公事略》。
② 陈天杰、陈秋桐：《广东第一间蒸汽缫丝厂继昌隆及其创办人陈启沅》，第62页。
③ 吴建新：《陈启沅》，第16页。

对于缫丝女工的考核实行计件制,做得多工资就多,做得少工资就少,以有效实现激励作用。女工中的熟练者,每天可缫丝3两左右,每两工资三分六厘①,粗略估算,一月可得3.6两至4.5两银子,一年便有四五十两。这和管理人员的薪酬待遇所拉开的差距也算合理。比当年陈启枢、陈启沅当乡村塾师时每年得20两左右的银子要多一倍。除此之外,女工每半个月可领取勤工奖金一次,其办法为半月内无缺工而出品又能保持质量平稳的便多发3天工资;有缺席或迟到早退,或所出成品欠佳的没有此勤工奖金。每季度、每年度,女工和其他职工一样可领取花红(奖金)。这个待遇,要远远高于当时上海缫丝工厂女工的待遇。

有奖有罚,奖罚分明,注重细节,才能确保生丝质量和企业名声。

继昌隆规定,每条丝只限合三四个茧,而手工缫丝每条丝合六七个茧,茧多则丝重。有的女工为了增加丝的重量,多拿工资,或许会暗中超限搭茧,影响丝的质量。厂方为防范此种弊端,设置了巡行岗位,主要起监督工艺流程的作用。巡行监督采取两种方式进行,一种是明巡,一种是暗巡。明巡好理解。暗巡就是躲在暗处观察。女工缫丝位上方设有阁楼,阁楼有小孔,巡行从小孔中监督各个缫丝位,一旦发现哪一个缫丝位有超额搭茧嫌疑,便通知管工处,管工处立即派技术人员现场抽检。为了让作弊女工心服口服,管工处将其缫丝的綄拆下,把已上綄的丝,将外面几层转滚于专用作测量的綄上,到达规定的转数后,取下焙干,称其重量,如合标准,算是刚刚加茧,只作警告,不予追究,仍交原綄女工继续开工;如超过标准三分之一,证明已超限搭茧多时,已造成丝质粗劣的事实,便会按章处罚。"初犯扣发一日工资,再犯除扣发一日工资外,还扣发一月奖金。三犯则开除,永不录用。"②

每天下午放工时,管工要对出厂女工依例检查,以防个别女工偷取碎丝。

由于缫丝企业的岗位特殊需要,女工所占比例较大。当时的农村女孩子都不上学。平日除学缝纫、刺绣等"女红"外,便是跟随父母学习植桑、养蚕,故年轻女子在出嫁前都会养蚕、缫丝。而继昌隆的缫丝生产工艺原理与手工缫丝的加工工艺原理基本是相同的,这为继昌隆招募女工提供了极为便利的人力资源。继昌隆所用的女工大部分都是年轻女工,年龄小的十三四岁,甚至有部分女工"八九岁即可上位实习,可以为临时替补","十岁左右即可获取实位,为正式工人"。③ 大的也有二十三四至二十

---

① 陈天杰、陈秋桐:《广东第一间蒸汽缫丝厂继昌隆及其创办人陈启沅》,第63页。
② 陈作海:《缫丝风云录——记中国近代民族工业先驱陈启沅》,第41页。
③ 陈作海:《缫丝风云录——记中国近代民族工业先驱陈启沅》,第41页。

七八岁的。而二十二岁以上的女工，十之八九是"自梳女"。

何为"自梳女"？顾名思义，"自梳女"便是自己将头发梳起来。

"自梳女"产生于清朝后期，这是珠江三角洲地区一个特殊的群体，其显著特征是将头发梳起，以示终身不嫁。据《顺德县志》记载：当时，顺德蚕丝业发达，许多女工收入可观，经济独立。她们看到一些姐妹出嫁后在婆家受气，地位低微，因此不甘受此束缚，情愿终身不嫁，于是产生了"自梳女"。"自梳女"为反对封建婚姻制度，谋求妇女自身解放，争取男女平等，组织了各种团体，互相帮助。当时很多工厂都有"三不请"的规定，已婚不请，有仔不请，订婚不请。其中缘由不难理解。

继昌隆初办时并未"达产"，其设计有300个缫丝位，但女工只有100多人①，对于此种说法，仍存争议。"初时，全厂不过数十缫丝釜位，只有单缫而无复缫"②，开办不到一年，"丝位增至300多个"③（应为女工增至300人），说明市场购销两旺，经营很好，后"容女工六七百人"④，"最旺时为八百多人"⑤，这是继昌隆鼎盛时期（图3.5）。

图3.5　陈启沅创办的继昌隆缫丝机厂缫丝女工工作现场
资料来源：吴建新：《陈启沅》，第17页。

---

① 陈作海：《缫丝风云录——记中国近代民族工业先驱陈启沅》，第41页。
② 吕学海：《顺德丝业调查报告》。转引自彭泽益：《中国近代手工业史资料》第二卷，第44页。
③ 时双庆、吕松：《陈启沅：中国缫丝工业第一人　创民族工业先河》，《上海侨报》2010年4月14日。
④ 彭泽益：《中国近代手工业史资料》第二卷，第43页。
⑤ 陈作海：《缫丝风云录——记中国近代民族工业先驱陈启沅》，第41页。

在"三百女工"规模时，简村人占"一百二三十人"，"杏头村占百人左右"，"吉水村占五十余人"，"龙仍村占二三十人"。① 各村距离简村都很近，上下班走一里多路到三里路，来去方便、安全。

继昌隆对于工作时间也有明确规定，每天上午7时到下午5时为工作时间，中午12时到下午1时为吃饭、休息时间，一天的总工作时长为9小时。这在今天看来是一件平常的事（如今还少一小时），但对当时的中国企业来说可以说是"具有开创意义的"②，"这种管理制度对后继者起了示范作用，奠定了当时民办企业的基本格局"③。当时的英国法律规定"一切妇女和十三岁至十八岁的儿童每日只许劳动10小时"，而且，"英国的工厂工人获得这一法律，是由于多年的坚持，是由于与工厂主作过最激烈最坚决的斗争"。那么，将劳动时间设定为10小时或者更多，是老板的权力，但是陈启沅没有运用这个权力。

为了督促工人按时进厂，继昌隆每天早晨鸣放汽笛三次，第一次提醒工人起床，第二次提醒工人上班，第三次汽笛响后便会关闭厂门正式开工，迟到者不准再入内，当日以旷工论处。严格的作息、考勤制度对于现代企业职员而言已是司空见惯、习以为常，但是，在那时的简村，便显得有些"苛刻"，很多人不习惯。只是，要改变中国农民千百年来形成的自由、散漫、无拘无束的生活习惯和状态，不如此不行。陈启沅"逐渐改变了农民自由散漫的习惯，而这些工人慢慢地习惯了这样的管理制度，也习以为常了"④，"这制度执行颇严，行之也很正常"⑤。

中午休息时间短。为了给一些住得远的或想中午多休息一会儿的女工解决午饭问题，继昌隆设有"食堂"。此食堂与我们理解的食堂有一些区别，非免费提供饭菜，或者象征性地交一点伙食费，而是为员工（多为女工）提供免费加工午饭的地方。"这群女工每餐的米和菜，必先准备好，早上到厂，即放在自己的饭煲里（厂设有女工厨廊，可容二百人每人一煲饭位置）"。继昌隆专门供给公用柴火，雇了诸多老年妇人给女工们弄饭。一名老妇人负责十煲左右的饭，"在厂弄膳的经常约有二百人"，故而雇用的老妇人多达20余人。南方的饭菜以煲仔饭为主，多蒸少炒，有菜有肉，蒸起来方便，吃起来可口。女工喜欢吃什么就带什么。午饭之后，女工可休息几十分钟，既有利于体力恢复，也有利于下午的生产。弄饭的老妇，

---

① 陈天杰、陈秋桐：《广东第一间蒸汽缫丝厂继昌隆及其创办人陈启沅》，第62～63页。
② 孙方一：《广东近代民族资本主义企业领导模式研究》，第38页。
③ 陶迎春：《陈启沅：我国第一家机器缫丝厂创始人》。
④ 陈作海：《缫丝风云录——记中国近代民族工业先驱陈启沅》，第42页。
⑤ 陈天杰、陈秋桐：《广东第一间蒸汽缫丝厂继昌隆及其创办人陈启沅》，第63页。

工作也不累，还有工资。起初，来自简村、杏头、龙仍各村的老妇应聘的很多，"争着受雇"，厂方定出轮流替换的办法，一月一换，大家都有机会上班挣钱。①

可以说，继昌隆的管理非常正规且具有人性化。陈启沅一方面通过岗位设置、薪酬、奖金及后勤保障，激励职工多干活，干细活；另一方面又严格管理制度，从细节入手，防微杜渐，确保工厂良性运转。

综合来看，继昌隆的管理主要体现以下几个特点：

一是待遇给得足；二是看重有技术的人；三是实现计件制，少劳少得，多劳多得，正所谓"劳动是一切财富的源泉，是一切价值的尺度"②；四是奖罚分明。

由于继昌隆管理正规，待遇合适，产销两旺，所以，所用工人都很固定，久而久之，都掌握了熟练的技艺，继昌隆成为培养娴熟缫丝工人的一座学堂。陈启沅之子陈蒲轩言："教诸乡人，三年有成。"③ 陈启沅亦自言，三年间，"踵其后而学者约千余人"④。

孙方一认为："广东近代企业领导者更多的是以员工为中心，关心下级，以人为本，甚至有的时候因为员工的个人利益而牺牲企业利益。"⑤ 继昌隆做到了这一点，没有亏待努力为继昌隆工作的人。

用现代企业管理思想分析陈启沅的管理模式，你会发现，他先知先觉，是一个先行者。他有相对长远的战略管理思想；有因地制宜的用人策略；有就地取材的成本掌控意识；非常重视技术工人的培训；实施九小时工作制度；完善奖惩制度，优胜劣汰；建立监督管理机制，让员工少犯错误；以人为本，重视员工福利。还有至关重要的一点，在继昌隆兴办年间，陈启沅注重社会责任，力所能及地回馈社会，朝着"穷则独善其身，达则兼善天下"的目标前行。陈启沅是儒家思想的践行者。

吴建新言，陈启沅"直接引入了资本主义工厂的管理模式"⑥。笔者以为，这是陈启沅在借鉴资本主义工厂制度之后的再度创新，是经实践而寻得的最适合简村发展的管理模式。

陈启沅的心情一定是无比欣慰的。他的理想进一步实现，对于一个书

---

① 陈天杰、陈秋桐：《广东第一间蒸汽缫丝厂继昌隆及其创办人陈启沅》，第65页。
② 恩格斯：《卡·马克思〈资本论〉第一卷书评——为〈民主周报〉作》，《马克思恩格斯选集》第二卷，第269页。
③ 陈蒲轩：《蚕业指南自序》，第1~2页。转引自彭泽益：《中国近代手工业史资料》第二卷，第44页。
④ 陈启沅：《蚕桑谱》，第15页。
⑤ 孙方一：《广东近代民族资本主义企业领导模式研究》，第38页。
⑥ 吴建新：《陈启沅》，第25页。

生来讲这是另一种方式的建功立业，无非是其功效还需要一段时间才能完全显现，而且在之后的进程中，他也要承担难以想象的压力和责难。

第四节　蚕桑事业　造福桑梓

即便普通人也能分辨得出，丝这种东西，白、滑、匀为最佳，如少女沐浴之后的秀发，一梳子可到底，无丝毫的滞碍。那么，继昌隆采取机械化的机器缫丝所产生丝质量究竟如何？八个字：身幼而滑，质匀而白。①与西樵一带个体户所缫之丝放在一起比较，一个是阳春白雪，一个是下里巴人，差距非常明显——个体所缫之丝，"既欠稳结洁白，且丝身粗"，质量不好。这样的丝，只能自己消化，织造低档次的丝绸，与出口沾不上边，在国际市场上也见不到。

继昌隆对粤丝原有的"柔润、易着色、有光泽"的优点进行了提升，最大程度地去除了"粗细不均匀，易断裂，甚至带有残屑、废物"的缺点。②

陈启沅对继昌隆所产生丝有"四胜""四利"的评价：

> 旧器以火煮其水，其丝胶易变；新器以滚水之汽而煮其水，丝胶不变，其丝色则佳。此一胜也。
> 旧器缫丝，不能使其粗幼如一；新器则多少可以自如。此二胜也。
> 旧器初去丝皮之时，或清或不清，不能任意为之；新器则以筷子逐少挑净丝皮，然后如法缫成。此三胜也。
> 旧器所缫之丝，临用以织绸缎时，亦必用工开解，若照西法开解，每工人一名，只可管丝口十条；新法所缫之丝，照法开解，每工人一名，可管丝口六十条，上等之妇，可管至百口。此四胜也。
> 新法之丝，有此四利，西人乌有不出重价购买之乎？成本则如是也，用茧则如是也，沽出之价，竟多三分之一，岂不是国中之大利乎？③

---

① 陈天杰、陈秋桐：《广东第一间蒸汽缫丝厂继昌隆及其创办人陈启沅》，第62页。
② 邱捷：《近代广东商人与广东的早期现代化》，第271页。
③ 陈启沅：《蚕桑谱》，第82～84页。

由于注重质量,继昌隆出品的生丝始终能达到出口标准,洋人评价其产品,特点是六个字:幼滑、稳结、洁白。自继昌隆投产起,不但从未遭遇退货现象,反而不时获取"西人送来许多奖品"①。外商采购回生丝之后按照本国市场消费者的需求进行纺织,获利更高。

旧丝与新丝价差到底有几何?

清政府的一份公函有明确记载:"每百斤约售六百元,较之土缫向售四百元者,昂至二百元左右。"②

而广州的洋行以高出一般生丝价格五成的价钱购入继昌隆的丝,主要用于出口法国。③

宣统《南海县志》载,该厂(继昌隆)"出丝精美,行销于欧美两洲,价值之高,倍于从前,遂获重利"④。

继昌隆的生丝质量好,原料也是一个关键因素。当初陈启沅在简村设厂,亦主要考虑到此一因素。

南海西樵一带虽不缺原料,但为保证质量,陈启沅除就地大量收购之外,还派人到东莞、顺德、香山(今中山)等地收购。

南方闷热多雨,农民手中的蚕茧又多为湿物,为确保蚕茧不发霉变质,继昌隆的采购员每到一地,均按照陈启沅的要求就地租用旧店铺或祠堂,设立简单的焙茧场,先将湿茧杀蛹、焙干再运回工厂。此措施虽然烦琐,增加了成本,但保证了蚕茧的质量。即使收的是干茧,如不是当即装运回厂,遇着连天阴雨或潮湿的天气,也要略为焙过才可暂存几日。而个体户养蚕,不会焙干再卖,一是等不及,二是也没有方便的设备,故而干茧很少。蚕茧生意一直是卖方市场,茧户并不愁卖,不会在这个上面耗费过多的心思。

若各地有茧市,焙干环节便是茧市老板要考虑的问题,但其时各地"未有茧市设立"。继昌隆的采购人员走村串户主要是与当地农户及小商小贩打交道。

茧不论斤卖,以箩为单位。箩有大有小,大箩可盛湿茧八九千个,中箩盛四五千个。茧价随行就市,主要参考指标是当时的丝价,丝价扬则茧贵,丝价低则茧贱,"大约广东双毫八钱上下,可买湿茧一司斤,干茧则要九钱多"⑤。

---

① 陈天杰、陈秋桐:《广东第一间蒸汽缫丝厂继昌隆及其创办人陈启沅》,第64页。
② 陈启沅:《蚕桑谱》,第29页。
③ 张茂元:《近代珠三角缫丝业技术变革与社会变迁:互构视角》,第25页。
④ 《陈启沅列传》,(清)郑荣等修,桂坫等纂:《南海县志》,第1730页。
⑤ 陈天杰、陈秋桐:《广东第一间蒸汽缫丝厂继昌隆及其创办人陈启沅》,第66页。

西樵一带各村，茧户出售给继昌隆的湿茧，每户少的二三十司斤，多的七八十司斤。司斤是旧时的计量单位，一司斤比如今的一斤要多100多克。

虽然缫丝厂只有继昌隆一家，但继昌隆从无店大欺客、坐地起价一说，在自己家乡设厂，收购蚕茧，公平交易，该给多少就给多少，从不亏待农户。

陈启沅后来还做出一个大胆的举措，高价向蚕农收茧。其价格高到何等程度？使蚕农获利比蚕农自己缫丝后出售生丝所获取的利润还高，按照现在的话说就是面粉贵过面包，原料贵过成品。

仔细研究陈启沅大幅度提高原料收购价的目的，无非有三：一是试图以继昌隆的市场主导地位为农户植桑、养蚕树立坚定的信心，从源头上提高原料质量；二是"迫使"农户放弃手工缫丝之法，提升南海、广州乃至广东整体生丝品质；三是挤兑其他效仿其机械缫丝的小厂，在原料成本高企的情况下，一般的家庭作坊、小企业就没了利润空间，甚至转而成为为继昌隆代加工、贴牌的"下线"。最后一点只是笔者的猜想，这是一般企业经营惯用的策略，陈启沅是否如此，不得而知。

事实上，随着继昌隆的高价收购策略，其他缫丝厂"基本上也都是采取高价收购蚕茧的策略"，这一方面说明各缫丝厂实力都不容小觑，另一方面说明随着珠江三角洲地区缫丝厂的快速发展，所需蚕茧量逐年上升，呈"求大于供"之势。一切的利好"都刺激蚕农转而更多地出售蚕茧，逐渐放弃家庭手工缫丝"。① 这是陈启沅希望看到的结局。

而支撑包括继昌隆在内的诸多缫丝厂以高价收购农户蚕茧的底气，关键还在于国际市场对机器缫丝也即厂丝的需求量剧增。亦即由于国际生丝市场营销两旺、供不应求，故而缫丝厂能够获得厚利，也就可以拿出更高的价钱回馈茧农。这是一个良性循环，"高价"之成本最终转移给了外国人。

那么，广东生丝在国际市场上脱颖而出，具有如此强大的竞争力，又是什么原因？要知道，市场是相通的，外国资本家的嗅觉异常灵敏，而当时中国的生丝主市场一在珠江三角洲，一在长江三角洲。此高彼低，此消彼长，在质量相差无几的前提下，谁的成本低，谁就灵活，具有话语权，且能获利。问题在于，时建设同等规模的缫丝厂，"在上海需要将近9万两白银，在珠江三角洲则只需2万两"，建厂的低成本使得包括继昌隆这样的缫丝厂能够将更多的资金用于收购蚕茧，而不是用于固定设施投入和

---

① 张茂元：《近代珠三角缫丝业技术变革与社会变迁：互构视角》，第42页。

"压本"。其次，由于珠江三角洲的气候条件使然，蚕农一年能收获6～8季蚕茧，这就意味着缫丝厂"不用一次性购买全年所需的蚕茧，而是至少可以分6到8次购入"①，降低了资金占用率。而分次采购，每次价格也会有一些差异，议价权始终掌握在缫丝厂手里。

还有一个重要原因是，继昌隆等珠江三角洲的缫丝厂均将工厂设立于原料供应地，即位于产茧的乡间，无形中节约了许多成本，这是长江三角洲的缫丝厂所不能比的。

陈启沅是经营企业和市场运作的高手，高价收购一招使出，蚕农积极性大涨，开始将主要精力投入植桑、养蚕和出售蚕茧，而逐渐放弃了家庭手工缫丝。

西樵以外的地方，陈启沅派人去收，提供上门服务；西樵和简村周边，不待继昌隆的采购人员上门，茧农主动跑来交茧，如此一来，继昌隆又省去了许多物流和人力成本，茧户也能在现场领到现金。

继昌隆设厂之初的数千两银子里面，是留了一部分流动资金的，按照现有的生产规模，再加以购销两旺的态势，资金周转绰绰有余。"茧户中经常有茧送到厂的，遇有一时需款应急，还可预先借取若干，不写收据，只于厂的司账上记一记数目后，交茧抵足，即便注销。"② 此话是否可以这样理解，茧户交多少茧，领多少钱；有的没交那么多，但需要钱应急，也可先周济一些，以后拿足数的茧来补。这等于赊欠。一般是厂家欠商户的，迟付一些天，拿别人的钱周转；继昌隆预支钱给农户周转，委实难得。这种做法，从继昌隆创办开始一直持续到迁往澳门之前。而厂方与茧户之间从未发生过数目上的争执。

一家厂可以带动一个市，一个市可以带动一个产业。继昌隆正式生产之后的八九个月，市场上已经有了茧市，先是人和茧市、福诚茧市出现，之后有大公茧市、共丰年茧市出现。其中，人和、大公、共丰年三个茧市规模很大。茧市相当于一个交易市场，继昌隆是茧市的采购大户。陈启沅亦入股人和茧市。他曾表示："附些小股于人和茧市，旨在彼此发生多一重关系。"③ 参与茧市的好处是可以把握市场，深入地了解货源质量，从源头上把住质量关。

继昌隆的兴起也逐渐引起了广东某些地区农业生产和农民经济方面的变化。19世纪80年代以后，"除南海、顺德二县早已成为广东两大蚕业中心外，其他如三水、新会、番禺、香山、高明、鹤山等县以至距离丝厂较

---

① 张茂元：《近代珠三角缫丝业技术变革与社会变迁：互构视角》，第43页。
② 陈天杰、陈秋桐：《广东第一间蒸汽缫丝厂继昌隆及其创办人陈启沅》，第67页。
③ 陈天杰、陈秋桐：《广东第一间蒸汽缫丝厂继昌隆及其创办人陈启沅》，第67页。

远的潮阳、普宁、揭阳、庵埠、澄海、嘉应州等地大片稻田变成了桑地"①。种桑养蚕成为很多农民的主要收入，"机器缫丝也逐渐成为当地的重要行业，并发展为当地的经济支柱产业"②。

新式缫丝工业在珠江三角洲如雨后春笋勃然兴起，到1881年（清光绪七年），已然形成簇群效应，"南海已有11家，临县顺德也有5至6家"③；"雇用女工四百余人"的丝偈，在南海县内就有十家，"吉水乡续增两间，简村乡续增四间，大桐乡续增二间，南畔乡续增一间"。④

至1887年（光绪十三年），顺德县有丝偈四十二家，新会县有三家。

与此同时，在珠江三角洲桑蚕区之农村圩镇，则集合有二三万众之近代缫丝产业工人大军，且以女工为主，她们从获得经济独立开始，要求改变旧时代妇女之社会及政治地位。⑤

而陈启沅所创缫丝之法，由于效率大大提高，成本大大降低，质量显著提高。这对于中国缫丝工业而言，具有革命性的示范效果。此后二三十年，其法为珠江三角洲绝大部分缫丝厂所采用。

从1874年（清同治十三年）到1894年（清光绪二十年），广东先后创设民族资本近代蒸汽缫丝厂75家。1894年广东输往国外的生丝中，厂丝已占89.39%（表3.2）。以至到民国初年，广东的经济仍以蚕丝出口为命脉，近代工业以制丝业为主体的格局一直维系着。⑥甚至民国以后十多年蚕丝出口总额与清末十年差不多。⑦陈启沅时代，广州的厂丝几乎全部向欧洲大陆行销，用作意大利丝的代替品。⑧

---

① 徐新吾：《中国近代缫丝工业史》，第118页。
② 陈作海：《缫丝风云录——记中国近代民族工业先驱陈启沅》，第46页。
③ 徐新吾：《中国近代缫丝工业史》，第116页。
④ 徐赓陛：《学堂乡滋事情形第一禀》，《不自慊斋漫存》卷六。转引自彭泽益：《中国近代手工业史资料》第二卷，第46页。
⑤ 黄景坤：《陈启沅传》，第8页。
⑥ 陈衡：《广东对外贸易》，第27～28页，香港华南经济研究社1940年版。转引自邱捷：《近代广东商人与广东的早期现代化》，第269页。
⑦ 邱捷：《近代广东商人与广东的早期现代化》，第269页。
⑧ 徐新吾：《中国近代缫丝工业史》，第96页。

表 3.2　1881—1895 年广东七里丝（土丝）和厂丝出口数量

单位：关担、%

年　度	七里丝（土丝）		厂　丝		共　计
	数量	比例	数量	比例	
1881—1882	11526	—	—	—	11526
1882—1883	8302	86.88	1254	13.12	9556
1883—1884	8978	75.86	2857	24.14	11835
1884—1885	3116	47.55	3437	52.45	6553
1885—1886	2567	36.55	4457	63.45	7024
1886—1887	8462	54.17	7158	45.93	15620
1887—1888	4207	32.54	8720	67.46	12927
1888—1889	1760	25.37	5123	74.43	6883
1889—1890	4928	32.53	10219	67.47	15147
1890—1891	3278	24.11	10317	75.89	13595
1891—1892	4659	27.72	12146	72.28	16805
1892—1893	4171	18.25	18687	81.75	22858
1893—1894	1951	10.61	16438	89.39	18389
1894—1895	2159	10.62	18179	89.38	20338

说明：1881—1882 年，海关未列记录。

资料来源：《海关十年报告》，1882—1891 年份（554 页），广州；《海关十年报告》，1892—1901 年份（下卷，177 页）。转引自徐新吾：《中国近代缫丝工业史》，第 96 页。

当然，珠江三角洲蚕桑业的迅速崛起也不全是陈启沅一个人的力量和功劳，也有其特殊的背景因素，这是在"清政府闭关锁国、广州成为唯一对外贸易港口之后才兴盛起来的"①。广州是得了"特区"的便宜。"继昌隆的机器缫丝厂的创立"，与"鸦片战争后广州、南海地区对外贸易特别是生丝出口贸易的发展有着直接的关系"②。

陈启沅言："蚕桑为民食之本，为国课之原"，"计其成丝获利，民得其九，而国亦得其一"。③

继昌隆成功之后，陈启沅如此评价养蚕之业："此广东第一要务也。耕禾种果，是以本地之物而易本处之财，得失仍归我国。惟养蚕缫丝，是

---

① 张茂元、邱泽奇：《技术应用为什么失败》，《中国社会科学》2009 年第 1 期，第 120 页。
② 孙健：《中国第一家民族资本近代工业的出现》，《学术研究》1979 年第 3 期，第 68 页。
③ 陈启沅：《蚕桑谱》，第 38 页。

以我国之物而易他国之财，岂非大有益之事业乎？"①

陈启沅乡党、清同治编修潘衍桐高度评价陈启沅之行为："粤人先受其惠，湖人亦不得专其美"，"仁人之言，其利溥哉"。②

总结陈启沅事业成功之关键因素，其既善于学习，又以德服人，更能在复杂多变的环境中寻觅商机，还能大行善举，反哺乡人。

致富之后的陈启沅在生活上"克勤克俭"，"不同于一般人会肆意挥霍或贪图享受"，而是"乐善好施，热心公益"，"凡造福桑梓之事，他均竭力为之"。③

仅举几例。

1. 发放米簿，看病埋殓

陈启沅、陈启枢对乡邻的善举早在安南经商获利之时便已开始，始终未断。返乡后，更有过之而无不及。

在任何朝代，鳏寡孤独废疾者的生活最是困难无助。陈启沅生活的那个时代，这部分人的生活状况极为不堪。

陈启沅在官山墟（今西樵镇区）开设了一间米铺，名叫"永生号机米厂"。④ 用机器碾米省去诸多人力成本，效率高，米价也较便宜。陈启沅安排这间米铺为简村、杏头、龙仍三村的鳏寡孤独废疾者每人发放一本米簿（图3.6），米簿上有其名字、年份、月份、数量。这些穷苦老人持米簿每人每月前来领取大米两大斗，约20司斤。10多年里，机米厂共发出上千个米簿。

自清代中叶以后，广东已是缺粮省份，之后问题更加突出，主要原因是农民不再种田而是改种经济作物，比如桑基鱼塘等。陈启沅为老人送米是雪中送炭，解决了这一部分人的口粮乃至生存问题，善莫大焉。

在官山墟这个地方，陈启沅还斥资开设寿世堂药材店，专门聘请医生坐堂，为农民看病（图3.7）。一些困难农民无钱看病买药，药材店采取"赠诊施药"方式，一部分人看病难、治病难的问题迎刃而解。

---

① 陈启沅：《蚕桑谱》，第61页。
② 潘衍桐：《〈蚕桑谱〉序》，广东省南海市政协文史资料委员会：《南海文史资料》第24辑（《蚕桑谱专辑》），1994年。
③ 陈作海：《缫丝风云录——记中国近代民族工业先驱陈启沅》，第103页。
④ 陈作海：《缫丝风云录——记中国近代民族工业先驱陈启沅》，第107页。

图 3.6　陈启沅给孤寡无依无靠者派发米簿

资料来源：陈启沅纪念馆。

图 3.7　寿世堂药材店门诊

资料来源：陈启沅纪念馆。

彼时，尚有部分穷困者死后无以为葬，陈启沅"赠施棺木埋殓费"①，还可由子侄辈报领，为死者操办后事，解决一部分乡邻死得起的问题。

2. 出资办学，惠及乡里

陈启沅青少年时期曾在简村私塾任教，深知穷人家的孩子读书不易，有的人家连一年一两银子的学费都拿不出。部分适龄学童由此失学，小小年纪做农活、放牛、放羊、做童工。长大后大字不识一个，有的连简单的加减乘除都不会。陈启沅深知教育的重要性，出资办了一所名为"克勤义学"②的学堂，聘请本村的秀才当教师，凡简村、杏头、吉水三个村的适龄学童一律免费上学，免费发放教科书、笔墨纸砚、算盘等。学习内容仍沿用"私塾"，教材为《三字经》《千字文》《秋水轩尺牍》以及四书五经等。还练习毛笔字，熟背珠算口诀，学习打算盘。此外，还要熟背和练习早在春秋战国时代就已流行的"九九歌"（又称九九表、九因歌，是中国古代筹算中进行乘法、除法、开方等运算的基本计算规则，就是今天小学生背诵的"乘法口诀表"）。对于阿拉伯数字的笔算，陈启沅也要求老师教给学童。

学堂分大班和小班，各有一位老师带班。按照学生的基础和学习进步程度进行分班，并无学制规定，老师认为可以升级就升级，可以毕业就毕业。经过"克勤义学"的学堂教育，这三个村的孩子毕业后能看懂一般的书报，能写家书，也能算简单的账目。这对于其一生的成长大有裨益。

3. 捐建水利，亲历躬行

简村边上有一条叫吉水的河涌，自西向东经简村、杏头、吉水等村流入官山涌。为了疏导水流，在几条溪流汇聚之处有一个叫"吉水窦"的水闸，是明代右都御史方献夫所建。多雨时节，水势上涨，水闸打开，将水泄掉，以确保西樵山西北部的田地不被淹没；少雨时节，闸门关闭或适当开合，可使各村溪流保持充沛的水量，用以浇水种地。但是，吉水窦历经二百多年风风雨雨，年久失修，局部出现裂缝、倒塌，闸门开合也不灵活，"每到潦水季节，窦内四旁如泉注"，"四周石头为水冲损，窦内土陷落"③，对村庄和庄稼的安全造成较大的隐患。陈启沅一直在考虑如何解决这个问题，吉水窦关系家家户户的切身利益，一旦彻底损毁，再无重建可能。他专门呈文给知县，希望县府能划拨专款。

---

① 陈天杰、陈秋桐：《广东第一间蒸汽缫丝厂继昌隆及其创办人陈启沅》，第 69 页。
② 陈作海：《缫丝风云录——记中国近代民族工业先驱陈启沅》，第 106 页。
③ 吴建新：《陈启沅》，第 82～83 页。

修复吉水窦非小工程，耗资巨大。据陈启沅初步测算，需花白银 5000 两。知县看到呈文，认为的确需要修复，但县府资金匮乏，难以有如此巨大的投入，只能拨付 200 两白银，缺口要陈启沅自己想办法。5000 两和 200 两之间差距过大，县府答应的钱无异于杯水车薪。不管是县府有钱不想出还是真没有钱出，陈启沅答应牵头。他召集吉水沿岸的村长前来商讨，大家亦认为吉水窦的修复迫在眉睫，但是乡民穷困，拿不出那么多的银子。后经各村发动，只筹得不到 800 两银子，加上县府的 200 两，总计不足 1000 两。

其时，继昌隆投产不久，没有太多盈利。但是，为了从根本上解决乡亲们的困难，保一方平安，陈启沅重新核定了预算，将劳力成本分解到各村，由各村按人口比例派出劳力，算是出义工，这笔钱省下之后，工程所需其他资金，不管缺多少，均由陈启沅负责补足。

议定之后陈启沅专赴县府，"领了修筑吉水窦的委托书和二百两白银后，便择吉日开工"①，陈启沅"督饬工役，始终其事"。② 两年后，吉水窦（图 3.8）如期完工，石缝间，"仿西法以洋泥搀灰与沙搏击石后，使涓滴不入"③，"一劳永逸"，"终其世未再见崩缺之患"④。

图 3.8　陈启沅修筑的水闸

资料来源：陈启沅纪念馆。

按照此种操作办法，陈启沅还"亲董其事"⑤，带领各方人员修筑了桑园围。桑园围的工程亦不小，所谓"围"，就是将地处低洼之地的桑园和鱼塘修筑田垄、边沿围起来，以防雨水多时倒灌，对桑园和鱼塘造成灾害。陈启沅青少年时期，家乡曾遇水患，桑园围被淹，其避水于西樵山之

---

① 陈作海：《缫丝风云录——记中国近代民族工业先驱陈启沅》，第 105 页。
② 《陈启沅列传》，（清）郑荣等修，桂坫等纂：《南海县志》，第 1732 页。
③ 吴建新：《陈启沅》，第 83 页。
④ 陈孺直：《先父芷馨公事略》。
⑤ 陈天杰、陈秋桐：《广东第一间蒸汽缫丝厂继昌隆及其创办人陈启沅》，第 69 页。

麓，慨然曰："如达时必修此围，免为民患"①，陈启沅兑现了当年对自己的承诺。

这两项工程事关乡民生存和活路，陈启沅不仅投入巨资，还花费大量时间和精力。工程竣工之后，吉水沿岸田地、桑园、鱼塘实现旱涝保收，"乡民们家家得益，无不感激七老爷（按：陈启沅在家中兄弟姊妹中排行第七）的一番义举"②。

4. 创办善堂，挽救生命

陈启沅"尤喜施予，办善举，解囊资助，略无吝色"③。

农民靠天吃饭。如遇庄稼歉收甚至颗粒无收的荒年，百姓日子过不下去时，便有弃婴现象发生；先天残疾之婴儿，有时也会被父母抛弃。陈启沅先在官山墟创办"普济善堂"④，以收养弃婴为主要目的，另外还为穷人赠医施药、救灾善后、救助贫困残疾等弱势群体、安老施棺、设义冢、替暴死街头的人收尸、施粥施衣。

1896年（光绪二十二年）底，陈启沅与友人陈基建在广州创办"崇正善堂"⑤，设于广州西关十一甫159号。崇正善堂很有名气。有资料说，当时的广州少说有十几家善堂，资金最雄厚的有九大善堂，包括城西方便医院、润身善社、爱育善堂、惠行善院、述善善堂、广济医院、广仁善堂、明善善堂，还有崇正善堂。"惠行善院、崇正善堂为今广州市东升医院前身"⑥。——对于此说，笔者经了解有关资料，似是有误，广州市东升医院的前身是九大善堂之中的惠行善院，非崇正善堂。崇正善堂"现改为广州市公益社团联合会第四诊所，继续为病人服务，办理比前更为完善了"⑦。

当时广州的医院很少，看病非常难。纵是几间善堂也面临医生及医药短缺的窘境，有的穷苦病人到善堂候诊，往往在天未亮时即到现场挂号，可是没等排到跟前已无号可挂。有些病人两三天还挂不上一号，病情贻误，十分痛苦。善堂见此情景，号召各商号捐出药材若干，聘请更多名医

---

① 陈孺直：《先父芷馨公事略》。
② 陈作海：《缫丝风云录——记中国近代民族工业先驱陈启沅》，第105页。
③ 《陈启沅列传》，（清）郑荣等修，桂坫等纂：《南海县志》，第1732页。
④ 陈孺直：《先父芷馨公事略》。
⑤ 陈孺直：《先父芷馨公事略》。
⑥ 黎宇琳：《广州公益简史：从商绅善堂到"官民共治"的慈善之城》，《公益时报》2017年4月4日，第16版。
⑦ 谭步侠：《广州市"九大善堂"的概况和变迁》，广州市政协学习和文史资料委员会：《广州文史资料存稿选编》（九），中国文史出版社2008年版，第407页。

坐堂，为患者诊治，施医赠药，一律免费。

慈善之业，有的人认为是只出不进的事业。其实，清代广州的慈善家已经有了非常先进的运营理念。包括崇正善堂在内的民间慈善机构依托当时繁荣的广州"十三行"，不只是每年为善堂捐钱，更发挥各自的经商才能，以善堂资产投资理财，或买地买铺，再到市面上放租；或放入典当行，收取相对较高的利息。用租金和利息支付善堂的各项开支，本金得以不动。用行内的话来说，前者叫作"以土养业"，后者称为"发典生息"。①

陈启沅后来还担任了广东善后局总办，并"管理豫丰、惠济两谷仓"②。"陈启沅作为一个慈善家，对清末广州、南海的地方事务是积极参与并且起过一定作用的"③，"人皆称之，其福利于国家人群者良非浅鲜"④。

《申报》记载过这样一件事：

> 广州博闻报云：去年联和公司禀准大宪运米出洋，嗣有崇正善堂绅董陈启沅等，以联和周利害民，具禀督辕，谆求示禁。督宪李傅相批示曰："据禀，联和公司贩米出洋、专利病民等情，本阁爵部堂（按：一般总督自称本部堂，李鸿章是大学士，有伯爵爵位，故如此自称）详查档案、博访舆情，知粤东地临民稠，以本省产米济本省民食，仅及十分之四，不敷六成；赖暹罗、越南运入者约十成之四，赖广西、江南运入者约十成之二，本无余粟可济邻邦。惟粤出洋数百万众，散处新、旧金山等处，必购食粤产丝苗油黏等米，始免疾病。同为本省子民，未便断其接济。是以张前部堂（按：张之洞）奏明以五十万石为限，而抽缴本省积谷经费每石一钱为备荒之用。兼权并顾，意美法良。嗣因粤中米贵，又经前部堂（按：应为李鸿章兄李瀚章）禁过出口，系为专顾本省民食起见，亦系因时制宜。至谭前部堂（按：谭钟麟）批准弛禁，每石于积谷经费外加收缉捕团练经费四钱，本亦无甚流弊。惟不归九龙、拱北两关查验，而令联和商人承揽，先给空白运照，令其自填，并准自行截缉私米，其中恐有朦混影射，尚应切实讲求。至该商原禀所称加十倍运米入口一节，查每年米商自购洋米及广西江南之米，本已不止此数，该商所称由彼运入之说，乃系

---

① 黎宇琳：《广州公益简史：从商绅善堂到"官民共治"的慈善之城》。
② 陈孺直：《先父芷馨公事略》。
③ 吴建新：《陈启沅》，第84页。
④ 陈孺直：《先父芷馨公事略》。

影射空言，实不足信。本阁爵部堂审度，设禁、弛禁两端，似宜酌中定断，以本省米价贵贱为衡。如每银一圆可购市米二十八斤以上，自可准运出洋，仍照每年五十万石为限，由九、拱两关稽核限内限外，分别去留。如每银一圆购米不及二十八斤，即当停其贩运，以顾本地民食。至此项米石，应否仍照张前部堂原案，饬令各米商照加三项经费，无论何商均准领照分运，以杜专利；抑或另定承饷领照章程，不准包揽十年，不准自雇巡丁查缉，仍准该联和商人承运之处，仰广东布政司会同善后局妥议切实办法，详候核办。毋任狷骨奸商朦混图利，致累民生而拂舆情，切切。"亦可见其关心民食、洞烛本原矣。①

1900 年，陈启沅年已 65 岁。他作为为首者具禀总督，要求禁止联和公司运米出洋，以免导致广东缺粮、米价上涨。其时华侨爱吃广东米，广东米商一边从外地外国进口大量米粮，同时也出口广东出产的丝苗米。邱捷分析，正是"陈启沅等人的禀，促使李鸿章决定，根据市面米价再定是否允准广东本地米出口。这篇报道反映了陈启沅作为善董的社会影响力"。②

陈启沅逝世后，惠济仓由其子陈蒲轩继续管理。陈氏后人"热心公共事务，是受到陈启沅的影响"，其孙陈廉伯在民国时期曾一度是"广州举足轻重的慈善事业家、公共事务活动家"③。广州荔湾区龙津西逢源路沙地一巷36号是陈廉伯公馆，这是一栋仿欧式五层楼房，属独立式的楼宇建筑，坐东朝西，建筑物首层用地面积约500平方米，凸显楼房主人的身份高贵不凡。

以上种种均体现陈启沅慈悲为怀、普度众生之心。"施舍"这个事情并无标准，多寡全凭良心。以陈启沅之所为，对乡邻怜悯与体恤之心有加，何尝不是内心深处之文人情怀的体现？

"百物皆有种也"④，陈启沅心怀的是"五亩之宅，树之以桑，五十者可以衣帛矣"朴素却生动的古理，肺腑之中包藏宇宙之机，吞吐天地之志。这是做大事业者的气度。

---

① 《关心民食》：《申报》1900年4月10日第1版。
② 邱捷与本书作者来往函件。
③ 吴建新：《陈启沅》，第85页。
④ 陈启沅：《蚕桑谱》，第45页。

第五节　利益纷争　两败俱伤

传统中国，是自然经济和简单商品经济相结合的"男耕女织"的经济模式。家庭手工业曾是广大农户赖以生存的重要的途径与方式。费孝通言："中国农家在消费上具有很高的自给性"，除了由都市工业所供给的日用品，"衣食住各项基本用品中，自制的还是很多"，"中国并不是没有工业，只是工业太分散，每个农民多少同时是个工人"，"中国原有工业普遍的和广大的农民发生着密切的关系"。①

中国北方的农户，春种秋收，碾了场，收了麦子，除留下一家人口粮，可能会烙一些饼，蒸一些馍馍，拿到集市上去卖；也可能养几只鸡，存下几只鸡蛋，去换取其他必需的生活物品。南方的农户，在相当长的时间里种桑养蚕，并不是直接将蚕卖掉，而是用原始的土办法缫丝。所缫之丝既可以自用，也可以交换和交易。马克思言："农民家庭生产并加工绝大部分供自己以后消费的生活资料和原料"，"随着以前的自耕农的被剥夺以及他们与自己的生产资料的分离，农村副业被消灭了"，大工业和机器"使农业和农村家庭手工业完全分离，铲除了农村家庭手工业的根基——纺纱和织布"。② 农村副业一方面是农民生活的需要，另一方面也是"工作"的需要，要不女人们待在家里干什么呢？无事自然生非。

不可否认，以继昌隆为代表的机器缫丝业的兴起干扰了乡村亘古至今的平静，也让一部分女人无事可做。正如费孝通在《中国乡村工业》中认为，"从乡村工业到都市工业"，是世界经济史上的"普遍现象"，但是，此种普遍现象在中国却与别国不同，"还有一种新的意义"，"农民部分的失业"是"乡村不安和政治扰乱的一个原因"。③ 此外，他在《江村经济——中国农民的生活》中亦言："可以把这个村子（指开弦弓村）作为在中国工业变迁过程中有代表性的例子；主要变化是工厂代替了家庭手工业系统，并从而产生的社会问题。"④

---

① 费孝通：《中国乡村工业》，《费孝通文集》第三卷，群言出版社1999年版，第4～5页。
② 马克思：《所谓原始积累》，《马克思恩格斯选集》第二卷，人民出版社1972年版，第252页。
③ 费孝通：《中国乡村工业》，《费孝通文集》第三卷，群言出版社1999年版，第12～13页。
④ 费孝通：《江村经济——中国农民的生活》，商务印书馆2001年版，第39页。

具体到简村，都产生了哪些影响呢？

如前所述，继昌隆开工后，每天均要鸣笛，鸣笛用的是蒸汽附设装置，声音很大，坐过蒸汽火车的人都知道那个声音出奇的大，尤其在乡村宁静的早晨，能使人心惊肉跳。对工厂而言这是诸多管理制度中的一项，企业的管理制度不是摆设，要严格执行。长久生活在农村的青年女子在很短的时间内注定不会养成如今都市白领"朝九晚五"的紧张、忙碌、固定、程式化的工作习惯，思想上始终处于松懈状态，若不及时督促提醒，可能会误工。但笛声扰邻，乡邻不满，其声被形容"有类于鬼叫"。乡村的事情一旦和鬼扯上关系便百口难辩。乡邻传言，"如鬼叫般的汽笛声，会损害十里八里内的老幼人口，生活不好"。

还有烟囱。三丈多高的烟囱，无论太阳光从哪个角度照射，影子都不会拉得很长。但是，乡邻言，"一条黑影从高压下"，黑影所压之处，便会"破财损丁"①；甚至说烟囱冒出的黑烟天天都横扫人家的祖庙、祖坟。这样的说法已经不是生活好不好的问题，而是乡人有性命之虞了。不要说在当时，即便是20多年后，这种说法仍然大有市场。1896年11月29日《纽约时报》报道说，江苏镇江新建了两家缫丝厂，现代化厂房内安装了最新型的机器设备，高达90英尺的烟囱坚固地竖立在厂房附近。"烟囱对清国人的封建迷信是个重大打击，是对所谓'风水'观念的极大挑战。此前，清国民众是多么崇尚迷信和风水呀！毫无疑问，他们连句抗议的话都没说。"美国人嘲讽中国，"保守的大清国正在觉醒。"② 风水，这是古代中国极富有特色的"民俗"，是一顶无形的帽子，嘈嘈切切间，谁都说不清楚，却又是谁都可以大胆、放心、肆无忌惮地说，直到众口铄金之时，其杀伤力和破坏力顶得上一颗原子弹。一句话，成也风水，败也风水。一切的辩解在风水面前显得苍白无力。

乡人甚至给继昌隆起了一个难听的外号："鬼緪"或"鬼锅"。③ 这包含两层意思，一是声音像鬼叫，二是所生产的生丝是专卖鬼佬（即洋人）的。

亦有流言，说男女一起工作有伤风化；男女工混杂，时间一久难免要出问题。连南海知县徐赓陛在后来呈报清廷的材料中也有"男女混杂，易生瓜李之嫌"④ 之语。这似乎也不是空穴来风，"女工们手中有了积蓄，有

---

① 陈天杰、陈秋桐：《广东第一间蒸汽缫丝厂继昌隆及其创办人陈启沅》，第68页。
② 刘青松：《缫丝厂的风化和风水》，《中国经济和信息化》2011年第13期，第78页。
③ 陈作海：《缫丝风云录——记中国近代民族工业先驱陈启沅》，第43页。
④ 徐赓陛：《办理学堂乡情形第二禀》，《不自慊斋漫存》卷六。转引自彭泽益：《中国近代手工业史资料》第二卷，第49页。

人萌发了自由恋爱的想法，也有人对封建包办婚姻不满"，面对一些女工的"冒天下之大不韪"之举，乡民指责其伤风败俗，甚至用"浸猪笼"的方式严加惩罚。①

更为严峻的说法是，丝偈女工的产量一人顶手工缫丝十人的产量，如果丝偈越开越多，女工越用越多，从事手工缫丝的人便要全部失业，没有活路了。

时《广州通讯》报道："采用机器缫丝已引起很多人反对。有些批评是没有道理的，但有些批评则很动人听闻。机器动力代替手工操作，使人们在幻想中觉得恶果很多，这是主要的反对理由。……第二个理由是因为男女在同一厂房里工作，有伤风化。第三个理由是……工匠操纵机器，技艺不纯熟，容易伤人。人们又反对汽笛声音太吵闹，机器响声太大。又说高烟囱有伤风水。……这问题已引起了地方的注意，但反对没有什么效果，缫丝厂厂主是一位很有钱的人，他已经压制了一切排挤他的人。结果使得缫丝厂四周的地价大跌。"② 新闻中所言"很有钱的人"，虽未指名道姓，却是陈启沅无疑。这是1874年的新闻报道。面对外界如此评价，陈启沅所承受之压力可想而知。他俨然成为舆论漩涡中的人。

这些中伤与蛊惑对继昌隆的发展极为不利，"当风潮最剧时，亲友危之，宗族议之"，但"（启沅）亦绝不为动"，其"魄力之雄毅，有如此者"。③

置身其中的陈启沅对来自角角落落的负面情绪和信息都很清楚。这是变革路上必然会产生的不利因素，他想到了，却没料到来势如此汹汹。对这些充满迷信色彩的攻击，反驳有时是无济于事的，他只能耐心地解释，用事实答复，以情怀感化乡邻。

陈启沅需要外援。他找到邻村学堂村两个有影响的乡绅陈植枑、陈植恕。此两人是堂兄弟，都是举人出身，巧的是，两人也都经营着手工缫丝作坊。陈启沅登门拜访，向其宣传机器缫丝的优点，但他碰了一鼻子灰。

两人反驳："你这个机器沅（按：指陈启沅）搞的是鬼锅，你也是个读书人，读过圣贤的书，孔夫子曰：'未能事人，焉能事鬼'，你现在却事鬼了。你搞这个鬼锅的大烟囱，几丈高，冒黑烟，这是黑鬼星，我们村在对岸看到这黑鬼星，破坏了我村的风水，会出灾祸的。总之，祖宗之法不可改。手工缫丝之法至今已有几千年了，不可改，不可改，改了必出乱！

---

① 陶迎春：《陈启沅：我国第一家机器缫丝厂创始人》。
② 彭泽益：《中国近代手工业史资料》第二卷，第45页。
③ 《陈启沅列传》，（清）郑荣等修，桂坫等纂：《南海县志》，第1731页。

我们还是劝陈司理深思,拆了这个鬼锅,去做别的生意,以免激发众怒。"①

陈启沅险些被两位举人一番唾沫星子淹死。但他仍耐心解释:"生产要发展,必须改革旧的生产工具和方法",他举了一个简单的例子,"我们以前要生火,要用火石打火,既费时又费事。如今大家都用洋火,……而不叫'鬼火'。"两位举人无言以对,面红耳赤,来一句:"你还在诡辩,送客!"

两位举人虽然当着陈启沅的面对机器缫丝极尽挖苦,全盘否定,只是过了几年,他们竟自己跑到陈启沅门上央求帮其建设机器缫丝厂,可谓小人嘴脸,言行不一,自己打自己的嘴巴。其创办的裕厚昌丝厂,机位有100多个,规模小于继昌隆,又由于"不善应付乡里,与经〔锦〕纶堂工人引起争吵"②,导致一场大风波的产生。此为后话。

为了继昌隆的发展,陈启沅又去拜访锦纶堂(即锦纶会馆,图3.9)堂主。

图3.9　锦纶会馆〔建于1723年(清雍正元年),是清朝至民国期间广州丝织行业会馆〕

资料来源:卓尔吉一湄摄。

---

① 陈作海:《缫丝风云录——记中国近代民族工业先驱陈启沅》,第44页。
② 陈天杰、陈秋桐:《广东第一间蒸汽缫丝厂继昌隆及其创办人陈启沅》,第69页。

早在继昌隆建厂之初，按照外国人的话说，继昌隆"装设欧式机器曾经遇到很大困难，因为丝区的人都害怕他们的低劣丝会因此无人问津，所以竭力抗拒新法"①。当时锦纶堂就酝酿"联群挟制，鼓动风潮"，并策划拆毁丝厂。但一直没有找到合适的时机。

锦纶堂不是工厂，相当于一个行业协会，其供奉的是丝织行业的祖师张骞，负责协调丝织业东家和西家的关系、丝织业和政府的关系等。凡是机工必须入会，且按照纺织机的数量交纳"机户科金"，"机少就少交"，"机多就多交"。每户丝织业主还要缴纳"灯笼金"。其成员遍及周边各地，数量达上万人，"势力很大，人多习武"，久而久之，还产生一支"民间的武装组织"。②锦纶堂堂主由机织行业中最有势力的乡绅轮流坐庄。

陈启沅向锦纶堂堂主介绍了国外缫丝业的发展情况和他创建的丝偈的生产情况，详细介绍了机器缫丝的优越性，说明机器缫丝必将逐步取代手工缫丝的趋势。

锦纶堂堂主言："锦纶堂是要保护机工的利益的。其家中女眷多是手工缫丝的女工，如果你侵犯了手工缫丝女工的利益，也就是侵犯了机工们的利益，锦纶堂也是要管的。你要办这鬼锅缫丝，一人顶十人的工作，就会使手工缫丝的女工失业，如果是这样，我们锦纶堂是要管的。"③

陈启沅从人员和产品销售两个方面又做了一番解释，一是只在简村附近招收女工，剩余的劳力安排做别的营生，不会有一个女工因此而失业；二是机器所缫之丝全部外销欧美，不与国内土丝争利。

如此一番之后，锦纶堂堂主表态，井水不犯河水，只要不侵犯其利益，互不干扰。

陈启沅暂时取得了锦纶堂的"理解"，那段时间，陈启沅"费了不少精神力量"，终于"度〔渡〕过了这个难关"。④

故而，在继昌隆发展的前几年，虽然质疑声和反对声不断，也算相安无事。只是，"井水不犯河水""互不侵犯利益"只是一个美好的愿景，机器缫丝作为一种先进的生产力，其在陈启沅的身体力行之下势如破竹，茁壮生长，必然会改变一个行业的发展态势，影响所有的从业者以及附着或寄生于这个行业的形形色色的既得利益者。

---

① *China Maritime Customs*: *Decennial Reports*，1882-1891，广州，pp.576-577. 转引自汪敬虞：《从中国生丝对外贸易的变迁看缫丝业中资本主义的产生和发展》，《中国经济史研究》2001年第2期，第35页。
② 吴建新：《陈启沅》，第44页。
③ 陈作海：《缫丝风云录——记中国近代民族工业先驱陈启沅》，第44~45页。
④ 陈天杰、陈秋桐：《广东第一间蒸汽缫丝厂继昌隆及其创办人陈启沅》，第69页。

矛盾是在机器缫丝如雨后春笋、呈燎原之势后激发的。

宣统《南海县志》记载，在继昌隆创办之后三四年间，"南、顺两邑相继起者，多至百数十家。独是洋庄丝获利，则操土丝者益少"①。也就是说，厂丝抢了土丝的利益。还有，因机器缫丝厂工资较高，故熟练之女工都争相应聘到机器缫丝厂上班，影响了土丝的生产质量。更为重要的一点是，缫丝之原料蚕茧，受气候和病虫害的影响，也属于"靠天吃饭"的范畴，出产并不稳定，市场总量就那么大，机器缫丝用量大，留给手工缫丝的则少。

1881年（清光绪七年）春夏之间，是继昌隆投产之后的第九年，一场风波殃及继昌隆。

这一年，广东、江浙蚕茧歉收，收成很差。豪商胡雪岩又在江浙二省囤积居奇，企图垄断出口贸易，使上海生丝出口大量减少，导致欧美商人转向广东收购，更令广东市场雪上加霜，无丝可买。继昌隆等工厂日子能过，从事土丝加工的手工作坊、家庭缫丝、机织工厂面临歇工，锦纶堂收不上会费，"咸归咎于丝偈之网利，群起而攻之"②。矛盾的爆发在所难免。

但祸却非继昌隆引起，而是与陈植架、陈植恕两举人有关。之前，为了防止南海县机器缫丝厂过多，影响自身利益，锦纶堂定下"行规"："南海县内不准再增建机器缫丝厂，也不允许再解雇工人。"③ 但是为利益所驱使，陈植架、陈植恕还是要建，心里打的却是如此的"小九九"：锦纶堂要反对，必定会找"始作俑者"，有继昌隆在前面挡着，裕厚昌大树底下乘凉，应无大碍。陈启沅当时只知一味发展机器缫丝事业，便不顾旁人非议，积极帮助两人建厂。

裕厚昌建立之后采取的一系列举措令锦纶堂火冒三丈：一是解雇了大批原有的手工缫丝之女工，二是不允许其乡的机工参加锦纶堂行会，三是拒不向锦纶堂交纳差饷金。甚者，二陈还向县府告发，说锦纶堂潜伏有响应太平天国造反的天地会"红兵"余党。

锦纶堂组织庞大，有"机工至三四万人"。祸起之后，按照南海知县徐赓陛的话讲，其并未经官方批准，属于"私自私立锦纶堂名目"，且"恃众横行，凌轹乡里"。④ 依照此言，锦纶堂便属于地头蛇一类。

据当时有关资料记述，八月十三日（1881年10月5日），锦纶堂一方面"勒令同行之人，概停工作"；另一方面聚众二三千人，等聚"斗费"，

---

① （清）郑荣等修，桂坫等纂：《南海县志》卷二十六，第2068页。
② （清）郑荣等修，桂坫等纂：《南海县志》卷二十六，第2068页。
③ 陈作海：《缫丝风云录——记中国近代民族工业先驱陈启沅》，第53页。
④ 彭泽益：《中国近代手工业史资料》第二卷，第50页。

采办军火器械。① 之后，纠合织机工人、周围村民及社会闲散人员数千人，闯入裕厚昌捣乱，当场捣毁缫丝机器、机位，打死三名丝厂工人，还趁乱抢劫，导致厂存的丝把损失将近万元。学堂乡正直之村民闻讯赶来支援，捕捉了两名肇事者，另有两人在逃窜中慌不择路掉入河涌中淹死。见势头不对，锦纶堂人马暂时散去。

对面村中的情况陈启沅早已接报。他一面向驻扎在官山的清兵报告，请清兵速来制止；一面派出本村武装乡丁（"粤东匪盗，甲于天下"。广东的商业以顺德、南海的丝业为命脉，而这些最富庶的珠江三角洲县份，却是盗匪活动最为猖獗的地区。故从清末开始，广东社会各界逐渐形成一种共识，即"官之卫民，不如民之自卫"。无论在城市还是乡村，民间都组织了各式自卫武装。②），分散在简村与学堂乡相隔之河堤上守卫。同时，他又派人混入学堂乡观察情况，以便相机应付。

"这批滋事人等，在学堂村捣乱裕厚昌，由中午至下午申刻，已历四五小时，已将入夜，又见对岸已有武装戒备，乃散队走了。"③ 其实他们并未散去，而是直奔简村而来。学堂乡与简村仅相隔一条二三十米宽的官山涌，机工早先已谋划"先砸裕厚昌，再砸继昌隆"④。但过了官山涌是稻田和鱼塘，无大路可走，必须绕道官山墟（图3.10）。

陈启沅迅速召集村中壮丁一百多人，"派四人持两把洋枪守住村后唯一的道路，又派四人在村左右巡逻，再派十人在官山涌西岸把守"⑤，自己则去关帝庙拿了"七星旗"，带着两个已成年的儿子，连同一百多个壮丁赶赴村口。不久，又有人抬来两座小土炮。壮丁们手持刀枪剑戟、火枪短铳，大家严阵以待，誓死保卫继昌隆。

一个小时之后，锦纶堂的机工浩浩荡荡到达简村村口，见对面此种阵势，都不敢贸然进攻。两军对峙之下，陈启沅主动劝解，说自己办机器缫丝，本想发展家乡之生产，让大家都过上好日子。而今年蚕茧歉收，致使大家失业，也非其所愿，奉劝大家回去，有事请官府解决。

机工听不进去，说丝偈抢其饭碗，丝偈不停工，他们没有饭吃。毫无通融之余地。

言语间，机工见简村这边不过百十人，试图以众欺寡。万分危急之

---

① 汪敬虞：《从中国生丝对外贸易的变迁看缫丝业中资本主义的产生和发展》，第35页。
② 邱捷：《广州商团与商团事变——从商人团体角度的再探讨》，邱捷：《晚清民国初年广东的士绅与商人》，第280～281页。
③ 陈天杰、陈秋桐：《广东第一间蒸汽缫丝厂继昌隆及其创办人陈启沅》，第70页。
④ 陈作海：《缫丝风云录——记中国近代民族工业先驱陈启沅》，第54页。
⑤ 陈作海：《缫丝风云录——记中国近代民族工业先驱陈启沅》，第56页。

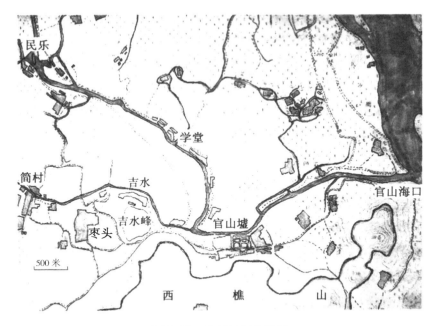

图 3.10　简村及周边地图

资料来源：陈作海《缫丝风云录——记中国近代民族工业先驱陈启沅》，第 55 页。系陈作海从广州中山图书馆查到光绪年绘制的地图，经照相后复制而成。

时，简村火炮手点着火炮，"轰"的一声，一条火链横亘在机工面前，机工再不敢轻举妄动。

夜幕四合，还在对峙之际，机工得到暂时撤退消息，队伍遂散去。

这一段历史，有如下文字记载：

> 机房中人又联群挟制，鼓动风潮。谓此风一开，则工人失业，生计立穷。无知之民，相率附和，几欲将丝厂毁折。经当道劝谕，其事乃寝。①

自始至终，南海知县徐赓陛既未莅临现场劝说，也未"派兵弹压"。②

当日捣乱，锦纶堂人虽然得胜，但有两人被困学堂村，自不会善罢甘休。

锦纶堂被活捉的两名机工在陈植桀、陈植恕手中，二陈知锦纶堂不会

---

① 《陈启沅列传》，(清) 郑荣等修，桂坫等纂：《南海县志》，第 1730 页。
② 陈天杰、陈秋桐：《广东第一间蒸汽缫丝厂继昌隆及其创办人陈启沅》，第 70 页。

善罢甘休，连夜呈文，连同两名机工一并送交官府。陈作海记述其呈文内容如下：

> 裕厚昌机器缫丝厂在学堂村开设有一年，我兄弟陈植桀、陈植恕两人在外教读，与人无争，不料在八月十三，两三点时刻，有匪徒千余人，打着锦纶堂的旗号，持械由大冈墟蜂拥而至，破门毁机，并抢掠财务。掠去生丝等货物，损失近万两，经团练闻讯来救，捉获匪徒某某、某某等两人，并有不知姓名两人企图逃走，淹死于鱼塘内。目前，匪徒虽退出，但仍未全部退去。特请知县做主，派兵前来剿匪。①

官方记载情况如下：

> 窃查南海县属大冈墟一带织机工人，借缫丝各店制用机器夺其工业为名，聚众滋事，乘机抢夺裕厚昌丝店一案。……查悉本案衅因举人陈植桀、陈植恕等，先于光绪五年在学堂乡合伙创造机器一件，专为缫丝之用，名裕厚昌店。……附近二三十里间，约有机器十座，久为业丝工人饮恨。
>
> ……（机工）前往裕厚昌，蜂拥入门，毁其机器，乘势掠去茧料一万余斤，并衣服零星物件。经该乡民闻声出救，登获落后余党潘亚爵、潘亚亮二人，并淹毙抢丝凫水不知姓名匪徒二名。②

锦纶堂并不知两名机工已由陈植桀、陈植恕交由官府。至于两机工是否已被官府收押，相关文字记载含糊其辞，仅以一句"讵该学堂乡预将潘亚爵等由间道解县"一笔带过。此时矛盾的焦点应为这两名机工，若官府确已收押，及时发布告示，并派人安抚、协调，事态应不至于继续恶化。

次日，锦纶堂人为救出两名同伙，"复聚一二千人，以伙党被获"为由，"前往寻仇"。而学堂乡早有准备，"漏夜筑建土台，扼守要路"，见"织工攻扑"，当场"枪毙二名"。正当事态进一步恶化之时，清兵"驰往弹压，幸即解散"，③ 锦纶堂人马被驱散。对于继昌隆和陈启沅而言，再次有惊无险。

---

① 陈作海：《缫丝风云录——记中国近代民族工业先驱陈启沅》，第57页。
② 徐赓陛：《学堂乡滋事情形第一禀》，《不自慊斋漫存》卷六。转引自彭泽益：《中国近代手工业史资料》第二卷，第46页。
③ 徐赓陛：《学堂乡滋事情形第一禀》，《不自慊斋漫存》卷六。转引自彭泽益：《中国近代手工业史资料》第二卷，第46～47页。

但是斗争远未结束，"双方的械斗，持续了好几天"①。八月十五日，锦纶堂人贴出鼓动械斗的宣传"长红"，"勒派各机东家，每机科银二钱，立聚一千余金，以为斗费。又分赴采办军火，并截夺丝绸艇防御枪炮，以为器械"。② 此种土炮，装上铁砂，可打出几十米，有一定的杀伤力。

八月十六日，锦纶堂人聚集在大冈墟，组织者宣布，凡受伤之机工，均由锦纶堂出钱疗伤；凡有阵亡者，亦由锦纶堂资助丧葬并抚恤遗属。并"卜筶卜定十七日会集，攻扑学堂村，一面勒令同行之人，概停工作"③。

……

不妨了解一下官员及官府在这一事件中的所作所为。

时任南海知事者徐赓陛，字次舟，浙江乌程县人，著《不自慊斋漫存》存世，收录其任遂溪、海康（雷州）、陆丰、南海等县知县时的公文案牍等。其"在清末是有名的人物，在广东任县令时以善断案著称，人称'徐青天'，后来入了李鸿章的幕府，随李到了北京"④。由于南海属于广东首县，知县之职是个肥缺，故而更换频繁。在继昌隆创设之前，南海知县为杜凤治，之后换过两任，到徐赓陛，10年间共换了四任知县。而风波发生的当年，徐赓陛才到任，陈启沅恐怕之前连其姓名都不曾知晓。

俗话说，三年清知府，十万雪花银。知县虽不如知府权大，但若是想贪，也必能盆满钵满。徐赓陛秀才出身，四书五经熟读，百姓评价其品行还算正派，能办点实事。只是，由于其接受的是旧式教育，思想未免迂腐，他"反对平民使用机器"，认为中国的社会制度是世界上最完善的制度，"士农工商，各守其业"，鸡犬之声相闻、老死不相往来才能相安无事。只是，与他的思想相矛盾的是，在其任上，官府也购置了轮船，装上了洋炮，配备了洋枪，专供在本县水域巡逻。

作为文人，徐赓陛非常崇拜韩愈。韩愈曾被贬潮州，为了治理鳄鱼之患，写《祭鳄鱼文》，投入水中，告诫鳄鱼早些滚蛋，不要再祸害百姓。徐赓陛在陆丰任上，也写了一篇《捕虎示》。捕虎告示一经张贴，"陆丰县内果再未现老虎的踪迹"，徐赓陛认为"是他文章的力量"，其文"精诚所至，不但可惊天地、泣鬼神，连禽兽虫豸，也能感动"。⑤

徐赓陛为官一任是否造福一方暂且不谈，治下出了乱子，他自然责无

---

① 汪敬虞：《从中国生丝对外贸易的变迁看缫丝业中资本主义的产生和发展》，第35页。
② 徐赓陛：《学堂乡滋事情形第一禀》，《不自慊斋漫存》卷六。转引自彭泽益：《中国近代手工业史资料》第二卷，第47页。
③ 徐赓陛：《学堂乡滋事情形第一禀》，《不自慊斋漫存》卷六。转引自彭泽益：《中国近代手工业史资料》第二卷，第47页。
④ 陈伟：《〈公牍通论〉评述》，《北京档案》2009年第9期，第36页。
⑤ 陈作海：《缫丝风云录——记中国近代民族工业先驱陈启沅》，第50～51页。

旁贷。尤其是这等群体性事件，一旦任由其发展，演变成为民变、叛乱，也不是没有可能，到那时他这个知县不但当到了头，甚至有被撤职查办、掉脑袋的危险。

事件发生当日晚，徐赓陛连夜赶赴广州，叩见两广总督，言南海县兵力不足，请求派兵支援。两广总督派一名副将、一名参将分率两路人马赶赴南海，并叮嘱徐赓陛，"兵勇集中后，方可行动"，"为首者，可办一二人，其他不可问"，"勿使事态扩大成民变"。① 连同徐赓陛自己的人马，总计有1000多兵力。

十六日，事态呈进一步恶化之势。徐赓陛如热锅上的蚂蚁束手无策。由于支援的兵力尚在路上，估计十八日方可全部到位，徐赓陛即派人连夜在乡间张贴《禁止丝偈晓谕机工示》：

> 为出示查禁事，……本县访闻官山地方，有裕厚昌、继昌隆、经和昌丝房，构造缫丝机器各一付，名曰鬼濩，每日可缫丝四五十斤，约抵四百人工作之力。而机房缫丝工人无可佣趁，遂有匪徒倡首，建用锦纶堂旗号。纠聚机工二三千人，在大冈墟先锋庙饮酒，会齐前赴裕厚昌，勒毁机器，并乘机抢掠衣物各散，该房亦沉杀丝工二三人，并当场扭获三人情事。……查匪徒借端搜抢，固属罪不容诛；而市侩专利病民，亦属情难曲恕。本县为民父母，固不可庇奸民而纵其横暴，亦不能袒富民而任其垄登，盖地方之莠顽，必当究治，而小民之生计，尤应兼筹。今以一家射利，而使千百穷黎失其恒业，其必起而争者，势也。若以此事可原，稍从宽贷，而使千百无赖浸长习风，遂至目无法纪，亦势也。势既两旁，理又各绌，自应严杜专利，以遂民生，更应严治首谋，以挽风气。

言已至此，陈启沅心头一沉，继昌隆命运堪忧也。果然：

> 为此示谕裕厚昌、继昌隆、经和昌等丝偈之家，克日齐停工作，听候本县确核章程，应否准用鬼濩，另示饬遵。②

我们也可以这样理解，由于驰援之兵力尚未抵达，为了平息民愤，压住阵脚，控制事态，徐赓陛采取的是缓兵之计。告示一出，"其中老成工人已

---

① 陈作海：《缫丝风云录——记中国近代民族工业先驱陈启沅》，第58页。
② 徐赓陛：《禁止丝揭〔偈〕晓谕机工示》，《不自慊斋漫存》卷六。转引自彭泽益：《中国近代手工业史资料》第二卷，第48页。

知官府为其作主，竟思解散。惟尚有年少不逞之徒，约千余众，仍欲勒烧开设机器房屋，并尽毁机器"①。

十八日，事态再次恶化，"华夏村、莘村两乡之机工，……仍纠众出乡，附近各乡继之，约有三千余人，分路直扑学堂乡，学堂乡亦纠众守御"，徐赓陛带兵赶到时，"两造枪炮已施，各不相下"，眼见"该村伏卒击毙机工一人"。官府之兵勇"绕入学堂乡内，分投弹压，始各解散"，而"该村迁徙已空，仅存雇到帮斗之匪二百余人，当许其以兵守卫，勒纳枪械，驱散出村"。徐赓陛与两路兵马首领会商之后，"派令署九江守备、署江浦司巡检会同前往查封各村机器"，此招一出，一时"欢声雷动"。②

为了防止死灰复燃，徐赓陛布告《查办机工示谕》：

> ……经本县、协督兵弹压，尚敢不听诫谕，呐喊冲锋，核其狂悖情形，实与叛匪无异。……其可杀一也；乃于本县、协亲临之际，尚敢恃强，攻扑村乡，不遵诫谕，火炮齐施，其可杀二也。……姑再饬绅传谕，……本乡机工人等，务须约束安业，不准出乡。嗣后如有执持枪炮器械，出村横行，即系匪类，一经兵勇拿获，即以匪徒治罪。若再纠聚多人持械不散，图扑村庄，大兵一临，即行一律剿办。③

在政府的"高压"之下事态终于平息了。为首者六人，被官府捉拿，后分别判刑。为防患于未然，徐赓陛出台类似"保甲制度"，以"包工头"形式对机工从业者进行管理，规定："嗣后机工人等，须令十人设立工头一人，一乡设立祃首一人，非机店结保，不准承充。祃首非祃首保结，不准业此机织。每季首月造册送交公局，由局绅加结送县，以便稽查。"此举措等于层层问责，也在一定程度上削弱了锦纶堂这个所谓行业协会的龙头老大地位，可谓一箭双雕。

此次事件中，裕厚昌是最大的受害者，总计损失近 1 万两白银，官府说是另案追查，但也不了了之。至此，祸起陈植棨、陈植恕的机器缫丝风波以两败俱伤而告终。继昌隆等受牵连，机器、厂房被查封，企业生路被暂时断绝。陈启沅焦急万分却又心存幻想，揣摩官府及徐赓陛的态度，认

---

① 徐赓陛：《学堂乡滋事情形第一禀》，《不自慊斋漫存》卷六。转引自彭泽益：《中国近代手工业史资料》第二卷，第47页。
② 徐赓陛：《学堂乡滋事情形第一禀》，《不自慊斋漫存》卷六。转引自彭泽益：《中国近代手工业史资料》第二卷，第47页。
③ 转引自彭泽益：《中国近代手工业史资料》第二卷，第49页。

为徐赓陛曾以善断案著称，人称"徐青天"①，算是一位难得的有作为的官员，而机器缫丝事关国计民生，其处理后续事务理应谨慎、稳妥，有建设性。

而继昌隆等来的却是当头一棒，徐赓陛在上呈之汇报材料中写道：

> 随查沿海各省制办机器，均系由官设局，奏明办理，平民不得私擅购置，……今裕厚昌等店擅制机器缫丝，并未禀明立案，以致失业佣流，借端肇衅。在机工借端酿事，固应严惩；而所用机器，俗名鬼濩又名丝偶者，卑职详加考察，每偶约用女工四百余人，男工一百余人，无论男女混杂，易生瓜李之嫌，且一工之作，可抵十工之用。统计江浦一带，共有机器一十一座，应用四千四百余工，以一敌十较之，实夺四万四千余人之生业。夫以十一家殷商之攘利，而失数万家贫户之资生，我国家民为邦本，非同外裔上下征利之邦，自应永远勒停，以安民业。②

此前，徐赓陛已令各店交了"永不复开"之"结状"，对于机器的处理"依限自行变价，以示持平"。徐赓陛采取的各打五十大板的和稀泥的做法，是最简单却又最粗暴的方式。

机器缫丝这一原本生机勃勃的事物被徐赓陛一巴掌拍死。机器缫丝之发明者和身体力行者陈启沅面临巨大的精神和经济压力。自继昌隆建立后，陈启沅虽然始终处于非议的漩涡里，但无人怀疑其是一个成功的商人，一位有钱的老板，一位慈善家，乃至被人称为"实业大家"，已晋升社会名流之列。对此，徐赓陛应不无了解。而今，棒打落水狗，有人已不叫他"七老爷"，而称之"鬼眼七"。宗族中原本就持反对意见的人此时更是唾沫星子淹死人，"大逆不道，害人害己"，如果陈启沅再一意孤行，将"逐他出族"。

陈启沅呕心沥血好不容易营造的事业惨遭扼杀，亲友、宗族与其几乎反目为仇，一般人遭遇此等境遇，怕是一蹶不振，郁郁而终。

陈启沅此时恢复了读书人的身份。读书人遇到问题应"审问之，慎思之，明辨之，笃行之"，而不是自怨自艾，破罐子破摔。

他想到林则徐，"苟利国家生死以，岂因祸福避趋之"——自己所倡导的机器缫丝注定是民之福祉，是利国家的大事、大业，自己应"趋之"，

---

① 陈伟：《〈公牍通论〉评述》，第36页。
② 徐赓陛：《办理学堂乡情形第二禀》，《不自慊斋漫存》卷六。转引自彭泽益：《中国近代手工业史资料》第二卷，第49页。

而不是"避之"。想通了这个问题，陈启沅悲观的情绪有所缓解。

此次祸端虽由陈植枽、陈植恕引起，但究其根本，陈启沅认为，还是因天灾水患、蚕茧歉收而起，导致供不应求，绝非丝偈之过。解决这一问题的根本是改善植桑、养蚕之法，提高蚕茧的产量。这一问题被他长期忽视了，他决心要写一部植桑、养蚕的书，用科学之法帮助农民提高蚕茧产量，解决供求矛盾。这便是日后陈启沅写作《蚕桑谱》的初衷。

穿越历史的烟云，分析当年这一场所谓行业行会对原料和市场地位争夺的"闹剧"，你会发现，这不是一场工人对机器的斗争，而是一场维护落后生产方式的武斗。[①] 如马克思言，"这样说来……因为他们妨碍了机械工厂的更迅速的发展"[②]，"劳动者对劳动手段之粗暴的反抗，是初次和机器一同发生的"，"在新被采用的机器与相传下来的手工业经营和手工业制造业经营互相竞争的地方暴露得最为明显"[③]。费孝通的观点是：中国农村手工业遭到机器工业的冲击，农家经济和农民生活都受到严重影响。列宁也讲过，"机器在农业中的经常使用，毫不留情地排挤宗法式的'中等'农民，正像蒸汽织布机排挤手工业织工一样"，但是，这不是历史的倒退，"机器大大提高了农业劳动生产率"，而此前，"农业几乎完全停留在社会发展进程之外"。[④]

这样的争斗无疑两败俱伤，没有谁是最后的胜利者。由于传统观念与行业一些所谓既得利益者的阻挠，由于地方政府官员之不作为与简单粗暴之所谓执法，这个行业更大的后遗症在若干年后凸显。1922年，美国丝商组织丝业集团来粤考察，"劝告改良丝业，依生丝优劣定等级。粤丝商置若罔闻，遂令美国不敢购粤丝，粤丝销路愈形困滞，丝价遂大低跌"[⑤]。

更有人一针见血地指出粤丝衰落之根本原因："栽桑育蚕方法之陈旧，制丝技术之落伍，机器设备之窳陋，丝厂组织之涣散，与乎管理人才之缺乏。"[⑥]

从当年那一场突发事件也可以看出，陈启沅在经营继昌隆的过程中心无旁骛，一心做实业，没有刻意攀附官府。

---

① 汪敬虞：《从中国生丝对外贸易的变迁看缫丝业中资本主义的产生和发展》，第35页。
② 马克思：《机器。自然力和科学的应用》，第211页。
③ 马克思：《资本论》第一卷，人民出版社1953年版，第525页。
④ 列宁：《地主从徭役经济到资本主义经济的过渡》，《列宁全集》第三卷，人民出版社1984年版，第201页。
⑤ 广东实业厅全省改良蚕丝局：《丝业小刊》第1期，第1页。转引自邱捷：《近代广东商人与广东的早期现代化》，第272页。
⑥ 陈衡：《广东对外贸易》，第79页。转引自邱捷：《近代广东商人与广东的早期现代化》，第272页。

长期以来，地方官与士绅之间自然也有矛盾、冲突的一面，但"从皇朝体制来看，官绅两者的合作应是主要方面"①。如此，南海知县办理此事时，按照常理，本应注意官绅之间的平衡与妥协，他却完全是一副公事公办的面孔。可见陈启沅当时在南海官场毫无人脉。这也许是策略上的失误。

对于近代民族企业中的官商关系，孙玉杰认为，近代民族企业"成也官，败也官"②，拣软柿子捏实则是官府的一贯态度和做法，历朝历代概莫能外。

与继昌隆的遭遇相比，一些官办企业却无人敢惹，比陈启沅早先开办的李鸿章的江南制造局、金陵机器局，左宗棠的福州船政局，崇厚的天津机器局，地方当局就算吃了熊心豹子胆也不敢为难。官办企业与民办企业在类似徐赓陛这样的地方芝麻官眼里地位有着天壤之别。

我们以几千年的文明而自豪，"悠久的历史文化……对近代民族资本主义的诞生与发展也有巨大的推动作用"，但是不能否认的是"在我国传统文化中没有公司科学经营思想的底蕴"，而且传统文化中也具有许多"非现代性因素足以阻碍着我们的企业的发展"。③

古代中国重农轻商。士农工商，商在末位。陈启沅之父便是此种思想的践行者。画家郑燮（号板桥，清著名书画家、文学家，"扬州八怪"之一），本身是官，但在其致堂弟的一封家书中，反复强调农之重要，"我想天地间第一等人，只有农夫"，工人"制器利用"，有手艺，贾人"搬有运无"，于民亦有便利，但都不如农夫的作用大，"使天下无农夫，举世皆饿死矣"。④

亘古至今，官本位思想的文化沉疴千百年来始终束缚着人们的思想和行为方式，"万般皆下品，唯有读书高"，"学而优则仕"，似乎都映照着一个颠扑不破的"真理"——光耀门楣，建功立业，还是要当官。当年陈启沅不也欲走此路而不通么？

王亚南在《中国官僚政治研究》中分析"中国古典官僚政治形态"时指出：它有三个"性格"："一是延续性——那是指中国官僚政治延续期间的悠久，它几乎悠久到同中国传统文化史相始终。二是包容性——那是指

---

① 邱捷：《知县与地方士绅的合作与冲突》，邱捷：《晚清民国初年广东的士绅与商人》，第32页。
② 孙玉杰：《近代民族企业中的官商关系探析》，《云南财贸学院学报》（社会科学版）2006年第6期，第72页。
③ 孙玉杰：《近代民族企业中的官商关系探析》，第72页。
④ 郑燮：《范县署中寄舍弟墨第四书》。

中国官僚政治所包摄范围的广阔，即官僚政治的活动，同中国各种社会文化现象如伦理、宗教……等等方面，发生了异常密切而协调的关系。三是贯彻性——那是指中国官僚政治的支配作用有深入的影响，中国人的思想活动乃至他们的整个人生观，都拘囚锢蔽在官僚政治所设定的樊笼中"①。徐赓陛岂能预料到，十几年后的1893年（光绪十九年），湖北在武昌开办机械缫丝厂，称"官丝局"。② 陈启沅力主的机械缫丝终于"登堂入室"，被官府认可。

孙玉杰分析认为，在这种文化背景之下，近代我国企业的产生、发展也是在政府主导下的一种制度变迁与创新的过程，而不是如西方国家的早期工业化，是一个完全由民间自发创业的过程。这种制度变迁中的政府介入就容易导致政企不分，官府的权力处于一种超然的地位，在企业组织形式、资本筹集、经营管理、盈利分配等各方面都表现出强烈的"官本位"思想，因而有关企业制度的思想主张就相应地缺乏资本主义自由企业精神。③

中国与西方早期工业化的发展道路，由于官府的自闭、"官僚监护制度"而严重滞后。与陈启沅同时代的《老游残记》的作者刘鹗所遭遇的命运比之陈启沅尤甚。刘鹗崇尚实业兴国，建议清廷开矿山、建铁路，还提出"吸引外资"的建议，可是最后被以"汉奸"与"私买国库粮食"④为由流放新疆，在监病故。他在《老残游记》中说："人人好公，则天下太平；人人营私，则天下大乱。"⑤

有一组关于铁路网的数据为证：俄国的铁路网从1865年的3819公里增长到1890年的29063公里；德国的铁路网1845年为2143公里，1875年为27981公里。⑥ 而中国的第一条铁路——吴淞铁路1876年7月3日才通车。唐胥铁路是中国历史上第一条经政府批准兴建使用的铁路，起自唐山，止于胥各庄（今河北境内），1881年11月完工。荒唐可笑的是，唐胥铁路建成后，清政府竟然以机车行驶震及皇帝陵园为由，只准许以骡马曳引车辆，"马车铁路"之称谓由此诞生于五千年之文明国度。在清廷眼里，技术先进的铁路、蒸汽机车均为"奇技淫巧"。正如《礼记·王制》言：

---

① 王亚南：《中国官僚政治研究》，中国社会科学出版社1981年版。转引自孙玉杰：《近代民族企业中的官商关系探析》，第72页。
② 《中国近代农业科技史稿》编写组：《中国近代农业科技史事纪要（1840—1949）》，《古今农业》1995年第3期，第69页。
③ 孙玉杰：《近代民族企业中的官商关系探析》，第72页。
④ 祁建：《清末刘鹗流放冤案之谜》，《文史精华》2011年第1期，第62页。
⑤ 刘鹗：《老残游记》，长城出版社1999年版，第64页。
⑥ 列宁：《国内市场的形成》，《列宁全集》第三卷，第511页。

"作淫声异服、奇技奇器以疑众,杀。"胡适于 1959 年 11 月 20 日的演讲《容忍与自由》道:"'诛'正是中国专制政体之下禁止新思想、新学术、新信仰、新艺术的经典的根据。"①

当然,对于缫丝机器被禁一事,也有人持这样的观点:洋机器生产的"洋丝""打破了中国传统丝织行会和贪官污吏的垄断和欺骗"②,或许也有一些道理。

迷惘之际的陈启沅也曾求神问卦。

陈启沅去了西樵山。古语言,山不在高,有仙则名;水不在深,有龙则灵。西樵山是名山,藏龙卧虎。陈启沅去山上的云泉仙馆(图 3.11)拜神。这是迷信。读书人一般不信迷信,但中国人每每遇到"疑难杂症",诸如思想上的困惑、身体上的痼疾、对未来的迷惘,或者有某种心愿,都习惯于"算一算",有没有用不说,心理上有时的确能得到一些慰藉,能去心病。俗话说,迷信迷信,不可不信,不可全信,信不信由你。但心病去除之后,人的行为或许会变得理智和坦然,这是迷信真正的作用。

图 3.11　云泉仙馆

资料来源:http://www.xiqiaoshantour.com。

云泉仙馆依山而建,坐立东北,面向西南,三面环山,远挹西江,云遮雾绕,古木参天,宛如仙境。馆内有赞化宫、帝亲殿、自在楼、倚虹阁、小桃源多处景点。云泉仙馆原名"攻玉楼",始建于 1777 年(清乾隆

---

① 段怀清:《胡适和他的〈容忍与自由〉》,《社会科学论坛》2007 年第 10 期,第 47 页。
② 汤开建:《晚清澳门华人巨商何连旺家族事迹考述》,第 78 页。

四十二年)。1848年(清道光二十八年)更名为云泉仙馆,正是陈启沅十四五岁的时候。云泉仙馆如今还在。从云泉仙馆眺望,简村清晰可见。

陈启沅与康有为不期而遇。但陈作海言,康有为时"三十一二岁"①。康有为生卒年为1858—1927年,1881年前后不过23岁左右。我们需要考证的一个重要的细节是陈启沅有没有可能在西樵山遇到康有为。西樵山不是禁地,陈启沅去得,康有为也去得。康有为是南海人,去西樵山也是抬脚的工夫。据有关资料记载,1879年康有为入西樵山三湖书院(图3.12)专学佛道经典,11月初游香港,始知西人治国法度,购阅西学之书。在西樵山,康有为读了不少经世致用的中国书,也读了一些外国书,"乃复阅《海国图志》《瀛寰志略》等书,购地球图,渐收西学之书,为讲西学之基矣"②。这一年,是康有为从中国之学转为西方之学的重要开端,是在为其"援西入儒"做功课。1882年,康有为赴京应顺天乡试。也就是说,陈启沅在特定的时间、特定的地点与康有为相遇是完全有可能的事。

图3.12 游客在三湖书院门前留影

资料来源:许锋摄。

但康有为"公车上书"之举是十几年以后的事情,陈启沅此时遇到的康有为还是一位没有什么功名的书生。

---

① 陈作海:《缫丝风云录——记中国近代民族工业先驱陈启沅》,第66页。
② 康有为:《我史》(《康南海自编年谱》的原名),江苏人民出版社1999年版,第9页。

大雨连续下了三天，这一天雨住天晴，西樵山雾气氤氲，如梦如幻。

陈启沅听到这么一句："江山变幻谁为主？"他随口一答："大地茫茫何处行。"

透过迷雾，循着声音，两个读书人见了面，互通姓名之后均非常惊喜，有相见恨晚之感。

陈启沅从神仙处没有得到的答案，在康有为处似乎是得到了。

康有为言，他曾"听闻机工闹事，要砸毁南海一带的丝偈"，而国外"工业界因机械技术之发明，在英国引起手工业变为机械工业、家庭手工业变为工厂工业的变革，引起手工业者失业率上升"，手工业者认为是机器夺去了他们的生计，"愤而砸毁了机器"，但是历史的潮流不可阻遏，机器仍然逐渐"取代了人工"。

陈启沅若有所思。

康有为又言，"这些乡人，未能认识到使用机器代替人力，以提高生产力是生产发展的必然趋势。"康有为话题一转又谈到社会制度，认为"工业变革要有好的社会制度来扶持，才能得到正常的发展"，而如今，"官场腐败、社会保守，以致扼杀了这些新鲜事物，如丝偈"，清朝保守之政体"若不加以改良、改革、维新，中国落后的局面永远没有办法解决"。

康有为对政治兴致颇浓，但陈启沅对此并无兴趣，他言，"我只是一介商人"，国家改革的道理"离自己远了一些"。而欧洲手工业者砸毁机器的"信息"，让陈启沅瞬间明白了一些道理，原来自己所遭遇的情况是事物发展的客观规律，是历史的一种必然，是改革过程中的艰难险阻，是属于躲不过去的祸。老百姓常言，是福不是祸，是祸躲不过。灾祸既已发生，寻求变通之道才是正确的做法和当务之急。

与康有为一席谈增加了陈启沅"对办机器缫丝事业的信心"，他现在要考虑的是将缫丝厂搬到何处才能确保继续发展，"我日夜经营机器缫丝，带动和指导乡亲们一起办机器缫丝目的只是为了有利于吾国而已"。[1]

第六节　迁往澳门　重整旗鼓

官府也并非没有给陈启沅其他"活路"——变卖机器。但仔细思忖，这实则是个馊主意。在南海地界上，机器缫丝这一业态被永久禁止，机器

---

[1] 陈作海：《缫丝风云录——记中国近代民族工业先驱陈启沅》，第66～67页。

再好又卖给谁呢？属于烫手的山芋无人敢接。有人可能会说，南海被禁，其他地方未禁，自然有人接手。但中国人向来是善于察言观色的，尤其是对官员的态度和官府的"风向"，在风向不明的情况下谁还敢进一步扩大规模？万一前脚接盘后脚被禁，那些机器和生产线等于烂在手里。

这本就是一项格外荒唐的"政策"。南海也好，广州也罢，整个广东都归两广总督、广东巡抚管辖。徐赓陛的呈文报上去，两广总督、广东巡抚岂能不见、不阅？大抵是睁一只眼闭一只眼罢，民不告官不究，其他地方暂且听之任之，以观后效。

陈启沅与继昌隆的骨干仔细分析了周边地区的形势。先将广州排除在外，广州商埠林立，商贸通达，但广州的商业中心也归徐赓陛管。佛山也不适合，同样是徐赓陛管理的地盘。顺德倒是不远，但顺德机器缫丝已成势力，竞争太大，恐受排挤。大家也考虑到香港，只是香港太远。

"初欲迁出广州，但想广州、佛山的经〔锦〕纶堂工人，力量更大，清官同样昏庸。不如索性迁到清官势力不能过问的地带。"① 显然，这样的地带就剩下澳门。澳门由葡萄牙人管辖，且与顺德水路相通。

事件发生之后的几个月间，原本兴盛的继昌隆一时静寂，机器不再旋转，烟囱不再冒烟，汽笛偃旗息鼓。大门紧闭，门可罗雀。采购回来的小山似的蚕茧堆在库房里，一副无奈又萧条破败的景象。枕上吁嗟，镜里清癯，陈启沅非常焦灼。11月的南方气候依然燠热，只在清晨有那么一段时间算是凉爽。陈启沅立于院落之中，望着顽皮的麻雀无忧无虑飞来飞去，想起《黍离》中的两句话："知我者，谓我心忧，不知我者，谓我何求。"是啊，有谁了解一位已近知天命之年的儒商的心思，近10年来，他所做的这一切只是为了赚钱么？他们兄弟在安南赚的钱此生足矣，整个家族足矣。办丝厂，经商，钱自然是要赚的，可他赚的是外国人的钱，没有钱，他如何施米，如何兴学，如何修渠，如何筑路？他"仿西人缫丝之法，归而教之乡人"，难不成有错？股东者"得获小利"，而数千男女工人借此觅食已"受益良多"，难道不是事实？他眼见乡中"既无行乞之妇人"，"穿金戴银者亦复不少"，解决民生之凋敝，这难道不是他一生的理想与追求？回顾继昌隆兴办的近10年，"通府县属为之一变，用此法者，不下二万余人"，"所溢之利，何只数百万金耶！"② 人为稻粱谋，陈启沅帮助乡亲们实现了衣食无忧，可是他和他一手创办的继昌隆却面临痛苦又艰难的抉择。

继昌隆停工期间，陈启沅是否找过南海知县徐赓陛沟通商榷，是否越

---

① 陈天杰、陈秋桐：《广东第一间蒸汽缫丝厂继昌隆及其创办人陈启沅》，第70页。
② 陈启沅：《蚕桑谱》，第15～17页。

级上访,并无史料记载,其后人也未言及。但笔者猜测,是没有的,找也无用。清朝之州县官自诩为"父母官""亲民之官",只是挂在嘴上。他们同一般平民百姓之间的关系是疏远的,天下衙门朝南开,有理无钱莫进来。陈启沅纵是有钱,但以其秉性和做人原则,也不屑于做蝇营狗苟之事;倘是要做早就做了,也落不到此番地步。此外,徐赓陛新官上任,首先考虑的是地方稳定,牺牲几家工厂利益换取所谓的天下安稳,最简单和容易操作。是属于拍脑袋的决策。事实证明,徐赓陛之"善后之大略"①严重阻碍了南海机器缫丝工业的发展。

观水有术,必观其澜。搬离南海这是非之地说不定柳暗花明。

对于继昌隆搬迁一事,亦有两种不同说法。

其一,继昌隆的创办,使陈启沅获利丰厚,引起时人眼红,"陈遂设厂澳门试办……成效渐著……继复设厂于南海西樵为内地倡"②;其二,"当继昌隆创办若干年后,陈氏为避免出口税及厘金起见,并在澳门添设丝厂一所"③。从若干史料分析,此两种说法与事实有出入,或许包含这样的因素,但主要原因是被政府查封、被禁。

在常人看来,搬一次家都是一件不容易的事,况且是继昌隆那样已成规模的工厂要搬到百余公里之外的澳门。暂且不说机器的拆装、运输异常艰难,若想搬至澳门,当下便面临诸多问题,如厂址、工人、机器等。那里不是他的家乡简村,陈启沅两眼蒙查查,人生地不熟。他当年出洋去过澳门,但连"到此一游"都算不上。其时广州、佛山人去香港、澳门,没有现在这么复杂,往来十分便利。据有关资料,1914年之前,粤港两地的货币完全通用,广州、香港、澳门的华人乘客常携带大量银币,"系省港澳三处彼此清结账目者"。④

另有说法,在一次喝茶时,陈启沅偶然听朋友说起澳门有一位商人叫卢九,为人热情,上通官府,下达民众。陈启沅正苦于在澳门没有门路,瞌睡碰到枕头,有心结识。朋友便修书一封,让他带上去找卢九。

1881年底,"为筹度雇用工人、厂址等问题",陈启沅到澳门考察。陈

---

① 徐赓陛:《办理学堂乡情形第二禀》,《不自慊斋漫存》卷六。转引自彭泽益:《中国近代手工业史资料》第二卷,第50页。
② 民国《顺德县志》卷一《舆地·物产》,民国十八年(1929)刊本,第25页。转引自王丽娃:《晚清广东新式机器工业发展与社会变迁》,暨南大学硕士学位论文,2006年,第17页。
③ 吕学海:《顺德丝业调查报告》。转引自彭泽益:《中国近代手工业史资料》第二卷,第45页。
④ 广州市方志办、广州海关志编委会:《近代广州口岸经济社会概况——粤海关报告汇集》,暨南大学出版社1995年版,第505页。转引自邱捷:《清末的广州商人与香港》,邱捷:《晚清民国初年广东的士绅与商人》,第169页。

启沅虽在澳门没有实体，但其名在澳门已有传播，商人的鼻子往往是格外灵敏的。陈启沅在澳门考察之事，"当日《澳门日报》曾有记载"。①

卢九也是广东人。陈启沅并不知道他是澳门的"一代赌王"，"纵横省澳，际会风云，专擅烟赌，旁及其余，热心社群，乐善好施，是当时澳门社会、经济、政治生活中最有影响的华商代表之一"②。

陈启沅带着朋友的信笺，备了厚礼，求见卢九。卢九很是热情，对于陈启沅在南海兴办机器缫丝一事早有耳闻，其对陈启沅直言不讳，陈启沅之举"是开天辟地的一件大好事"，令其十分仰慕，现被官府查禁，遇到困难，"理应援助"。明白事理的人都知道，继昌隆在澳门建厂，对澳门发展、当地人员就业及政府税收都有好处，是多方获益的事，卢九亦深谙此理。他很明确地答应陈启沅，凡澳门地面的事，买地、建厂及与官府打交道等事务可全部用他的名义出面，保证没有任何问题。

陈启沅在澳门的经营还与一位商人有关，其名何连旺，其家族为澳门第一代赌王，祖籍为顺德。和卢九一样，何连旺也是澳门巨商。

事后有人评价，卢九对缫丝业最重要的贡献，就是与何连旺联手将陈启沅创办的南海继昌隆丝厂引入澳门。陈启沅与其"商定合作办法之后，即决定正式迁厂"③。至于三方采取了什么合作办法，后文有记述和分析。

建厂、迁厂十分复杂，过程甚为曲折。

厂址。此问题已由卢九、何连旺协助解决。但建厂需要投入巨额经费。当年继昌隆初建，耗费白银7000余两。此次陈启沅初步测算，由于机器设备不需要重新购置，但又要增加长途运输费用，总计约需白银6000两。而自机器停工之后，继昌隆资金只出不进，经济状况捉襟见肘。万般无奈，陈启沅去信安南，请二哥陈启枢设法筹措。

机器。继昌隆停业前已颇具规模，有800余缫丝位，是一家大的机器缫丝厂。机器的搬运极为麻烦，若无水路，事情便不可想象。幸好水路通达，从简村迁回至顺德码头，再从顺德码头至珠海，过澳门，整个航程一百余海里，顺利的话，一日便可抵达。陈启沅择黄道吉日，雇几艘大船，先装设备，再上人。船上插"继昌隆"彩旗。一切就绪，整装待发之时，陈启沅立于船头，对帮忙搬家和闻讯前来送行的乡亲们拱拱手，欲言又止，泪洒长衫。男儿有泪不轻弹，只缘未到伤心处。他热爱自己的故乡，为改变故乡贫困之面貌，呕心沥血，经营十载，功效显著，如今却要被迫

---

① 陈天杰、陈秋桐：《广东第一间蒸汽缫丝厂继昌隆及其创办人陈启沅》，第70页。

② 林广志、吕志鹏：《澳门近代华商的崛起及其历史贡献——以卢九家族为中心》，《华南师范大学学报》（社会科学版）2011年第1期，第42页。

③ 陈天杰、陈秋桐：《广东第一间蒸汽缫丝厂继昌隆及其创办人陈启沅》，第70页。

离去。他记起屈原之《哀郢》："鸟飞反故乡兮，狐死必首丘。信非吾罪而弃逐兮，何日夜而忘之。"此去经年，真不知何日再返！

他坚信，天无绝人之路，社会在变，世道在变，人心在变。昔日与康有为交谈，陈启沅言及《孟子》，孟子见梁惠王。王曰："叟！不远千里而来，亦将有以利吾国乎？"孟子对曰："王何必曰利？亦有仁义而已矣。"陈启沅就此对话请教康有为并与之辩论。陈启沅认为，孟子虽为圣人，但不一定句句都对，为国者不求以利其国，可乎？不可。因国不富则民不强，民不强则列强势必入侵，国将不国。仁义要讲，但要看对谁讲，欺压吾国之列强，对我们无端使用武力、暴力，我们却对人家讲仁义，其结果只能是丧权辱国。君子不器，既要言利也要言义。孟子见梁惠王时，曰："若民，则无恒产，因无恒心。苟无恒心，放辟邪侈，无不为已。"陈启沅说，若民无足够的恒产，仰不足以事父母，俯不足以蓄妻子，乐岁终身苦，凶年不免于死亡，那民就会造反，国家就不安定，国家不安定，列强也会乘虚而入。陈启沅的这番话，也让康有为思忖良久。

浩淼的大海一望无际，"继昌隆"彩旗迎风招展。陈启沅坚信，此番出去，如同当年"决计远游"，仍会"冀有所得"，以实现"还哺祖国"之宏愿。

随陈启沅同行的是部分女工、管工等。有继昌隆的"老人"，也有一些新招的工人。

搬迁澳门，最突出的问题便是缫丝女工的招聘。澳门商贾云集，贸易发达，不缺劳务工人。但是，缫丝是技术性工作，需要培训之后才能上岗，非短期可以速成。若培养澳门本地女工学习缫丝技术，时间上不允许，也不现实。最便捷的方式是将继昌隆原来的女工迁去澳门。陈启沅在赴澳门拜访卢九之前已想到今后女工的问题，并与多位女工商议，但是，"这些女工多表示不想随同"，有几个原因：首先是缫丝女工大部分为年轻女子，还未曾出过远门，很多也尚未婚嫁，自己不愿意去，其家长也不愿意让去。其次，连徐赓陛在呈报上级的公文中都言"男女混杂，易生瓜李之嫌"，在简村工作，女工都要承受传统和世俗的压力，更不要说离家奔赴澳门。封建思想根深蒂固，不是轻易能够消解的，与现在女子思想观念开放之情形有天壤之别。

之后，陈启沅又经几次商谈，许诺女工一些优厚条件，如先给她们支出若干工资，留给父母生活之用；为女工置办寝具，女工到了澳门，享受"拎包入住"待遇，无形中又节约一笔开支，"始有十五六个女工，愿意同去，其家长亦不反对"。① 开办一家缫丝厂，十几个女工还是不够，陈启沅计划要用三四十人。简村的人不去，陈启沅又从简村以外的乡村物色人选。最终，在顺德勒流招了七八个人，在香山石岐招了近十人，总算是具备了开工的条件。其他工种如管工等，由于均为男性，故不存在太大难题，都愿意随陈启沅去澳门。

新厂已经建成。我们都知道，投资建厂，除了自筹资金，也可以吸收外股，如此便可缓解经济压力。按照陈启沅的预算，新厂建设"大约用了白银六千两左右"，但这6000两银，"由启枢在安南汇回，绝未招收过一文外股"。与继昌隆当初的投资相比，澳门工厂的规模要小一些，其"在澳门的经营并不很大"。②

新厂需有一个名号，号曰"和昌"③。按照陈启沅的解释，"以和为贵，五世其昌"④。五世其昌典出《左传·庄公二十二年》，指五世之后，子孙昌盛，旧时用于祝人新婚。顾名思义，此名号寄托了陈启沅美好的祝愿。只是后来又改为"复和隆"，其中原委，史料并无记载，按字面之意推测，或许有在时局或形势"既和且平"之时，返回简村恢复继昌隆的心思。

但经笔者考证，事实并非如此，包括"启沅无论在简村在澳门经营的丝厂，都是以家族为中心，绝不参入一个别姓外人"⑤ 之说。

在1882—1890年间，澳门已出现六间华商投资的缫丝厂⑥，其中有四间为1882年创办，这与南海知县徐赓陛下"逐客令"的时间相吻合。有关专家研究证明，1882年（光绪八年）一年中，在广东无法立足的丝厂就有三家从广州迁到澳门⑦，"最先迁来澳门的就是陈启沅的继昌隆缫丝厂"。⑧ 这说明，继昌隆正是四间中的一间。而陈启沅的合作伙伴之一何连旺是这四间之中一间的业主。何连旺这一间与陈启沅的继昌隆有无关系？假设没有关系，即说明在1882年何连旺也创办了一家缫丝厂。显然，这不符合常理，岂有平白无故引进一个强大的竞争对手的道理？如果有关系，又是怎么样的一种关系？

依照常理，继昌隆既然由卢九、何连旺联合引进，三人应均为股东。

---

① 陈天杰、陈秋桐：《广东第一间蒸汽缫丝厂继昌隆及其创办人陈启沅》，第70页。
② 陈天杰、陈秋桐：《广东第一间蒸汽缫丝厂继昌隆及其创办人陈启沅》，第71页。
③ 陈孺直：《先父芷馨公事略》。
④ 陈天杰、陈秋桐：《广东第一间蒸汽缫丝厂继昌隆及其创办人陈启沅》，第71页。
⑤ 陈天杰、陈秋桐：《广东第一间蒸汽缫丝厂继昌隆及其创办人陈启沅》，第71页。
⑥ 林广志、吕志鹏：《澳门近代华商的崛起及其历史贡献——以卢九家族为中心》，第45页。
⑦ 《北华捷报》1882年4月22日。转引自汪敬虞：《关于继昌隆缫丝厂的若干史料及值得研究的几个问题》，第68页。
⑧ 汤开建：《晚晴澳门华人巨商何连旺家族事迹考述》，第79页。

股东者，投入资金也好，投入土地也罢，或者参与经营，都算入股。如此，新厂便是股份制企业，并非如陈氏后人所言完全由陈启枢、陈启沅独资控股。吴建新撰文言："与澳门土著卢氏的合作大概也是给他干股，由卢氏理顺地方上的交际事务，以利于工厂发展而已。"①

名号。改名"和昌"或许有过，但注册时却称"粤和昌"，而不是"复和隆"；而"粤和昌"是何连旺的招牌。何连旺"设在外埠的大厂铺（分号），全部以粤和昌为宝号，一时东南中国竟有数十个'粤和昌'张扬于市"；何连旺也曾将自己经营的一家彩票厂迁至"二龙喉花园马路的粤和昌缫丝厂的旁侧"，"并也改名为'粤和昌'彩票总厂"。②难道复和隆与粤和昌是两家缫丝厂？显然不是，"1882年7月，陈启沅、卢九、何连旺三人合作，以何连旺的名义申请在和隆园开设粤和昌缫丝厂并获得批准"③。事实是，"继昌隆迁澳后，陈启沅曾改名为'和昌'"，这印证了陈氏后人的说法，但"何连旺则在之前加了一个'粤'字，可以表明澳门开厂的主导者为何而非陈"。④看来，在商言商，商人于"利"字上，该帮忙的帮忙，但原则问题寸步不让。

这就说明一个问题，澳门并无复和隆，只有粤和昌。《澳门政府宪报》亦记载了此事："据华人何连旺前来秉称，恳准开设缫丝厂，内用水气机器，设在和隆园内东便附近二龙喉花园马路，该厂名粤和昌。"⑤"该厂四至：北向茶仓，东南向马路，西向街上。……兹按一千八百六十三年十月廿一日上谕第四款之例，准该何连旺在已上所言和隆园开设缫丝厂。"⑥

第二个要说明的问题，办厂的主体是何连旺而非陈启沅，粤和昌缫丝厂是何连旺众多实业中的一个。而澳门赌商对实业的投资在当时是一个突出的现象，"在炮竹、缫丝行业，就先后有何连旺、曹有、冯成、潘礼臣、卢九、陈恒（陈六）、曹善业等赌商参与投资，其中又以何连旺最为活跃"，"当时澳门有些行业比较发达：多家生意兴隆的制茶厂、一家烟草厂、一家鸦片加工厂、青洲水泥厂和三家缫丝厂，其中一家雇用了四百多名妇女"。⑦

---

① 吴建新：《陈启沅》，第48页。
② 汤开建：《晚晴澳门华人巨商何连旺家族事迹考述》，第78页。
③ 《澳门宪报》1882年7月8日第4号。转引自林广志、吕志鹏：《澳门近代华商的崛起及其历史贡献——以卢九家族为中心》，第45页。
④ 汤开建：《晚晴澳门华人巨商何连旺家族事迹考述》，第79页。
⑤ 《澳门政府宪报》1882年第27号，1882年7月8日。转引自汤开建：《晚晴澳门华人巨商何连旺家族事迹考述》，第79页。
⑥ 《澳门宪报》1882年7月8日第4号。转引自林广志：《晚清澳门华人赌商的产业投资及其特征》，《华南师范大学学报》（社会科学版）2009年第6期，第140页。
⑦ 林广志：《晚清澳门华人赌商的产业投资及其特征》，第139页。

当然，既然是合作，为了尽快上马，启动机器，产出产品，销往海外，也可以这么理解——出头露面的事由何连旺去做，何连旺是粤和昌的"法人"，但实际上的经营，包括流动资金的筹集等，悉数由陈启沅掌握。卢九、何连旺从粤和昌缫丝厂的利润中分得几成，不得而知。

当陈启沅准备将缫丝厂迁往澳门之际，南海其他几家缫丝厂的老板还陷于迷惘之中，不知如何是好。他们请教陈启沅。陈启沅言，机器缫丝业要延续下去，不能中断发展。他此番先去澳门发展，给大家趟趟路。若真可行，诸位老板也不妨考虑，或许是一条出路和生路。几位老板从陈启沅身上看到了希望。

对于继昌隆等三家缫丝厂的迁移，澳门报纸如此津津乐道："满大人的愚蠢和偏见便宜了我们，我们希望中国资本家会看到这个殖民地对工业投资无可置疑地提供的利益。"①

晚清以后，大量土产经澳门贮运、转口。粤和昌缫丝厂开业后，"一方面在澳门西洋政府的庇护下恢复生产，另一方面借助澳门将丝织品出口"②。尽管由于规模所限，粤和昌缫丝厂的开办"已不如南海继昌隆般兴旺"，但是，陈启沅从无懈怠，而是"集中精力钻研缫丝业"，工厂产品仍然主打出口，制出的丝分为两种："一种是四角丝，运销美国；一种是六角丝，运销欧洲。"③ 实际上，经过一段时间的经营，粤和昌已恢复了原来继昌隆的兴盛局面，女工人数一度"达到五六百人"④，陈孺直亦言："先父开设缫丝厂于澳门，号曰和昌，招女工数百人"⑤。

也有一些说法，比如陈启沅"一切从头开始，经济效益一落千丈"⑥。这一说法从其他方面得以反证。1884年7月，何连旺又向政府申请修建粤和昌缫丝厂的水渠⑦——只有生意兴隆，用水量大，才有修建水渠之必要。

笔者曾于2015年专程赴澳门博物馆了解当时蚕业情况，所拍摄图片（图3.13）可以说明当时澳门缫丝业的繁荣。

---

① 《北华捷报》1882年4月22日。转引自汪敬虞：《关于继昌隆缫丝厂的若干史料及值得研究的几个问题》，第68页。
② 汤开建：《晚晴澳门华人巨商何连旺家族事迹考述》，第79页。
③ 吴建新：《陈启沅》，第48页。
④ 吴建新：《陈启沅》，第49页。
⑤ 陈孺直：《生母罗氏事略》，陈孺直：《家中先人事略》（手稿）。
⑥ 陈德华：《继昌隆缫丝厂值得探讨的几个问题》，《苏州大学学报》（哲学社会科学版）2000年第1期，第88页。
⑦ 澳门历史档案馆藏资料，AH/AC/SA/01/00604。转引自汤开建：《晚晴澳门华人巨商何连旺家族事迹考述》，第79页。

（1）蚕茧　　　　　　　　（2）上等生丝与中等生丝之对比

（3）优质生丝　　　　　　（4）木制足踏缫丝车

图 3.13　澳门的缫丝业

资料来源：澳门博物馆。

在澳门期间，陈启沅中意于世居澳门的女工罗氏。"罗氏（乃）开平县人"，她前往粤和昌"应募受职"，之后，"矢勤矢慎，不越厂规，故成绩独优"①，博得陈启沅好感。陈启沅原有妻妾二人，时已"相继殂谢"②。"罗氏品貌端庄贤淑，缫丝技术良好"，陈启沅培养罗氏当工厂总管，"罗氏女果然不负陈启沅的厚望，将工厂管理得井井有条，女工们都很服她"。③

对于工厂的管理还有另一种说法，"复和隆缫丝厂正常生产两个月以

---

① 陈孺直：《生母罗氏事略》。
② 陈孺直：《生母罗氏事略》。
③ 吴建新：《陈启沅》，第49页。

后，陈启沅就放手将工厂交给阿良和阿福去管理。"阿良、阿福在继昌隆已经跟班几年，陈启沅认为他们有能力"经营好这间只有一百人的小型缫丝厂"。①

对于罗氏说法也不一。有人言，迎娶罗氏是陈启沅回迁南海之后的事。百豫坊建起来之后，陈启沅主持分了家，兄弟三个，家家有份，公平公正。"不久，他又娶了一房继室罗氏，生了九男锦荐（按：即陈孺直）"。②

那个时代，男人三妻四妾是正常的事。

---

① 陈作海：《缫丝风云录——记中国近代民族工业先驱陈启沅》，第71页。
② 陈作海：《缫丝风云录——记中国近代民族工业先驱陈启沅》，第88页。

第四章 回迁故乡 鼎盛发展

第一节 思则有备 研制单车

19世纪50年代后,澳门社会阶层出现重大变化,华人逐渐占据主导地位。从人口的增加可窥一斑:1839年,居澳华人仅有7033人;至1881年,华人数量成倍增长,达数万人之众。至19世纪中后期,"华人完全掌握了澳门的经济命脉"①,成为商界主流。而在此之前,澳门商业由葡萄牙人主导,华人小打小闹、零打碎敲,从事的一般是规模较小的洋货贸易甚至是直接出卖劳力、苦力,为葡萄牙人打工,挣的是血汗钱。

商业格局的改变从澳葡政府重视各项法规与章程的制订和颁布开始。在一系列商业管治措施中,集股公司制和专营制度的实施对澳门本土华人商业的发展起到了重要的推动作用。② 由此,一批在澳门社会政治生活中颇具影响力的华商家族涌现,其中就有卢九家庭、何连旺家族。

之前,陈启沅并未深入了解卢九家族的影响力。到澳门之后,他从多种渠道获得一些信息,卢九及其子侄在不同时期、不同领域为近代澳门的社会稳定、经济繁荣以及改善华商营商环境、缓和华葡关系、救济贫困、传播儒家文化等方面做出了重要贡献。卢九家族是影响澳门历史进程的重要华人家族之一。③

陈启沅的另一位合作者何连旺的家族背景也不容小觑。陈启沅迁去澳门的前一年,即1881年6月2日,澳门政府申报葡国政府对陈六与何桂二

---

① 林广志、吕志鹏:《澳门近代华商的崛起及其历史贡献——以卢九家族为中心》,第40页。
② 林广志、吕志鹏:《澳门近代华商的崛起及其历史贡献——以卢九家族为中心》,第41页。
③ 林广志、吕志鹏:《澳门近代华商的崛起及其历史贡献——以卢九家族为中心》,第42页。

人给以褒奖：

> 6月2日，大西洋君主赏给陈六御赐耶酥降生宝星。陈六系澳门居住商人，大清国民人，因大君主查知陈六事迹，且大君主厚惠博施，故特赏赐。同日，所赐澳门居住商人何桂，照上一体赏赐。

两人因何得以褒奖？陈六、何桂均是将闱姓博彩引入澳门的创始人，特别是他们主持的1875—1881年三届博彩，向澳门政府上缴的税饷高达117万余元，澳门政府"藉此巨资购船置炮"。① 而何桂正是何连旺的父亲。

可以说，陈启沅不经意间找到了两座大靠山，得以在澳门迅速进入角色。

陈启沅驻澳门之后，还实地深入了解了澳门的政治生态和社会变化以及经济和商业发展情况。他不由感慨，仅一水之隔，相距不过百里，南海与澳门的商业环境却有着天壤之别。澳门一般性的章程有《澳门港口章程》《华政衙门章程》《铺店行口领牌输纳生意公钞、街灯公钞章程》等；专项性的章程有《投十六间番摊章程》《牛肉贩卖章程》《开设爆竹厂章程》等。有的章程很早就已设立，有的章程在他去澳门的前后出台。但凡某种生意、某项工程、某个活动，与经济沾边，政府都会制定相应的章程用以维护商人利益，制约商人行为。根据以上章程，1880年以后，澳门华商陆续设立了番摊公司、打纸牌公司、卖盐公司、卖猪肉公司、闱姓公司等。②

以上种种，均表明澳门的商业环境十分理想，适合做生意。时至今日，澳门仍然是生意人的天堂。笔者曾徜徉于澳门街头，探访一间间店铺，并作有《澳门的街》③ 一文，其中有这样的场景描写：

> 完全想得到，澳门的街上多极了店铺。与其他城市类似，澳门街上的铺面也一间毗邻一间，从起点到终点，然后又是起点与终点，没有永远没有绝对的终点。澳门就那么大，寸土寸金，街上的店铺自是比其他城市更密集，更显出行军列阵似的齐整与威严的阵容——"威严"这词儿用在这里似乎不妥，商业毕竟是要流通的，过于严肃就削弱了商品流通带给人的快感。我要表达的情绪是，若一个生人，一个

---

① 汤开建：《晚晴澳门华人巨商何连旺家族事迹考述》，第74～75页。
② 林广志、吕志鹏：《澳门近代华商的崛起及其历史贡献——以卢九家族为中心》，第40～41页。
③ 许锋：《澳门的街》，《人民日报》2013年3月27日，第24版。

从没到过澳门的人，在午后或黄昏时分，站在澳门的某一条大街口猛地抬头望去，心大抵是要被震撼一下子的——那么多各色的铺面兄弟或姐妹似的连缀在一起，大有一荣俱荣、一辱俱辱的果敢与坚强，与我们以往在电影里看到的旧时的大上海非常相似——但时过境迁，包括上海，很多城市已完全脱胎换骨，发生了"粉碎性"变化，澳门的老街还是老样子。至少几年前去和今天再去，我未察觉出什么不同。这样，觉得亲切，未离开，便想着下次何时再去。

我和太太、森儿沿俾利喇街，罗利老马路，新胜街，乐上里，十月初五日街，草堆街，长楼斜巷，果栏街，一路信步行走。我们眼前不断出现茶叶铺、古董铺、家具铺、裁缝铺、五金铺、杂货铺、眼镜铺、个体诊所、职业介绍所、唱片电业行、补习社、督课中心、地产贸易、典当行、面家、幼稚园，真是大千世界，无所不包。多家铺子门头斑驳的招牌，非"现"做，店内的陈设，古朴周正。一家茶叶铺。古色古香的茶叶铺，装茶叶的盒子清一色用灰铁皮制成，盒子正面的绛红色漆已残缺、脱损，但"乌龙""水仙""观音"等字样仍看得全。古板的盒子摆放在褪了漆的木货架上，原始且古老，弥散着浓郁的茶香——整间铺子，俨然一个历经沧桑的老者。我们进了这家铺子已觉得亲切，未买茶，唐突地问能不能拍照，女主人微笑曰，可以。再一问，这店已80年了。守得住80年的，自然算继承祖业。后辈能守住祖业，除了后辈对茶的偏爱与执著外，还得靠一种文化传承——闻着不错的香片，一两9元，未品，我已然闻到烫水冲开的四溢的茉莉香儿了。一间裁缝店。四周上下挂的全是衣服，玉米林一般茂密。铺子较"深"，最里面辟出一块地方，"地势"（实则是垫高了，有点像日本的榻榻米）略高出地面二十厘米，上面摆着一架老缝纫机，机头上挂满线头。店里有三个人。一男，主人，个高，头发早白，精神矍铄，能准确无误地判断来客穿什么尺码的衣服，对店里的每一件衣服心中有数。一女，主人的太太，贤惠女人，言语不多，跟着主人的手脚或言语走，量裤长，剪裤脚，缲裤边儿，熨裤腿，爽利得很。挨着缝纫机不远，坐着一个慈眉善目的老人（六十来岁的样子，客人试衣服，长、短、宽、窄，他恰如其分地点评，猜测是店主人的好友。）不时有人进来，有时一拨，未走，又来一拨，进去三四拨人时，店里就很局促。来者在挂满的西装、夹克、领带间穿梭、探看，仿佛在密集的丛林中硬生生分辨出路一般。此时店家最是忙乱不堪的，虽忙——却一丝不乱，四五十岁的店主身形快得像一只羊，忽而外，忽而内，忽而左，忽而右，忽而上，忽而下，身子和话头不息慢任何人。来者都是客。令人佩服的是他能对来自丛林中每一个角落的疑问做出及时有效的回应，不是那种"哼哼哈哈"的敷衍。此乃地道的素养。三十年的裁缝店的专业水准。这样的景况，在很多城市是完全寻觅不到的，有的人做生意，开铺子，待客猴急，毛毛躁躁，话头矛盾，客人生疑，走了。再不回头。面家。不叫面铺、面庄、面行。叫面家，亲切。到家吃面，回家吃面，名儿真好。我是土生土长的兰州榆中人，无疑是爱吃面的。牛肉拉面一天不吃就想得慌，无奈奔至广州，不时在吃面上闹饥荒，更不奢望能时常吃上香喷喷的兰州牛肉面。我们走过果栏街时已是夜里了，星空璀璨。澳门的街，有的铺子已打烊了。但那家面家的灯是亮的。透过门玻璃，我看到一个有五十多年历史的面家的工作场景，那不同于老家榆中的面铺，老家的面铺大部分是机器压面，这里却大部分工序为手工制作，不很宽敞的操作间，各样东西摆放齐整，一点也不面粉飞扬。面家五十年来坚持传统制面的方法，搓面团、竹升打云吞皮、人手执面及天然晒面，在寸土寸金的澳门街巷，能坚守半个世纪的秘笈无他，唯诚信、童叟无欺、货真价实而已。

其实我这一路走，不住思忖，这么多店铺聚集在一条又一条狭长的"走廊"中，原本该是逼仄的，令人透不过气。但我经过一家又一家店铺门前时，未觉得拥挤、局促、压抑。一路走，一路看，时而驻足，探头，抬步入店内细致欣赏、查看，均从容，轻松。当然，我们此番专为步行"游街"而来，不急躁，没任务。我们可以像拉家常一样向店主人打听一些事情，古老的或新鲜的，问路，远的或近的。店主人大约都经了些世面，上了些岁数，守着家业，很谦逊，和蔼，客气。和气生财的道理，他们拿捏得最好，时间一久，已然是习惯了。

在同一条街上做生意，吃商饭，就算不是仇家，也似乎是对手——这似乎是放之四海而皆准的硬道理。但澳门街上的店铺看不出互相倾轧的样子。各做各的，独立，像住久的邻居，虽不熟，但互相尊敬，小心出入；明白你是你，我是我，不相往来，但唇齿相依。恶性竞争、抬杠、攻讦等在很多城市司空见惯的商业手腕、伎俩，在澳门的老街上踪迹全无。自然，也很少有同质竞争又毗邻而居的店铺，做生意还是应避开锋芒的好。个中情愫和底线，澳门生意人装在心里，历经岁月洗礼剩下的唯有厚道这把老茶壶了。

但是，陈启沅并未在如此理想的商业氛围中"长治久安"，几年之后，他又返回了南海。

对于陈启沅返回南海的时间，存在几种不同的说法。陈天杰言，继昌隆迁澳门后，约前后三年又迁回简村。① 陈作海所言的时间大体在这个范围，是1885年，陈启沅将在澳门的复和隆缫丝厂迁回简村，在村边购地建厂，又更新了机器。② 第二种说法是，1887年夏（光绪十三年六月），清政府总理海军衙门一份公函言，"粤省添设机器局，自用机器缫丝以来，外销丝斤价增一倍，足征办有成效，亦属兴利之一端"③，"机器缫丝粤省自民间开办以来，愈推愈广……年多一年，出丝既多，销路亦夥，现在争相仿效，到处开设，有益于贫户之资生，无碍于商贾之贸易"，应"照旧开设，以浚利源"④。如果是在官方对机器缫丝肯定之后陈启沅回迁南海，时间应为1887年末或更后一点的时间。

亦有研究者认为，陈启沅回迁的时间是1891年⑤，或1895年，"粤和昌缫丝厂发展很快，至1895年，每日可用男女工人至八百余名之多，可见其规模之大"⑥。

陈孺直在《生母罗氏事略》中言及其母生辰时，为"生于同治八年"，即1869年，其到陈启沅所办缫丝厂工作时应为十五六岁，至"先父与外祖父母商洽以礼迎归时"，其母"年十七也"⑦，即1885年。这个时间段，恰与继昌隆在澳门经营之时间吻合。

但1891年或1895年回迁之说法，应该是不准确的。1890年，何连旺向澳门政府申请开设一间织造丝绸厂，言及"此即原日粤和昌缫丝厂"。⑧ 如果彼时粤和昌仍在，何连旺如何在原址改建织造丝绸厂？

故而，陈启沅回迁简村的时间应为1885年至1890年间的事情，大抵在1885年后不久。

迁厂涉及巨额开支，动辄数以万两银计。陈启沅在澳门经营3年，正是上规模赚大钱的时候，何以决定回迁？显然有比赚钱更重要的因素。

我们或许可从以下几个方面进行分析：

---

① 陈天杰、陈秋桐：《广东第一间蒸汽缫丝厂继昌隆及其创办人陈启沅》，第71页。
② 陈作海：《缫丝风云录——记中国近代民族工业先驱陈启沅》，第76页。
③ 陈启沅：《蚕桑谱》，第27页。
④ 陈启沅：《蚕桑谱》，第30~31页。
⑤ 王翔：《甲午战争后中国传统手工业演化的不同路径》，《江西师范大学学报》（哲学社会科学版）2006年第4期，第72页。
⑥ 汤开建、吴志良：《〈澳门宪报〉中文资料辑录（1851—1911）》，澳门基金会2002年版；汤开建、陈文源、叶农：《鸦片战争后澳门社会生活纪实——近代报刊澳门资料选粹》，花城出版社2000年版。转引自林广志、吕志鹏：《澳门近代华商的崛起及其历史贡献——以卢九家族为中心》，第45页。
⑦ 陈孺直：《生母罗氏事略》。
⑧ 汤开建：《晚晴澳门华人巨商何连旺家族事迹考述》，第79页。

第一，企业经营的主体。由于举办者为何连旺，虽然实际经营者为陈启沅，但毕竟属于寄人篱下、背井离乡，在经营、生活等诸多方面存在不利因素。当然，就利润而言，卢九、何连旺也要分一杯羹。而在南海继昌隆存续期间，"平均每年赚两万两左右银子，所赚利润部分分给股东，部分留下作为修理机器、扩大业务之用"①。按照陈氏后人所言，继昌隆未吸收外人入股，那么，都是陈氏兄弟的利润。

第二，企业的发展受限。继昌隆属于陈启沅兄弟的产业，完全由兄弟俩控制，而粤和昌属于何连旺的产业，挣钱多少倒在其次，陈启沅无疑在给别人做嫁衣裳、打品牌。只是，提到品牌，陈蔼直言，"澳门和昌亦如之"②，其意指在澳门期间，陈启沅所用商标仍为"继昌隆"，但此言既难以证实，又意义不大，因为厂丝非终端消费品，而是原材料，属于中间商品。

第三，澳门当时为洋人所管辖，属于洋人的"地盘"，粤和昌办得再好也与陈启沅实业兴国的梦想无关。

第四，澳门非蚕桑产区，原料采购费时费力。

第五，昔日风波平息之后，有说陈启沅"四处活动，要求官府取消禁令"，"得到官府同意，迁回简村"。③ 有说"南海县的官员亲自到澳门拜访陈启沅，劝他返回家乡办厂"④。均有可能。历史背景是，1883年，清政府在中法战争中又一次失败，洋务运动的官办工业受到攻击，清政府对民间办厂的态度被迫有所转变。而继昌隆回迁之后的第二年，即1886年，海军衙门还曾咨行广东省，鼓励商人开办缫丝厂。⑤ 如此，清政府对民间缫丝工业态度的转变不是空穴来风。

第六，陈启沅在澳门办厂几年间，南海邻县顺德缫丝厂昌盛发展，"查粤省缫丝机器，以顺德为最多，……（陈启沅）迁往澳门，嗣后顺德各县陆续添设，顺德一县共设四十二家"⑥，"前途之发达，犹未可量"⑦，"80年代以后，广东蒸汽缫丝厂日益兴盛"⑧。清末民初，缫丝业是广东的龙头产业，蚕丝出口通常占了广东直接出口货值的一半以上，加上其他蚕

---

① 周建波、孙淮宁：《洋务运动期间华侨对国内投资及其作用》，第85页。
② 陈蔼直：《生母罗氏事略》。
③ 陈德华：《继昌隆缫丝厂值得探讨的几个问题》，第88页。
④ 吴建新：《陈启沅》，第52页。
⑤ 孙毓棠：《中国近代工业史资料》第一辑（下册），第952页。转引自徐新吾：《中国近代缫丝工业史》，第117页。
⑥ 陈启沅：《蚕桑谱》，第28～29页。
⑦ 彭泽益：《中国近代手工业史资料》第二卷，第43页。
⑧ 徐新吾：《中国近代缫丝工业史》，第123页。

丝产品，甚至可达80%。丝业带动了整个广东的工商业。①

做任何事业，都需天时、地利、人和。而当时在陈启沅看来，尤其有了政府的邀请，故乡简村仍是其办厂的最佳之地。经过慎重思考，陈启沅决意回去。

回迁后，没有再叫继昌隆，而是换了一个名字：世昌纶。也没有在继昌隆原址，而是"在村边购地建厂，机器更新，规模更大（五百位）"②，"厂中女工达五六百人，多为邻里亲属"③，罗氏仍为总管。

在商言商是商人的本性。但往往商人不能不问政治，更不能不关注时局。陈启沅身居简村，两耳异常灵敏。日本蓄意挑起的甲午中日战争中国惨败；中国被迫与日本签订屈辱的《马关条约》；奕劻、李鸿章与十一国代表签订《辛丑条约》……时局动荡，中国已完全沦为半殖民地半封建社会，这艘偌大的巨轮究竟要驶向何方？陈启沅更加知道覆巢之下安有完卵。广东毗邻港澳，各种政治力量聚集，匪患猖獗，革命党的武装起义和保皇会的勤王运动高潮迭起，"两广成了难治的马蜂窝"④，社会矛盾日益尖锐。

在此种政治形势下，官府对缫丝业的支持有时只能是空头炮。回迁南海的第二年，即1886年，清政府曾"咨行粤省，劝导商民广为兴办"⑤，但这只是一纸空文。

1887年，清政府总理海军衙门的那份公函称"遍访舆论"，即深入调研之后，比较缫丝机器与土车手缫之利弊，认为"穷乡贫户赖以全活甚众，而向来缫丝工匠执业如故"，盖因"机器所缫丝斤，质细而脆，以销外洋，颇获厚利"，而土车手缫，主要销往内地，"故两无妨碍"。⑥且不说这一结论与当年南海知县徐赓陛所言机器缫丝令千百穷黎失其恒业完全背道而驰，是非功过，都在官员嘴中耳。直到90年代，有人在南海禀请开设丝厂时，两广总督仍以"商民设立机器，专利病民"为辞，不许"擅制"。⑦

1894年（光绪二十年），张之洞在《开设缫丝局片》中写道："近十

---

① 《广东蚕丝复兴运动专刊》，"论著"部分，第22～23页之表格，广州，1933年刊行。转引自邱捷：《近代广东商人与广东的早期现代化》，第262页。
② 黄景坤：《陈启沅传》，第12页。
③ 陈孺直：《生母罗氏事略》。
④ 关晓红：《陶模与清末新政》，《历史研究》2003年第6期，第72页。
⑤ 《张文襄公全集》奏议，卷三十五，第21页。转引自徐新吾：《中国近代缫丝工业史》，第122页。
⑥ 陈启沅：《蚕桑谱》，第29页。
⑦ 《益闻录》第十七册，光绪二十一年九月二十三日，第417页。转引自徐新吾：《中国近代缫丝工业史》，第123页。

年来，上海、广东等处商人，多有仿效西法，用机器缫丝者，较之人工所缫，其价顿增至三倍，专售外洋，行销颇旺。"① 此时，局势似乎有了一些转机。

做任何事情，不能没有危机意识。古语云：居安思危，思则有备，有备无患。早在继昌隆创办之初，陈启沅或许没有考虑过更为深远的问题，如机器对普通老百姓生计的影响。他或许"一厢情愿"地认为继昌隆使用先进的机器不会造成大量黎民百姓失业，政府应予以支持而非干预，行业也不会仇视。一方水土养一方人，简村、西樵、南海是陈启沅的家乡，"行莫丑于辱先"，对不起列祖列宗、家乡父老的事他是不会做的。只是，继昌隆规模再大，也无法吸纳家庭作坊里的乡亲全部就业，这大概是他起初考虑不周全的地方。

但是，在设计出"机汽大偈"的同时，他就有设计"机汽单车"的想法。

两种机汽究竟是同时设计出来还是一前一后？据陈氏后人言，陈启沅对自己设计造出的一种单人或二三人用的轻便蒸汽缫丝机，凡有来请给图自制或央求介绍机器店号代制者，均不厌求详，反复解说，并具体协助，务令来者满意而回。这个时间是"1874年至1880年"②。由于陈启沅推出了备用机器，故而五六年间，"起了一些敦睦乡里的作用"，继昌隆"可保持不生事故"。③ 只是，若是在这一时间段已研制出轻便的机汽，风波的产生似乎说不过去，或者矛盾不至于闹得那么大。

陈作海、黄景坤等认为机汽单车的发明是继昌隆迁去澳门期间的事，经过"学堂乡滋事"，陈启沅感到机汽大偈之缫丝厂"难于普及"，是以"事招众忌"④，故与儿子陈蒲轩商议，变通改制一具名为"机汽单车"之小型缫丝机（图4.1至图4.3）。但陈启沅坚持一个原则，"不废绳墨，不变彀率"，只是变通，而非颠覆。既然大的缫丝机械已被官府盯上和禁止，就弄小的。官府怕洋的，怕机器转动，百姓信迷信，反对机器，怕机器发出声音，研究不用机器却一样可以提高效率的"机汽"，问题岂不是迎刃而解？

---

① （清）张之洞：《张文襄公全集·奏议》卷三十五，《开设缫丝局片》，第21页（近代中国史料丛刊正编，第457种）。转引自王丽娃：《晚清广东新式机器工业发展与社会变迁》，第21页。
② 陈天杰、陈秋桐：《广东第一间蒸汽缫丝厂继昌隆及其创办人陈启沅》，第68页。
③ 陈天杰、陈秋桐：《广东第一间蒸汽缫丝厂继昌隆及其创办人陈启沅》，第68页。
④ 黄景坤：《陈启沅传》，第11页。

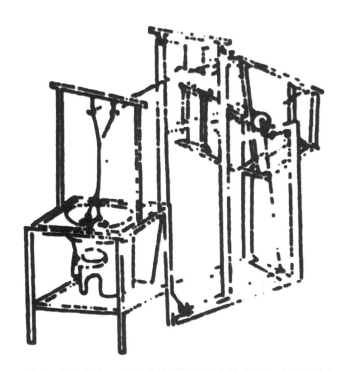

图.1 机汽单车：将旧式的手摇缫丝车改为足踏的缫丝单车

资料来源：陈启沅：《蚕桑谱》，第86页。

图4.2 缫丝小机模型

资料来源：陈启沅纪念馆。

继昌隆迁至澳门之后，生产、销售、关系维护等，头绪繁多，陈启沅分身乏术。但他却在如此短的时间内提出研制新的机汽，说明他是一个懂得审时度势的人，知道变通，遇到事情不认死理，不钻牛角尖。知行合一，在事上练，遇到挫折，审慎地"弯道超车"。另外，读书人、农人、商人三位一体杂糅的处世观，使他不论遇到什么困难都不与官府为敌，独善其身。

如此看来，其时陈启沅的工作重心便不在澳门。非不重视澳门的生产和经营。作为一个经验丰富的管理者，他在使"中国缫丝业从传统手工作坊走向企业规模

图 4.3 现代缫丝机
资料来源：陈启沅纪念馆。

化管理、机械化生产、系统化经营"的过程中，学会了授权、放权，"掀起了纺织业的第一轮工业革命"。①

陈启沅不断往返于澳门和简村之间，将研制任务交由其子陈蒲轩负责。陈蒲轩业已成人，其自小"读书不甚专心"，却在机械上有一些灵性，"不但喜欢摆弄，而且一看就懂，一学就会"②，显然受了陈启沅的影响。打虎亲兄弟，上阵父子兵，在陈启沅创设缫丝厂及办理蚕桑业的征途上，陈蒲轩"臂助独多"，"父得稍舒肩任"。③

陈蒲轩生就了能做大事的秉性，其"孝友成性，淡薄寡言，喜怒不形于色，能忍耐，一生与人无忤，从无疾言厉色"④。陈启沅也乐得放手让陈蒲轩锻炼。

---

① www.nanhai.gov.cn/cms/html/7921/2010/20101231174138075800183/201012311741380758 0183_1.html.
② 陈作海：《缫丝风云录——记中国近代民族工业先驱陈启沅》，第 72 页。
③ 陈孺直：《先兄蒲轩公事略》，陈孺直：《家中先人事略》（手稿）。
④ 陈孺直：《先兄蒲轩公事略》。

长期在陈启沅身边耳濡目染，陈蒲轩此时已掌握了一些机器缫丝原理，学会了机械制图和机器制作的知识。陈蒲轩十分重视父亲给他的这个重要任务，这也是他的"成年礼"。陈蒲轩经几日琢磨，绘制出图纸，与陈启沅讨论。陈启沅经仔细研究，认为儿子设计的这个方案切实可行，但有一个关键问题需要认真对待，就是绲轮，因为要慢速且长时间旋转，质量要好。两个月的时间稍纵即逝，陈蒲轩研制出新的机器样品，陈启沅亲自进行检测，并投入生产测试。结果让人喜出望外，缫丝产量比大型缫丝机稍低，但生丝质量合格，完全可以出口。陈启沅将其命名为"机汽单车"。

究其原理，此种"机汽单车"是"机汽大偈"的微缩版。其原理与功用一致，适合小资本经营、家庭作坊，甚至可以一人一具。具体而言，它是木制的单车式，用脚踩踏，以人力为动力代替蒸汽机。人脚用力踏在踏板上则能驱动飞轮旋转，飞轮用铸铁或硬木制造，结实耐磨。但脚不是一个劲地踏，踩踏几次之后，动能便会"存储"于高速旋转的飞轮中——大抵是利用了大小齿轮啮合原理和速度的惯性原理。再经过一定的装置减速之后，能使收丝的绲轮低速旋转，而且能连续稳定地转动一两分钟。这是传统的手缫车所不能比拟的。正如陈启沅所言："变通改制一具，器则少而功则同。"[①]

机器与机汽，一字之差，原理自不相同。既叫机汽，自然要用到蒸汽。机汽单车改变了过去用柴火和木炭在釜下直接煮水的办法——此法正如现在一些农村还在使用的将锅或铁壶"坐"在炭炉子上的烧水之法，一不小心或一不留神，水便咕嘟嘟冒泡——烧开了，而挪离火源，水一会又凉了，温度变化太快。用蒸汽便比较稳定。蒸汽从何而来？"这种蒸汽煮水的小型锅炉，是用铁皮制造的，或用普通铁锅加上木盖，有如蒸笼一般，再用竹管将蒸汽引到煮茧的釜上煮水，并安上阀门，可控制水温达到要求。"[②] 不用水而是用汽，汽，可由蒸汽机发出，也可由土法发出，这是改良缫丝工艺的关键一环。

机汽单车的发明使简村又轰动起来，"大家争先恐后来看这个新事物，参观的人络绎不绝"。陈启沅见状内心十分宽慰。他让陈蒲轩批量制造两种机汽，一人一具者适合个人操作，多人一具者适合集体操作。有人买，平价卖；有人要仿造，送图纸。商业归根结底是一种竞争法则，人无我有，人有我优，方可赚钱。陈启沅将"专利"免费送人，已不属于商人思

---

① 陈启沅：《蚕桑谱》，第 16 页。
② 陈作海：《缫丝风云录——记中国近代民族工业先驱陈启沅》，第 74～75 页。

维,而是文人思维、哲人思维、仁者思维。他说:"故特仿西人之法,变通制造缫丝之器。特为公也,实非自私;倘若为私,当必秘而不传。"①

陈启沅帮助儿子陈蒲轩组建了利贞丝厂,具体工作便由陈蒲轩所主持。② 该厂用的就是自家研发的机汽单车。

机汽单车让百姓得到了巨大实惠,其成本低廉,"一部足机只10元左右"③,甚至5～6元即可购置。其仿制容易,"一般有铁木基础的工匠都能制作"④,易于在乡村普及、推广。

足机迅速在农家流行,进入寻常百姓家,"每人一具,携归家自缫,缫出之丝无多寡,市上均有店收买之,其利更溥"⑤,"而小机之利尤普,卒之风气日开,南顺各属群相仿效"⑥。

陈氏父子又一次引领风气。

足机缫出之丝俗称"踊緈",比农户原用手机所缫之丝"手緈"品质有一定提升,而价格比继昌隆所生产的厂丝要便宜许多。

有研究者认为:"看起来是退步性的技术改良,使得机器缫丝技术得以落户乡村,并通过在家庭内部实现劳动分工,改变了原有的社会结构。"⑦

如此一来,广东缫丝市场上,便始终保持有厂丝、踊緈、手緈并行不悖的局面,自然,手緈虽占一定的市场份额,但在逐渐减少,"凡操手机者,多半为蚕村中的老妇,而原料则以劣茧为之。……此种手机丝,多销流于内地为织造纱绸之用"⑧。正所谓大家相得益彰,各有各的活路。

陈启沅实业兴国之梦想又开始踏步向前,"汽机之利,实足兴起蚕业。"⑨ 乃至"继起者遍及数县,业此者获利亦厚,妇女借此觅食者以数万计"⑩,"多至百数家,妇女之佣是营生者,十数万人"⑪,蔚为壮观。

---

① 陈启沅:《蚕桑谱》,第78页。
② 陈天杰、陈秋桐:《广东第一间蒸汽缫丝厂继昌隆及其创办人陈启沅》,第71页。
③ 徐新吾:《中国近代缫丝工业史》,第126页。
④ 陈作海:《缫丝风云录——记中国近代民族工业先驱陈启沅》,第75页。
⑤ 《顺德县志》。转引自徐新吾:《中国近代缫丝工业史》,第126页。
⑥ 《陈启沅列传》,(清)郑荣等修,桂坫等纂:《南海县志》,第1731页。
⑦ 张茂元、邱泽奇:《技术应用为什么失败》,第130页。
⑧ 吕学海:《顺德丝业调查报告》。转引自彭泽益:《中国近代手工业史资料》第二卷,第51页。
⑨ 彭泽益:《中国近代手工业史资料》第二卷,第43页。
⑩ 陈蒲轩:《蚕业指南自序》,第1～2页。转引自彭泽益:《中国近代手工业史资料》第二卷,第44页。
⑪ 《陈启沅列传》,(清)郑荣等修,桂坫等纂:《南海县志》,第1731页。

回过头看，也许，陈启沅在继昌隆创办之初，应该先走"机汽单车"这条路。乡村始终是保守的代名词，因循守旧是她的传统，这是几千年沿袭的风气，根深蒂固。任何的改变，即便是进步的、积极的，也都需要一点一点，一步一步。乡村需要足够的时间思考一个新事物的产生。机汽大偈走得太快，乡人跟不上。特别是在那个时代，激进与革命往往要付出沉重的代价。

商人陈启沅此时无疑对自己的所作所为有了更加深刻的了解，其大兴机汽之举，于己、于民、于国有利，但触礁遇险；又独辟蹊径，给乡邻、自身、蚕桑行业变出一个不错的出路，他有时也惊讶于自己的表现。

陈启沅在有些人眼里"素有心计"，"为着保护自己的利益，应付乡邻"，又"颇为圆滑"。① 其实他是一个有远见及有智慧的商人。由于陈启沅的及时变通和策略上的调整，广东的农村副业被他力挽狂澜所拯救，而没有如马克思所言被悉数消灭，也没有如费孝通所言，让农村手工业在遭到机器工业的冲击之后，经济和生活受到严重影响。

1885年回迁南海之后，陈启沅"与儿子办的利厚生、利贞丝厂合并一起，经营规模比继昌隆丝厂更大，职工人数达到六七百人"②，但商标仍用"继昌隆"③。利厚生实则由陈启沅侄子陈锦笏所办。陈启沅育有五子五女。陈锦笏则为陈启枢之子。

继昌隆从1873年投产，至"1928年才告结束"④，存续了半个多世纪。

回头看，徐赓陛的一纸禁令使得南海缫丝业受到重创。继昌隆迁去澳门这几年，蚕茧市场供大于求，蚕茧一日三价，价格低得令农民叫苦连天。尤其是1881—1882年，南海生丝出口一度归零（表4.1）。此后多年，虽有恢复，也是元气大伤。而1878年的一份粤海关的报告说："在出口货物中，丝及丝制品是迄今最重要的品种，占总值1500万海关两中的850万海关两。"⑤

---

① 陈天杰、陈秋桐：《广东第一间蒸汽缫丝厂继昌隆及其创办人陈启沅》，第68页。
② 吴建新：《陈启沅》，第52页。
③ 陈孺直：《先父芷馨公事略》。
④ 黄启臣：《明清珠江三角洲"桑基鱼塘"发展之缘由》，第3页。
⑤ 《近代广州口岸经济社会概况——粤海关报告汇集》，暨南大学出版社1995年版，第215页。转引自邱捷：《清代广东丝绸出口与"海上丝绸之路"》，《学术研究》2017年第5期，第105页。

表 4.1　1881—1901 年广州出口生丝统计

单位：担

时间	土制丝	机缫丝	总　数	时间	手缫丝	机缫丝	总　数
1881—1882 年	11526		11526	1891—1892 年	4659	12146	16805
1882—1883 年	8302	1254	9556	1892—1893 年	4171	18687	22858
1883—1884 年	8978	2857	11835	1893—1894 年	1951	16438	18389
1884—1885 年	3116	3437	6553	1894—1895 年	2159	18179	20338
1885—1886 年	2567	4457	7024	1895—1896 年	2474	20629	23103
1886—1887 年	8462	7158	15620	1896—1897 年	2411	22210	24612
1887—1888 年	4207	8720	12927	1897—1898 年	1933	22727	24650
1888—1889 年	1760	5123	6883	1898—1899 年	2655	34055	36710
1889—1890 年	4928	10219	15147	1899—1900 年	2375	34612	36987
1890—1891 年	3278	10317	13595	1900—1901 年	1037	31038	32075

资料来源：《近代广州口岸经济社会概况——粤海关报告汇集》。转引自王丽娃：《晚清广东新式机器工业发展与社会变迁》，第 53 页。

继昌隆创办的 19 世纪 70 年代，正是日本开始角逐世界生丝市场的年代，时"中国的土丝出口，维持在六万多担的高水平上，而日丝出口则不足一万担"，但继昌隆创办十年后，华丝出口略有下降，但日丝出口"猛增至三万一千多担。"① 在 70—90 年代中期的 20 年中，日本则"激增 335%"②。但广东厂丝的出口非但没有降低，反而扶摇直上，"自从 1884 年以来，广东的厂丝已经逐渐排除困难，打开销路，目前在他们的出口中，已经占据很重要的地位"③。其中，开风气之先，引领风尚的当属继昌隆无疑。

如邱捷所言，"晚清广东丝绸出口的增长与早期现代化是同步的"。在晚清，西方先进工业技术以及工商管理制度被引进，"是革命性的事件"，以蒸汽机等机器为动力的工矿企业，是"近代化最重要的标志"，陈启沅之后的半个世纪，"机器缫丝厂成为广东数量最多的近代工厂"。④

时人赞誉陈启沅："华货之流行于外洋者，只茶丝两宗，而尤以丝为

---

① 汪敬虞：《关于继昌隆缫丝厂的若干史料及值得研究的几个问题》，《学术研究》1962 年第 6 期，第 65 页。

② Shichiro Matsui, *The History of the Silk Industry in the United States*，1930 年版，第 57～58 页。转引自汪敬虞：《从中国生丝对外贸易的变迁看缫丝业中资本主义的产生和发展》，第 25 页。

③ 汪敬虞：《关于继昌隆缫丝厂的若干史料及值得研究的几个问题》，第 65 页。

④ 邱捷：《清代广东丝绸出口与"海上丝绸之路"》，第 106 页。

大利，土丝出口现已达四千余万。挽回利权，培植国脉，实启沅提倡之力，时人称之为实业大家"。①"在不到二十年的时间里，广东蒸汽缫丝工业获得如此迅猛发展，足证陈启沅在引进、改进、传播、推广西方近代缫丝技术的巨大影响和功绩。作为中国近代缫丝工业的先驱和创始人，陈启沅是当之无愧的。"②

第二节　齐头并进　纵横商海

在经历了几年前的那一场波折之后，重回故乡的陈启沅经营与处世思维有了很多转变。

比如，他在广州投资办了一家丝庄。

邱捷言，从广州出口到欧美的蚕丝产品基本不是直接输出，缫丝厂只管蚕茧的收购、丝厂资金的周转以及蚕丝的生产，生产出来的蚕丝由丝庄同广州的洋行交易，再通过香港转口运往欧美。在晚清，"生丝以及原料蚕丝产品的出口值更是远远超过丝织品"，"欧美国家从中国采购生丝供应各国丝织业，带有明显的掠夺原料的性质"。广东蚕丝虽然大量输往欧美，"但粤商不能直接进入国际市场，对蚕丝在国际市场的定价也没有发言权"。③

所谓丝庄，其实是丝厂与采购方的一个中转站、"一批商"。当时缫丝业的外贸渠道是由广州的丝庄收购丝厂的生丝再转交洋行出口，洋行属于"二批商"。继昌隆所生产的生丝，一般经由水路运到广州交给丝庄，再由丝庄交给洋行。由于丝厂不直接与洋行打交道，故而无法掌握国际生丝市场的行情和价格，利润要被丝庄和洋行赚去一大笔。陈启沅索性自己创办一家丝庄，他"拨款在广州扬仁南街开办了一间规模不大的昌栈丝庄"，以销售自家所产生丝为主，兼售其他丝厂生丝，"直接与洋行打交道"。④昌栈丝庄说是规模不大，其实店面已经是二层楼房，第一层用来收售生丝和仓库存储；楼上是办公室，办公室内有会客用的桌椅，有几张办公桌，桌子上放着一部很显眼的小机器，是一部英文打字机。那个年代有这样的

---

① 《陈启沅列传》，（清）郑荣等修，桂坫等纂：《南海县志》，第1731页。
② 朱文炜、汤肯堂：《中国最早的近代工业资本家代表人物陈启沅》，第35页。
③ 邱捷：《清代广东丝绸出口与"海上丝绸之路"》，第107页。
④ 吴建新：《陈启沅》，第38页。

办公机器是"很贵重和很现代化的东西了"。① 这也说明，陈启沅的业务主要与洋人有关。

笔者曾在广州扬仁南街（图4.4）仔细查访，但风雨沧桑，陈启沅开设的丝庄早已踪迹全无，一块块青石板似乎掩盖了历史的蛛丝马迹。

图 4.4　今日扬仁南街

资料来源：卓尔吉一湄摄。

丝庄由陈启沅之子陈蒲轩主持。"开始时只设经理一人，由陈蒲轩担任；英文翻译一人，兼销售和文书工作；会计一人，兼收购；仓库管理一人，兼总务。"② 总计四人。关于丝庄创办的时间，也有不同说法。有的说是在继昌隆创办之初就有；而陈氏后人的说法是陈启沅从澳门回来之后才创办，"改名为世昌纶……在广州开设昌栈丝庄"。③

与外国人打交道要用到英语。但陈蒲轩不懂英语，店内只有一个翻译，若翻译有事外出，洋人来了便无法应对。为了掌握简单的英语对话，丝庄"买来一本名为《通译》的小册子"，现学现卖，甚至标注上粤语作英语的配音④：

---

① 陈作海：《缫丝风云录——记中国近代民族工业先驱陈启沅》，第79页。
② 陈作海：《缫丝风云录——记中国近代民族工业先驱陈启沅》，第79页。
③ 陈天杰、陈秋桐：《广东第一间蒸汽缫丝厂继昌隆及其创办人陈启沅》，第71页。
④ 陈作海：《缫丝风云录——记中国近代民族工业先驱陈启沅》，第80页。

1. 你好！欢迎你到我公司来。

Hello! Welcome you to our company.

粤语谐音：哈佬 华襟 鱼乌 吐 欧啊 襟攀利。

2. 你想买什么货物？

What do you want tu buy the goods?

粤语谐音：华压 到 鱼乌 和安 吐 摆 地 古 士？

3. 这款生丝质量非常好，七两白银一磅。

This silk quanlity is very good, seven tael of silver one pound.

粤语谐音：地士 烧卡 跨力士 衣是 伟利 古，社分 挑士 哦乎 烧华 愠 棒。

4. 你要买多少磅？

How many pounds you want tu buy?

粤语谐音：嗐 问你 棒士 鱼乌 和安 吐 摆？

5. 再见！

Good bye!

粤语谐音：古 摆！

陈蒲轩想出的这种土办法，也是中国人学习英语的"窍门"——至今一些学生还通过标注汉字或汉语拼音的方式学习英语，发音当然不准，属于"汉语式英语"。但采用这种办法，顺带做些手势，外国人也能听个大概。

订立正规合同的时候，则需由真正懂得英文的翻译完成。翻译将合同打印，一式两份，交由双方画押盖章。幸好购销合同并不复杂，格式大体一致，省去了校对、审核的麻烦。

昌栈丝庄以陈启沅"诚信为本"为原则，故而"信誉很好，外商不时送来一些奖品、纪念品和表扬信函等"[1]，都陈列在办公室的玻璃橱柜内。

昌栈丝庄的创办是陈启沅从简村主动走出去的一步战略，"表达了刚刚起步的中国民族工业资本有向商业资本转化的强烈愿望，也表达了蚕丝业中的工业资本也有改革外贸经营体制的意愿"[2]。陈启沅的缫丝事业实现了一个完整的产业链，产、供、销一条龙，各个环节均可自己掌控。

陈启沅自办丝庄，虽然省去了一个中间环节，却始终没有绕开洋行，无法直接与洋商这一终端客户进行交易。洋行垄断了外贸出口，控制着丝

---

[1] 陈作海：《缫丝风云录——记中国近代民族工业先驱陈启沅》，第81页。

[2] 吴建新：《陈启沅》，第38页。

厂的命脉，丝价"涨落无定"①。

陈启沅不熟稔国际行情，掌握不了定价权。若想突破这一瓶颈制约因素，对于那时的陈启沅而言显然是极困难的一件事。在鸦片战争以前，包括生丝贸易在内的中国对外贸易主动权掌握在中国人自己的手里。但是，在西方早期的殖民主义者入侵中国以后，情况发生变化。这种苗头，至迟在鸦片战争前夕的广州一口贸易时期就已经出现②，行商，已经附庸于洋商。尽管如此，"这是他（陈启沅）的事业最兴旺的时期"③。由此证明，陈启沅果断地从澳门回迁南海的决策是正确的。

陈启沅的生意还做到了上海。1885年5月的《申报》连续几日刊登了同一则广告，广告发布者为陈启沅。

启　者

上洋利升号旧东陈瑞伦翁，因出仕多年，未能兼顾，兹在东省④议邀沅入股同办。兹已两相情允，定议会立合同开办。如有欠到各号揭借、货物等项，限十日内列单交本号内陈澄波代收，付东省交瑞伦翁照数清结。倘逾限不交到本号内陈澄波，所欠之款作为故纸，以杜假冒之弊。特此告白，以免后论。

陈启沅谨白⑤

囿于笔者所能查到的资料，没有查到关于"上洋利升号"及经营者"陈瑞伦"的更多情况，猜测或许与航运有关。

据陈孺直的记载，陈氏家族的生意可谓四面开花（图4.5），在安南、香港、广州、广西、威海、青岛等多地均有实业，涉及矿业、船务、工厂、轮运、商业、农业等诸多行业⑥。经笔者初步统计，总计有工厂、店铺、餐饮、商贸、铁路、河桥、的士、保险等60余家，其中粤汉铁路公司、广州河桥公司等均为大型企业。但1885年前后，陈启沅的生意应该没有做得这么大，这是之后十余年间的事，陈启沅的"实业活动进入了全盛时期"⑦。

陈氏家族的事业，在陈启沅的蓄意经营之下，俨然已成商业帝国和商

---

① 陈启沅：《蚕桑谱》，第29页。
② 汪敬虞：《从中国生丝对外贸易的变迁看缫丝业中资本主义的产生和发展》，第26页。
③ 陈作海：《缫丝风云录——记中国近代民族工业先驱陈启沅》，第81页。
④ 其时两广人习惯称广东为东省。
⑤ 《申报》1885年5月8—14日广告版。
⑥ 陈孺直：《本身大事记》（手稿）。
⑦ 陈德华：《继昌隆缫丝厂值得探讨的几个问题》，第88页。

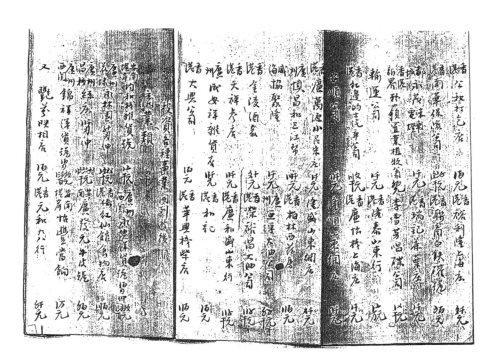

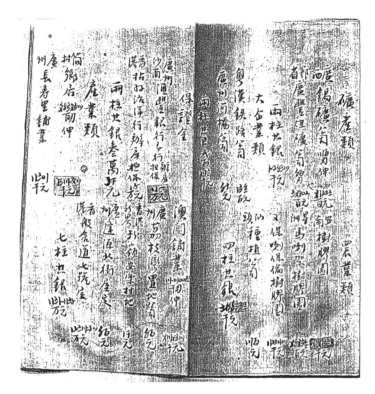

图 4.5 陈氏经营的企业

资料来源：陈孺直：《本身大事记》（手稿）。

业航母。陈启沅不再是简村的陈启沅，而是广东的陈启沅，乃至中国的陈启沅。

但是，陈启沅的理想仍然在升级。当你读了他的《蚕桑谱》，读了他一部又一部著作，你就会明白——他始终是一介书生，从格物、致知，到正心、修身、齐家，再到治国、平天下。只是，历史没有给他太多机会。好在他有一支笔。半部《论语》治天下；他的一支笔，可以造福百姓，也可以富国。

他知道，一个企业，在历史的洪流中往往是白驹过隙，而一种思想或者理念却可以千古流传。

第三节　融入当局　结交官员

青少年时期的陈启沅没有实现"学而优则仕"的理想。兴办继昌隆初期他把全部的精力用于经营。风波发生之后，头脑极为聪明的陈启沅应该想到在他的人脉关系网中的确是少了政府官员的身影。从古至今，官与商既是矛盾体，又是统一体，实在无法完全撇清。在继昌隆之后，在广东开办机器工业的商人多数为先进的士绅阶层，而"1881 年以前建成了十一个缫丝厂，其所有者至少有一半是举人"①。举人与官场何曾脱得了干系？

进入中年之后，陈启沅有了官阶。时间应在其撰写《蚕桑谱》之前（貤赠先父"奉政"之前），亦 1886 年（光绪十二年）他 51 岁之前。进一步分析，在缫丝厂风波发生之时，陈启沅若已有官阶，徐赓陛在呈报之公文及处理事件之时，或许会有体现。最有可能发生的时间便是 1882—1885 年继昌隆迁去澳门期间，陈启沅捐了一个五品散阶。

1853 年（咸丰三年）之后，朝廷许封貤曾祖父、母，伯叔祖父、母，伯叔父母，庶母，兄、嫂并嫡堂伯叔祖父、母，嫡堂伯叔父、母，嫡堂兄、嫂，从堂、再从堂尊长及外曾祖父、母，外祖父、母，妻祖父、母。按例定品级，一体捐请。② 清廷制定貤封制度，主要是为了强化以孝治天下的理念，其根本目的是"锡类敷恩，遂臣子显扬之愿，励移孝作忠之风"③。

陈启沅貤赠的这一五品官衔，按清朝制度，通过一定手续（要花银两），可以申请貤赠三代，即皇帝给予其三代祖貤同级别的散阶。本人的官职、官衔不受影响。

有了这一顶帽子，等于有了官方的一个"身份"、一张"保护伞"。前述分析了陈启沅回迁的种种可能性，这一条也许是让陈启沅回心转意的真正原因。自然，不能据此说明陈启沅在"实业兴国"的同时还有当官的欲望，但陈启沅亦非不食人间烟火的圣人，说是无奈也罢，说是人性的弱点也可，捐了就捐了。

陈启沅的确改变了以前"闭门造车"、只做生意的行为方式，开始经营自己的人脉，而结交政府官员和上层名流是他的重点。从哪里跌倒，就从哪里爬起来。但他非挖空心思、刻意钻营和巴结，也没有采用商人惯用的以钱开道之法，以他的性格和能力，是不屑于做这种事情的。他的几种与生俱来的"特异功能"为他的对外交往提供了不少便利。

---

① 苏耀昌：《华南丝区：地方历史的变迁与世界体系理论》，中州古籍出版社 1987 年版，第 157 页。转引自王丽娃：《晚清广东新式机器工业发展与社会变迁》，第 46～47 页。

② 赵尔巽：《清史稿》卷一一〇，中华书局 1977 年版，第 3196 页。转引自张楠、彭法：《论清代官僚制度中体现的孝观念》，第 154 页。

③ 《高宗纯皇帝实录》（一）卷四，雍正十三年十月上乙亥，中华书局 1985 年版，第 219 页。转引自张楠、彭法：《论清代官僚制度中体现的孝观念》，第 154 页。

陈启沅多才多艺——"才"指才能，而非才华。《南海县志》载，陈启沅"性复颖悟，目光绝伦"，指的是智商高，格外聪颖，眼力好。陈启沅能于深夜处、暗室中"辨五色"，在黑房之中"能诵书文"①。五色是缤纷多彩之色，古语曰："五色令人目盲，五音令人耳聋，五味令人口爽，驰骋畋猎令人心发狂"②，五色为青、黄、赤、白、黑，是生活的主色调。暗夜之中，我等俗人伸手不见五指，要小心脑袋撞墙，陈启沅却来去自如，视如白昼。此种异秉属与生俱来，纵是后天使出浑身解数也无法学到。

陈启沅目力之好，前述搭乘轮船时已现一例，还有几例，不妨列举。

简村与西樵山相距一二公里，陈启沅在村里遥望西樵山上的行人，"可看清楚其形态和服饰"；其孙陈廉仲曾跟随陈启沅拜山扫墓，有人故意考陈启沅："山顶上头很远那座山坟姓什么？"陈启沅极目一望，"姓邓，叫邓××太夫人"；还有一年，陈启沅搭船去广州，远处的岸上有一座房屋，有人问："对面那间房屋，门口那副对联写的是什么？"陈启沅定睛一看，"一字一字读得出来"。③有人不服，跑去验证，一字不差。民间对其目力有多种形容，如前述之"鬼眼""鬼眼七"，亦有"岭南千里眼""岭南畸人"之称谓。

上过私塾的人往往诗、书俱佳。陈启沅长于篆刻、书法、绘画，前面还要加一"微型"之定语，这便是袖珍之手艺，是与众不同的绝活。工欲善其事，必先利其器。陈启沅微刻靠的不是显微镜、放大镜这些外器，而是自身之器——目力。在一粒麻子上刻一字，于常人也是不可能之事，陈启沅却以"一麻子写百余字"；其"自刻小章，径仅二分，中容百余字"。《字汇》是《康熙字典》问世前唯一完备的大字典，是明代至清初最为通行的字典，共收33179字，除古书中常用字外，还有许多俗字。陈启沅能在一折扇上"写字汇全部"，均"楷法遒劲，行气整齐"。其"工绘事，尤善作蛱蝶"。陈启沅的蝴蝶画得如何？一般人看不到，以显微镜窥之，真乃飞跃传神，尤其令人叫绝的是，"蝶之两须乃两绝句缀成，其裙翅皆韵语也"④。见者皆称其乃多才之士。南海有一位叫陈伯豪的书生在科举考试中中了探花，他赞陈启沅的双目为"显微镜和望远镜兼而有之"⑤。陈启沅还被人赞为"古之离娄"——离娄之明，公输子之巧，均乃千古一现之奇才，得此赞誉，已是高得不能再高。但对于自己的独门绝技，陈启沅

---

① 陈孺直：《先父芷馨公事略》。
② 马将伟译注：《道德经译注》，商务印书馆2015年版，第23页。
③ 陈作海：《缫丝风云录——记中国近代民族工业先驱陈启沅》，第89页。
④ 《陈启沅列传》，（清）郑荣等修，桂坫等纂：《南海县志》，第1729页。
⑤ 陈作海：《缫丝风云录——记中国近代民族工业先驱陈启沅》，第89页。

并不在意,"启沅浑穆谨厚,若不知己之有此特质者","自以为雕虫小技","不足以饷馈人群也"。①

陈启沅言:"一名一物,使人爱之而不能使人学之的天生特质,亦只资世俗谈柄而已,曷能利国利民!"② 凡事从利国利民的大局出发,是陈启沅逐渐养成并一直信守的价值观念。

陈启沅是否真有这一手绝活?陈启沅五代孙、广州医学院第三附属医院主任医师陈安薇女士收藏有陈启沅的两粒"米",是两粒象牙片(图4.6)。一粒只有半粒米大小,14.44平方毫米,写有唐朝诗人崔护的《题都城南庄》:

图 4.6 陈启沅的两粒"米"

资料来源:陈作海:《缫丝风云录——记中国近代民族工业先驱陈启沅》,第137页。

去年今日此门中
人面桃花相映红
人面不知何处去
桃花依旧笑春风

加上落款共30个字。每字约占0.48平方毫米。另一粒面积更小,只有10.44平方毫米,写的是唐代诗人王之涣的五言绝句:

白日依山尽
黄河入海流
欲穷千里目
更上一层楼

---

① 《陈启沅列传》,(清)郑荣等修,桂坫等纂:《南海县志》,第1729页。
② 陈作海:《缫丝风云录——记中国近代民族工业先驱陈启沅》,第89页。

加上落款共25字，每字约占0.42平方毫米。陈安薇言这两粒"米"是陈启沅的作品，大概是陈启沅56岁的时候写的，正是陈启沅回迁南海之后的五六年间。

陈启沅还有一件作品是缩临王羲之的《兰亭序》。缩临不是微书，不用放大镜也能看清笔画，"其字形与所临的范本无异，可见其有很深厚的书法功底"，右下方有一行字，是其子陈蒲轩所注："××年，偶得青田石一小方，遂将家君陈启沅缩临之兰亭序刊此。"①

微刻、微书、微绘均为艺术创作，需要一个光线好并格外安静的环境。当时陈启沅生活的年代没有电灯，以油灯、蜡烛照亮，穷苦的读书人怕是依然会采用"囊萤映雪"的老办法。那样的条件读读书可以，搞"袖珍"创作，光线不足。陈启沅采取的办法是找一间密闭的房间，在房顶打一个小洞，使一束光线从房顶投射到桌子上。四面漆黑，只有这一处有亮，这样光线就显得充足。陈启沅焚香静坐，静心敛气，逐渐进入创作状态。陈启沅"息心老人""息心居士"等号大概是自此得来的。

据说，陈启沅微雕作品中最出名的是写有《康熙字典》的扇子，一把扇子，正反两面，写4万多字，既费工又费时还费力，没有一年半载的工夫，写不出来。写时"用羊毫、狼毫都不理想"，陈启沅最后"选用老鼠须"，"其笔尖只用三根老鼠须合成"。②

陈作海十七八岁时，曾亲眼见过陈启沅微书的扇面③，这把扇子有人说"保留在香港汇丰银行的保险柜里"④，扇面装裱于两块玻璃相框中，每块扇面已写字的部分长25～28厘米，宽20厘米，它不是平素人们常见的扇子，不能实际使用，属于"工艺品"，"用两张宣纸制成"，旁边挂有一个放大镜，"用放大镜方能看清楚所写的字"，⑤ 方便来人观摩。在第一幅扇面右下角，陈启沅留有一行字，由于年代久远，陈作海记得不清，大概意思是："吾将老矣。无能为力也矣，仅留此扇面给后人作纪念"。但是对于这把扇子保存在香港汇丰银行的保险柜里之说，陈作海言，几十年未有人公开展览过，甚至连照片也未有公开过，其真实程度可疑，陈家所存的扇，在"文革"时已经由"其曾孙陈绍恺赠送给广东省博物馆，以作文物保存，该馆出有书面收据。但后来多次查找，均无下落"⑥。

---

① 陈作海：《缫丝风云录——记中国近代民族工业先驱陈启沅》，第92页。
② 陈作海：《缫丝风云录——记中国近代民族工业先驱陈启沅》，第91页。
③ 陈作海：《缫丝风云录——记中国近代民族工业先驱陈启沅》，第90页。
④ 时双庆、吕松：《陈启沅：中国缫丝工业第一人 创民族工业先河》。
⑤ 陈作海：《缫丝风云录——记中国近代民族工业先驱陈启沅》，第90页。
⑥ 陈作海：《缫丝风云录——记中国近代民族工业先驱陈启沅》，第91页。

同样的扇子还有两把。据陈启沅的孙子陈廉仲回忆，"一份送给了当时的知县大人"，"一份送给北京的一个叫崇绮的大官"。① 也有言，"其中一把赠与当时的南海县令，另外一把赠同治皇帝的岳父、户部尚书崇绮，后者为表谢意，赠诗言谢"②。

经笔者查有关资料，在陈启沅赴澳门的 3 年间，南海知县更换频繁，几乎一年换一个。在继昌隆回迁南海的 1885 年到陈启沅去世的近 20 年间，南海知县换了十七八位之多。陈启沅到底将扇子送给了哪位知县无史料记载。若最有可能的一位，或许是李长龄。

1886 年 12 月，李长龄奉两广总督张之洞之命到各县，对机器缫丝情况"逐一确查"，去过新会、顺德，南海的陈启沅大名鼎鼎，李长龄见陈启沅是理所当然的事情。他详细了解了继昌隆的创办时间、机械缫丝的利弊、因何迁往澳门等情况。对于政府官员的大驾光临，陈启沅送一把扇子也在情理之中。只是李长龄当时的官职是"候补知县"③。

崇绮乃清朝同治皇帝的岳父，曾任户部尚书等要职。崇绮之父叫赛尚阿，曾任户部尚书、满洲正红旗都统等职。第一次鸦片战争期间，赛尚阿奉命到天津、江浙治防，抵抗英军。出身于这样的家庭，世人形容崇绮"端雅方正，颇有儒士之风"④，虽为满人却精于汉学，还以汉文参加科举，与汉人考生同台竞技，打破了大清朝定下的科举老规矩，还中了状元。崇绮的学识才能可以与同时代满、汉官员中的佼佼者相匹敌。主考官评价其文章"气霭春云，神凝秋水，法轮在手，智镜悬胸，披一品之衣，抱九仙之骨"，"文如风水相遭，自然成趣"。崇绮还擅长丹青，尤喜画雁。⑤

崇绮是清朝唯一的蒙古族状元。1872 年（同治十一年），其女被册立为皇后，他成为皇帝的岳父。此时陈启沅刚从安南回到简村，两人不可能相识。崇绮官运亨通，被赐三等承恩公，任户部、吏部侍郎。但两年之后皇帝驾崩；又过了两个月，他女儿被婆婆慈禧折磨死。崇绮被慈禧革掉侍郎职位。⑥ 这一期间，正是陈启沅投身继昌隆生产、生丝销售之时，创业艰难，千头万绪，应无闲情雅致摆弄书法、绘画、雕刻艺术。且以当时陈启沅的背景和资历也攀不上崇绮这样的高枝儿。若是攀上，当日南海知县徐赓陛也不敢果断地"封杀"继昌隆。

---

① 陈作海：《缫丝风云录——记中国近代民族工业先驱陈启沅》，第 91 页。
② 《陈廉仲孙女陈安薇：包容，是家族的一贯传承》，《新快报》2012 年 11 月 20 日。
③ 陈启沅：《蚕桑谱》，第 28 页。
④ 明月：《蒙古族科举第一人》，《寻根》2007 年第 3 期，第 18 页。
⑤ 陈力：《八旗文状元——崇绮》，《北方文物》2011 年第 1 期，第 72 页。
⑥ 唐国耀：《旗人状元崇绮》，《紫禁城》1983 年第 1 期，第 38 页。

1884年（光绪十年），崇绮任户部尚书。如依前所述，陈启沅将扇子送给了户部尚书，可能是这一年的事。而此时陈启沅尚在澳门经营，虽偶尔回来，但满心焦虑，心思应不在这上面。

从1885年起（光绪十一年），崇绮历任武英殿总裁、吏部尚书、考试阅卷大臣等要职。

只是，在中国人的思想观念里，一个人以前当过什么，任过什么，有什么背景，是可以挂在嘴边常说常新的；一个人下了台，人们也习惯称呼他曾担任过的官名。习惯成自然。

依照陈作海的叙述，陈启沅与崇绮的结交是通过一起地方政务。

陈启沅晚年，曾受两广总督陶模之聘，到韶州（今广东韶关）调解一宗锑矿开采权纠纷。[①] 作为一名机械缫丝专家、实业家，此事和陈启沅似乎扯不上关系。

当时的情况是，两广总督陶模[②]接到韶州呈文一件，言韶州有一处锑矿，经营者有三，互相比邻，一直以来相安无事。近几年来，由于矿脉资源有限，各家又想多采，遂有互相"挖墙脚"之嫌疑，按照现在的话说，都想打"擦边球"。纠纷由边界不清引起。之后矛盾升级，三者之中，有告之官府者，但官府长期悬案未决，以致几拨人持械武斗，人员各有伤亡。土地测量是一项专业工作，尤其连带有矿脉资源、利益纷争。地方官府恳请总督衙门派有此专长的技术人员来现场测量、审定。锑矿是当地税收的主要来源，若三方继续闹下去，影响的不只是安定，还有生产和税收。陶模知事情复杂，非行政手段可以调解，但他左右无专业人员可派，十分头疼。师爷建议，南海陈启沅对机械缫丝颇有研究，又著有"算学"著作，书中有各种测量之术，并会制作测量仪器，此人若去，难题定能迎刃而解。

陈启沅有生以来第一次接到总督衙门的公函，惊喜之余，亦有压力。他的确研究过各种测量方法和计算之术，但都用于百姓生活，其他一些专业测量和计算皆属于"纸上谈兵"，并无实战经验。但陈启沅是一个敢于接受挑战的人，他"准备好罗盘、皮尺、丈尺、标杆等各种测量器具，又带上他创造的'平水左旋罗经'，在家丁中选了两个得力助手后便一同出

---

① 黄景坤：《陈启沅传》，第17页。
② 陶模，字方之，浙江秀水人，同治七年进士，光绪十七年授新疆巡抚，二十一年署陕甘总督，二十六年调补两广总督，二十八年九月病逝于穗。陶模是清朝新政初期一位十分重要的疆臣（参见关晓红：《陶模与清末新政》，第72页）。其向朝廷建言多以制度兴革为内容，强调要学习和模仿西法。

发前往"①。

陈启沅走的是水路，坐的是官船。持总督衙门的公函到韶州府报到后受到热情接待。

次日，陈启沅来到现场勘查。官员先介绍情况，又三位矿主陈词。矛盾的焦点是一条山沟，普通山沟也就罢了，偏是矿脉所在地。陈启沅查阅有关文书档案，得知此处属于"三不管"地带，地界标定不清。一条山沟怎么分呢？的确是个难题。

陈启沅认为，此地属于丘陵地带，起伏不平，有山谷和树林，以平面测量之法难以测量深度和高度，因此地界难以确定。陈启沅苦思一夜，想出一个办法，他先"自制一个简单的水平仪"，设想"在现场定立若干个同一高度的测量点作为基点"，在同一水平面上，"才能计算出准确的占地面积来"。②

两天之后，陈启沅与助手带上测量仪器和工具抵达现场，进行实地测量。测量数据关涉三方利益，必须准确、科学，经得起盘问和推敲。野外沟沟坎坎，荆棘丛生，骄阳似火，蚊虫叮咬，陈启沅以60余岁高龄，毫无畏惧，还十分欣喜，他平生研究用于测量的算学终于派上了大用场，发挥了真正的作用。

他的一双"千里眼"，尤其有助于测量。

10多天之后，陈启沅获得第一手数据。又用10多天时间绘制出精确之地形图，在图上注明各矿所占面积和位置。有争议之处也在地形图上标注得清清楚楚，许矿主占其上段，龙矿主和马矿主占其下段。三方各按界标开采，再无纠纷。

三方见状心悦诚服，皆表示"服从裁定，再无异议"。官府在几个关键部位立下石桩作为分界，三方"签名具结"。③

陈启沅用两个月的时间解决了多年悬案，且采取的方式方法令官府闻所未闻，陶模深有感触。当今为官者虽熟读经书，但无专业技术，遇到此类"疑难杂症"束手无策。陶模有心将陈启沅招致麾下，委以官职，鉴于其年事已高，又富甲一方，觉得不妥。人才者，不能为其所有，但能为其所用，也是不错的办法。

陶模有意为陈启沅请赏，封一个"花翎道衔"。征求陈启沅的意见，陈启沅感谢总督大人赏识，并询问如何办理。陶模云，此番测量，你有功于朝廷，故不必捐出银两，由总督府呈文为你请赏，吏部可直接办理，不

---

① 陈作海：《缫丝风云录——记中国近代民族工业先驱陈启沅》，第94页。
② 陈作海：《缫丝风云录——记中国近代民族工业先驱陈启沅》，第95页。
③ 陈作海：《缫丝风云录——记中国近代民族工业先驱陈启沅》，第96页。

必惊动圣上。而吏部尚书崇绮大人与我关系甚好,"我可专修书一封,请他关照此事"。① 崇绮担任吏部尚书是1885年(光绪十一年),其"调任武英殿总裁,任吏部尚书",在这个职位上干到1899年(光绪二十五年)。

由此,脉络大概清楚,或许是这顶"花翎"使得陈启沅与崇绮扯上关系。

陶模告诉陈启沅,崇绮十分喜爱字画之类的玩物,是位雅士,闻仁兄有微书特长,如果送这类礼物比送其他东西胜过百倍。依据此言,陈启沅的扇子正是借助此次机会送给了崇绮。

3个月后,吏部下了批文,代表皇上赏赐陈启沅同从三品的花翎道衔,"不久又发来官服一套"。陈启沅有一孙女陈佩璧,她小时候曾亲眼看过祖父穿过官服。②

疑点却是,陈启沅既受两广总督陶模所委派,而陶模为光绪二十六年调补两广总督,时间是1900年9月26日③,按照农历,应为八月初三。如此,陈启沅前去韶州应是八月初三之后的事。而据《中国档案报》上的一篇文章载,崇绮生于1829年,卒于1900年④。1900年8月15日,八国联军占领北京,慈禧携光绪帝仓皇出逃,崇绮家人集体自焚。国破家亡,崇绮见救朝廷无望,留下"圣驾西幸,未敢即死,恢复无力,以身殉之"的遗书,在莲池书院自尽。⑤ 这是当年八月初二的事。⑥ 两个时间明显策应不上。

当然,1900年,崇绮任翰林院掌院院士,授正红旗汉军都统,再次担任户部尚书。⑦ 如果陈启沅的扇子于这一年送给户部尚书崇绮是有可能的,但又与陶模任职之时间、陶模所言崇绮担任吏部尚书、崇绮殉国的时间相互矛盾。

且据中山大学教授邱捷言:"陶模因调解处理矿山争端保举他道台头衔之说不符合清朝制度,不可能发生。"⑧

有一种可能,陈启沅的确曾受两广总督府委派,未必是陶模。陶模接的是李鸿章的班。但如果不是陶模,究竟是何人邀陈启沅出山?此谜留给更多专家去解。

---

① 陈作海:《缫丝风云录——记中国近代民族工业先驱陈启沅》,第98页。
② 陈作海:《缫丝风云录——记中国近代民族工业先驱陈启沅》,第97页。
③ 关晓红:《陶模与清末新政》,第73页。
④ 郭琪:《蒙古状元崇绮的跌宕人生》,《中国档案报》2015年10月16日。
⑤ 明月:《近代蒙古族状元崇绮》,《内蒙古社会科学》1997年第4期,第71页。
⑥ 贾熟村:《义和团时期的光绪帝》,《湖南科技学院学报》2010年第5期,第4页。
⑦ http://www.bjdclib.com/subdb/exam/examperson/200908/t20090819_22546.html。
⑧ 邱捷与本书作者来往函件。

陈启沅的“花翎道衔”是确有其事的。其子陈蒲轩在宣统二年庚戌《南海县志》卷末，光绪三十三年简村堡“捐册”(图4.7)中，以其父亲的名义捐钱，记有：“花翎道衔陈启沅捐银一千两”，这是陈蒲轩为表彰父亲的美德而用“花翎道衔陈启沅”的名义捐钱的。①

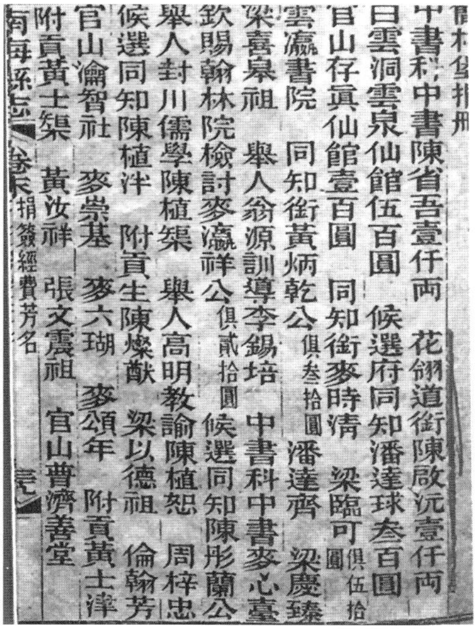
簡村堡捐册
中書科中書陳省吾壹仟両　花翎道銜陳啟沅壹仟両
白雲洞雲泉仙館伍百圓　候選府同知潘達球叁百圓
官山存眞仙館壹百圓　同知銜麥時清　梁臨可 俱伍拾圓
雲瀛書院　同知銜黄炳乾公 俱叁拾圓　潘達齊　梁慶臻
梁喜臯祖　舉人翁源訓導李錫培　中書科中書麥心臺
欽賜翰林院檢討麥瀛祥公 俱貳拾圓　候選同知陳彤蘭公
舉人封川儒學陳植渠　舉人高明教諭陳植恕　周梓忠
候選同知陳植泮　附貢生陳燦猷　梁以德祖　倫翰芳
官山淪智社　麥崇基　麥六瑚　麥頌年　附貢黄士漳
附貢黄士渠　黄汝祥　張文震祖　官山曹濟善堂
南海縣志 卷末 捐簽經費芳名

图4.7　宣统二年（1910）修《南海县志·捐册》

花翎是清代朝廷用来嘉奖官员的重要冠饰，赐戴花翎是朝廷给予官员的一种极高的荣耀，陈启沅本没有机会通过这一途径得到花翎。但在晚清时候，“花翎的赏赐出现了滥多的现象，范围也不断扩大，甚至有了捐翎的例制，用钱就可买到花翎”②。太平天国战争后清朝广开捐纳，一再降价“出售”官衔，中小商人捐有官衔的比比皆是，尤其在广东，“通过捐纳取得一个功名、职衔，实际上所费无多”，“捐纳的价格一降再降，虚衔越来越不值钱。实际价格往往只为原规定的几分之一甚至不到十分之一”。③

读者熟悉的《官场现形记》里上海一个捐了候选道头衔的“绅商”在宴会里说：“我不过在这里做生意，算不得什么；不过我常常要同你们诸位在一块儿，所以不得不捐个道台装装场面。我这道台，名字叫做‘上场道台’：见了你们诸位道台在这里，我也是道台；如果见起生意人来，我还做我的一品大百姓。”④“这大概是一般捐虚衔的商人的普遍情况。”⑤

陈启沅的花翎道衔究竟是加捐的，还是因在慈善、救灾等事项中有重大贡献获得保举，然后朝廷予以加衔，目前没有资料，无法判断。

无论陈启沅以何种方式获得“花翎道衔”，我们还是会有疑问：以陈启沅一把年纪，此等身价，名利于他已如浮云，他缘何未能拒绝这个“虚

① 陈德华：《继昌隆缫丝厂值得探讨的几个问题》，第85页。
② 扶之：《漫话清代的花翎》，《人文杂志》1996年第4期，第43页。
③ 邱捷：《清末文献中的广东“绅商”》，第116页。
④ 李宝嘉：《官场现行记》下册，人民文学出版社1957年版，第579页。
⑤ 邱捷：《清末文献中的广东“绅商”》，第117页。

名"？对于中国古代的读书人而言，官帽具有不可替代的吸引力。陈氏一门未有一人考取功名，也未有一人在官府任职，从某种意义上而言，也是一个家族未了的心愿和遗憾。"花翎道衔"虽为虚职，但身为商人有此顶帽子，"在社会上的地位就大有不同，这在当时乡下是一件很光荣的事"。另外，还"有机会为朝廷效力"，"可光宗耀祖，荫及后人"。① 只是，陈启沅并不想真正入仕，其言："我岭南农夫也。仕非我愿，亦行吾素志而已。"②

其时，陈启沅凭借在实业上的成就及其他方面的名气（如书法、慈善等社会活动），已逐渐获得更高的社会地位。不管是五品的官帽还是从三品的官衔对他而言只是"浮云"。外人（包括潘衍桐、崇绮等官场之人）与其交往，也有意或无意"忽略"此事，以平等的礼节视陈启沅为朋友，提其官衔未免生分和流俗，这也是我们在诸多资料中很少见到陈启沅之官衔被提及的原因。

可否这样推测：陈启沅青少年时代是有志于读书做官的，所以去考科举。中年已经放弃，专心致志从事实业，但为了活动方便，也像其时广东很多商人那样捐了个官衔。随着事业的发展和社会地位的提高，他的视野更广，思想也有变化，晚年时不仅不想当官，而且连空头官衔也不重视。正如邱捷所言："如果不是他本人的坚持，以当时的交际礼仪，人家一定会提到他的官衔的。"③

一个人与一个人的交往要有一定的基础，有些是家庭基础，有些是身份、等级基础，有些则是兴趣、爱好、志向使然。中国古代封建社会等级尤其森严，以陈启沅的身份与崇绮这样的皇亲国戚交往明显是够不上格的。但陈启沅与崇绮之间又确实存在交往，我们不禁会问，基础是什么呢？笔者认为是文人情怀和兴（报）国的志向趋同。

其实，抛开"顶戴花翎"，两个才华横溢者的结识，或者就算从未谋面，但思想与灵魂隔空对话也不是不可能的。通过某个人、某次机会，传递一把扇子、一首诗词，在古代中国，也是常事。

声名远播的陈启沅是机器缫丝业的翘楚，"其名声达于京都"④，朝廷早就知道。而崇绮虽位高权重，但仍旧保持文人之"忠鲠亮直"⑤ 的性格。崇绮有意结识陈启沅这样满腹兴国豪情之实业大家也在情理之中。

---

① 陈作海：《缫丝风云录——记中国近代民族工业先驱陈启沅》，第98页。
② 陈作海：《缫丝风云录——记中国近代民族工业先驱陈启沅》，第111页。
③ 邱捷与本书作者来往函件。
④ 陈蘧直：《先父芷馨公事略》。
⑤ 明月：《蒙古族科举第一人》，第19页。

陈启沅赠扇子于崇绮之后,崇绮回赠陈启沅一首诗:

离娄目力公输巧,自古难期萃一身。
幸沐中天敷雅化,快瞻南粤出奇珍。
专心富国惟敦本,余事临池亦轶伦。
更喜诸郎能继武,共为圣世济时人。①

诗体现的大概是这样的含义:

离娄和公输班都是古代身怀绝技之人,这样的人千载难得一遇,更难以想象离娄之明和公输之巧之优点集于一人之身。快来鉴赏南粤呈现的珍宝。你专注实业,为国家富强而努力,书法艺术也卓越超群。更为可喜的是,你的几个儿子都能继承你的事业,共同在盛世之中造福百姓。

在崇绮所作之诗中,赫然题有"芷馨仁兄大人雅鉴",落款则为"愚弟崇绮拜题"字样(图4.8)。这要么表明两人关系非同一般,要么表明崇绮对陈启沅极为敬重。

"陈启沅看到这首诗,感觉十分惊喜",在他眼里,崇绮是当朝一品大员、皇亲国戚,两人非亲非故,素昧平生,崇绮能赠诗并请自己"两政",还"以'仁兄大人'称呼,而自称为'愚弟'"②,是陈启沅未曾预料的,他有受宠若惊之感实属正常。一方面,可能是陈启沅的"真本事"打动了崇绮;另一方面,崇绮作为读书人,对读书人惺惺相惜,此种情怀是纯朴的,不掺杂功名利禄。

我们需要研究的是这究竟是发生于何时的事——崇绮"拜题"之后,有

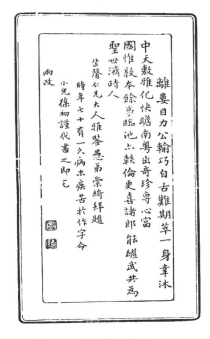

图4.8 崇绮所赠之诗
资料来源:陈启沅:《蚕桑谱》,第12页。

---

① 陈启沅:《蚕桑谱》,第12页。
② 陈作海:《缫丝风云录——记中国近代民族工业先驱陈启沅》,第100页。

一句话，似乎可以推算，"时年七十有一，久病末疾，苦于作字，命小儿葆初谨代书之，即乞两政"，落款为"崇绮"。按照古人的习惯，崇绮所言"七十有一"应为虚岁，那么，崇绮题赠陈启沅的时间应为1899年，据陈孺直记载，崇绮曾"召其（陈启沅）入都"，但陈启沅"以老辞"，派陈蒲轩等"入京禀谢"。① 此事发生于崇绮殉国前一年，"翌年拳匪乱作，崇绮氏举家殉难"。② 如此，陈启沅与崇绮属于未曾谋面的朋友。

有关资料还记载，陈启沅与崇绮交上朋友之后，平时就有书信往来。崇绮十分喜欢陈启沅五子陈锦箮的画，陈启沅正要派人送去，得闻崇绮已自杀殉国。陈启沅为国家失去崇绮这样的忠臣、自己失去这样的朋友而唏嘘不已。

陈锦箮在该画上补记了此事：

> 崇绮公爷酷爱余画，函书嘱绘，并和以七绝一首。公爷一字一咏，名播京师，家严以画回答。余既画成，即光绪庚子之役，公爷阖府投塘通州尽节，不留余生。闻者未免伤心，为留名于万载，特置数言，子孙宝之而留纪念。③

其中，"投塘通州"应为笔误，实则是在河北保定。

十一月二十八日，光绪帝与慈禧回京后，念及崇绮满门忠烈，赞其"舍生取义，大节无亏"，谥"文节"，入祀"昭忠祠"。④

陈启沅既"入"官场，必为官场所用。前次去韶州，除裁定三家矿主之纠纷外，还发现锑矿中的一段并非三家所有，建议官府没收归公。此时的两广总督陶模委任陈启沅前去开采，条件是"免去所有税赋作为嘉奖，但要自负盈亏，为期五年，到期交还官府"。⑤

陈启沅经营五年，稍有收益。"五年以后，规定期限到时，陈启沅已去世，其后人遂将此矿交还官府经营。"⑥ 对于陈启沅暮年从事矿务开发，陈孺直亦有其他记载，如陈启沅在"广西贺县锡矿并任官锑局总办"⑦。

陈启沅在对后代的培养上也有意让其离官场近一些。苟铁军言，"陈

---

① 陈孺直：《先父芷馨公事略》。
② 陈孺直：《先兄蒲轩公事略》。
③ 陈作海：《缫丝风云录——记中国近代民族工业先驱陈启沅》，第100页。
④ 明月：《近代蒙古族状元崇绮》，第71页。
⑤ 陈作海：《缫丝风云录——记中国近代民族工业先驱陈启沅》，第98页。
⑥ 陈作海：《缫丝风云录——记中国近代民族工业先驱陈启沅》，第99页。
⑦ 陈孺直：《先父芷馨公事略》。

启沅之子辈也具有相当深刻的官方背景"①。吴建新言，陈启沅成功创办机器缫丝业之举给他的子孙留下深刻印象。"陈启沅的侄孙陈廉伯从香港皇仁书院毕业以后，当上了香港汇丰银行的买办"②，实则为广州分行的买办。更正一点，陈廉伯并非陈启沅的侄孙，而是孙子。据陈氏后人言，陈启沅刻意"培养其孙陈廉伯成为汇丰买办"③。陈廉伯（1886—1944），其父陈蒲轩。"作为长孙，陈廉伯深得陈启沅的厚爱，不仅亲自为其取名，而且对之寄予厚望。"④ 16 岁，陈廉伯便到广州沙面汇丰银行供职，很快当上买办，其后，"他又接手庞大的家族生意，并通过联络、操纵同行，几乎垄断了广东的生丝出口"⑤。陈启沅余生之年指导并放手于孙子陈廉伯，是有可能的事。陈作海言，已过了知天命之年的陈启沅，以前所管的生意"逐渐交给各子侄去经营"⑥。但是，陈启沅未曾预料，他喜欢的这个孙子以后不但生意做得大，成为粤商领袖，做了一些好事，政治野心也不小，早已不是一个顶戴花翎能够满足，而是"在国民革命中涉足政治"⑦，决意"打倒孙政府"⑧，操纵广州商团（陈启沅是广州总商会的发起人之一⑨）叛乱，结果被孙中山及革命政府平定，被迫逃往香港。1941 年日军占领香港后，陈还与日本人密切合作，乘机发了不少"国难财"。⑩ 这一定不是陈启沅希望看到的当年悉心培养陈廉伯的结果。

  从目前笔者掌握的资料，还看不出陈启沅与翰林潘衍桐的交往起于何时，但非常密切是确凿无疑的。其时，翰林社会地位极高，即使只是六品、七品官，对总督巡抚、尚书侍郎都不必行下属之礼。潘衍桐不但为《蚕桑谱》作序，还在序中称呼"吾友陈君芷馨"，说明两人关系非常亲密。

  从历史的雪泥鸿爪中，我们还看到，陈启沅与洋人也开始了交往。一日，他到香江游玩，与白人一同登上太平山巅，远眺鲤鱼门外，遥指往来船舶，陈启沅"数十里外能辨旗帜"⑪，准确地说出船上桅杆和风帆的样式。而白人以望远镜观看尚看不真切。及船舶驶近，果如陈启沅所言。

---

① 苟铁军：《评介》，陈启沅：《蚕桑谱》，第 1 页。
② 吴建新：《陈启沅》，第 39 页。
③ 陈天杰、陈秋桐：《广东第一间蒸汽缫丝厂继昌隆及其创办人陈启沅》，第 71 页。
④ 渊然：《另类富豪陈廉伯》，《大经贸》2010 年第 9 期，第 96 页。
⑤ 渊然：《另类富豪陈廉伯》。
⑥ 陈作海：《缫丝风云录——记中国近代民族工业先驱陈启沅》，第 83 页。
⑦ 吴建新：《陈启沅》，第 41 页。
⑧ 渊然：《另类富豪陈廉伯》。
⑨ 陈孺直：《先父芷馨公事略》。
⑩ 渊然：《另类富豪陈廉伯》。
⑪ 陈孺直：《先父芷馨公事略》。

"白人乃大惊,谓中国多奇士。"① 此事惊动了伦敦报界,一经刊发,一时播为美谈,"华人之能以才力倾动白人者,自启沅之目光始焉"②。此语的确是一种夸赞,虽有溢美,也表明其时的陈启沅早已不是当年简村的那个穷书生、创业路上的一般商人,而是引领风骚、叱咤风云的商界大腕。

第四节　研究蚕学　著书立说

司马迁曰:"天下熙熙,皆为利来;天下攘攘,皆为利往。"作为商人的陈启沅,经商逐利,是天经地义的事。只是,他从未像有些商人那样为牟利而不择手段,甚至无所不用其极,那只会遭人鄙夷。陈启沅与更多商人的不同之处在于依靠机器获取了厚利并带动普通百姓共同致富之后,思想的车轮没有停滞。他在思考更深远的事情:研究蚕桑,使之成为一门学问。

1887年(光绪十三年),陈启沅为纪念继祖父(陈启沅之父陈有威过继给陈大澧)绮亭公,建造了绮亭陈公祠。这是清代深二进院落式硬山顶建筑,木雕、砖雕、灰塑工艺精美,富有岭南特色。分前后殿。前殿为集会、议事之用,后殿供奉先人,中间置一雕花灰色云石神楼,雕工精细。占地面积1500平方米,建筑面积600平方米。子孙后代可在此祭拜祖先并维系家族关系。

除绮亭陈公祠一座外,陈启沅又建独立房屋17间,均为一厅一房,纵横排列,像一副象棋盘,总其名为"百豫坊"。

百豫坊究竟为何意,陈启沅没有作过解释。以笔者之见,百即为数量,可理解为百口人,象征一个家族人丁兴旺;豫为欢乐,典出"尔公尔侯,逸豫无期"③。百豫象征陈氏家族兴旺、幸福。但如此解释又稍显浅薄。《周易·序》曰:"有大者,不可以盈,有大而能谦必豫。""大而能谦"用来指既有一定的知识、名望、地位或财产等,又能够谦虚待人的人。如此,便可解读陈启沅起名为"百豫坊"的真正含义:陈氏家族的事业已经做得很大,但唯有保持谦虚谨慎才能更加快乐、富有。

百豫坊建成后,陈启沅主持分了家。其二哥、三哥均已过世,陈启沅是陈氏家族中最年长者。他的分配方案是:祠堂为大家所共有。另置有十

---

① 《陈启沅列传》,(清)郑荣等修,桂坫等纂:《南海县志》,第1729页。
② 《陈启沅列传》,(清)郑荣等修,桂坫等纂:《南海县志》,第1729页。
③ 《诗经·小雅·白驹》。

几亩良田作为祠堂的公产,其收入作为今后祠堂祭祖、管理、维修和每年陈氏男丁分烧肉的费用。在侄辈中选一人兼职祠堂管理,给一定的报酬,"这个规矩要长期固定下来"。① 17 间房屋,陈启沅三兄弟或嫂嫂每人一间,各子侄不论成家与否每人一间,以后就是各自的祖居;但只能管到子侄辈,孙子辈的问题各自解决。②

说是 17 间,实为 17 栋。笔者现场查看,17 栋房屋均为独门独院的二层小楼,全屋麻石结构,青石地板(图 4.9),高大、坚固、威武,历经百年风风雨雨,并没有如陈作海所言"大部分已倒塌、拆除或另建新房"③,而是大部分巍然屹立。"据史料记载,陈氏祠堂所在的简村当年由陈氏家庭所兴建的各种建筑共有 72 幢,其中包括陈启沅的故居以及他所开办的小学、医院和各种杂货铺等,而目前现存的这些建筑还有 10 多幢。"④ 其中的仓库亦为百豫坊的一部分,陈启沅用以存储个人收藏的奇珍异宝,如名家字画、名贵药材、珠宝玉器等。当年由于日军轰炸屋顶被掀,但四周墙壁丝毫未损(图 4.10、图 4.11)。从房屋的占地面积、结构、用材、门头雕饰等可以看出当时的陈启沅的确富甲一方。

图 4.9　百豫坊

资料来源:许卓摄。

简村的缫丝厂、广州的昌栈丝庄,在安南和在香港的生意全部折价,或成立股份,兄弟三家各占一份。先由三伯父一家挑选,再由二伯父一家挑选,最后剩下的是陈启沅的。

---

① 陈作海:《缫丝风云录——记中国近代民族工业先驱陈启沅》,第 87 页。
② 陈作海:《缫丝风云录——记中国近代民族工业先驱陈启沅》,第 87 页。
③ 陈作海:《缫丝风云录——记中国近代民族工业先驱陈启沅》,第 85 页。
④ 时双庆、吕松:《陈启沅:中国缫丝工业第一人　创民族工业先河》。

图 4.10 陈启沅当年建造的仓库四壁全景图
资料来源：许卓摄。

自古清官难断家务事，分家这个问题尤其敏感，特别像陈氏家族家大业大，略微的"倾斜"或"偏心眼"便是无数钱财的获得或损失。陈启沅的分家方案十分公正、公平、合情、合理，两位嫂嫂和各子侄均无异议，"连声说好"。①无私才能公正，从分家这个问题上，陈启沅再次体现出宅心仁厚的一面。

陈启沅深知人生苦短，务必只争朝夕。家务大事处理完毕，他才有更多的时间和精力继续钻研学问。这件事是他人生的一项功课，正如陈孺直所言："父虽业商，然性亦嗜学。"②

图 4.11 笔者在陈启沅当年建造的仓库中留影
资料来源：许卓摄。

其时，他已完成《蚕桑谱》。

蚕桑生于土地，出于农家，倘若研究，属于农学之范畴。这千百年来农民习以为常的"土产"是否真的藏有深邃的学问？陈启沅引进、解决了缫丝之法，此法"既善"，已经完成了历史使命。可是，他的目光又敏锐地捕捉到缫丝之前道"工序"——植桑与养蚕，他认为"养蚕之法然尤未

---

① 陈作海：《缫丝风云录——记中国近代民族工业先驱陈启沅》，第 88 页。
② 陈孺直：《先父芷馨公事略》。

精"①。这是一个富有挑战性的研究方向。蚕桑丝织业在先秦已经有了相当的发展,《诗经》《陌上桑》《孔雀东南飞》等文学作品中屡次出现蚕桑、纺织场景;成书于东汉后期的《四民月令》也有相关记载:"清明节,命蚕妾治蚕室,涂隙穴,具槌、持、簿、笼";"谷雨中,蚕毕生,乃同妇子,以懃其事,无或务他,以乱本业;有不顺命,罚之无疑";"立夏节后,蚕大食","蚕入蔟","蚕既入蔟,趣缲,剖绵;具机杼,敬经络"。②

只是,在陈启沅眼里这还不够。古代农书的记载粗枝大叶,一笔带过,没有"方法",不具体,没有可操作性。植桑养蚕看似简单,实则蕴含巨大的学问。他要成一家之言。

陈启沅所著《蚕桑谱》(图4.12)分为卷一、卷二,总计不到2万字。

在《蚕桑总论》③中,陈启沅开篇即道:"考诸天地万物,莫不由六生始也",而"蚕由卵生",是"虫类中之圣品"。

蚕有分类,"有野蚕家蚕之分",而野蚕仍有数种,"生于枫荷之树者多"。枫树之蚕,"世人取之以作吊鱼丝",喜其入水无线影,"鱼不见线,故不惊也"。

饲养家蚕之要,"天时、地利、人和"缺一不可。各占几成?"天时占其五,而人事、地利亦占其五"。若不知此规律,"百不得一"。

图4.12 《蚕桑谱》

圣人云:"能尽物之性,可以赞天地之化育。"④ 故凡养蚕之家,都须留心考究。

陈启沅认为,蚕桑为民食之本,为国课之原,计其成丝获利,"民得其九,而国亦得其一。历年土丝、土绸出口征税,动以数百万计。另内地

---

① 陈启沅:《蚕桑谱》,第17页。
② 缪桂龙选译,缪启愉审定:《四民月令选读》,农业出版社1984年版,第11、14页。
③ 陈启沅:《蚕桑谱》,第37~43页。
④ 出自《礼记·中庸》第二十二章:"能尽物之性,则可以赞天地之化育;可以赞天地之化育,则可以与天地参矣。"

消流，不知凡几"。

植桑养蚕，成本极低，"略无弃材"，"蚕食余剩之桑，可以养鱼。蚕疴之屎，可以作粪土，固可以培桑，并可以培禾，蔬菜杂粮，无不适用"。"更可以作风药"——陈启沅必是研读过李时珍的《本草纲目》：蚕者，"炒食，治风及劳瘦"①；又或是自己实践之证明。

陈启沅以为，蚕"性热""味甘"，宜细心养之，其"喜天气之和平，畏无风之酷暑，恶昼雨，忌烈风雷电"。"已结之茧，退去蚕壳，化成无足之虫，曰蚕梦。若不留作种，煨而食之，味香而美，可作上品之菜。偶有变坏之虫，亦可饲鱼、养畜。更有劣等者，曰僵蚕，可作驱风药。即缫丝之水，均可作粪土以耕植。"

广东的养蚕业同塘鱼养殖业密切相结合，"一般来说，用800斤蚕屎，再加上适量的青草饲料，便可育肥100斤鱼"。② 有人按当时"四水六基"的比例来估算，一亩地可产桑叶4000斤，养蚕得蚕沙1600斤，蚕茧240斤，蚕沙养鱼可增产鱼200斤。而100斤鲜蚕茧可缫生丝10斤，6亩桑养蚕所得蚕纱，可供塘鱼4亩，增产鱼1200斤。③ 这样高产量的丝鱼业，其价值远超水稻。当时就有一句民谚："一担桑叶一担米，一船丝出一船银归。"

陈启沅提出蚕的生长条件是"喜清爽，畏卑湿，恶香臭气，宜熏风微凉"。蚕食桑，但"爱洁润，忌雾水，若雨水、河水，视造数之所在。有忌有不忌，即桑嫩薳亦如之。凡咸秽之气，沾桑食之必死。又不能受饥。此蚕性之大略也"。

在陈启沅眼里，世间万物，都具有"性"，都血肉丰满，有情有义。他带着体温和良知看待世界。于是他眼里的蚕便不再是一只虫，而是一个"人"。蚕虽无"三纲之义"——三纲者，君臣义，父子亲，夫妇顺，蚕非人，自是没有，却有"五常之德"——五常者，仁、义、礼、智、信也。

且看陈启沅如何释义蚕的五常。

蚕"性只食桑，即饥至死，亦不窃别叶而食"，乃仁也；蚕"食无争，虽饥将死，得食亦不斗，义也"；蚕"饥将死，亦不外逃，礼也"；蚕"自知将死，必屙清屎尿，后吐丝结茧，而护其身，智也"；蚕"既受主人养育之恩，除受伤之外，必报主人以丝，信也"。

---

① （明）李时珍：《本草纲目》，黑龙江科学技术出版社2011年版，第806页。
② 刘仕贤、梁家勉：《蚕桑谱注解》，广东省南海市政协文史资料委员会：《南海文史资料》第二十四辑（《蚕桑谱专辑》），第27页。
③ 梁光商：《珠江三角洲桑基塘生态系统分析》，《农史研究》1988年第7辑。转引自黄启臣：《明清珠江三角洲"桑基鱼塘"发展之缘由》，第4页。

亘古至今，以儒家思想阐释蚕者唯陈启沅是也。

陈启沅名义说蚕，何尝不是在言自身？

仁者，已成巨商，却留心缫丝工业，以西方先进技术为家乡百姓谋福祉，且不盘剥百姓劳动，惠利于民；义者，使继昌隆成为缫丝工业的黄埔军校，人人掌握技艺，慷慨大气；礼者，躺着中枪，被逐外地，无上书，无静坐，无绝食，换一个地方生存，且不计前嫌，又返乡从头开始；智者，以"绝活"交集官场，无铜臭之腥，留一世清香，且著书立说，为后人留下精神食粮；信者，虽政府腐败，官员昏庸，但游子情怀情深义重，还哺祖国，言出必行。

陈启沅实则以蚕为安身立命的标杆。他引用《三字经》的话：人不学，不如物①，对蚕之喜爱，溢于言表。而蚕之吐丝，共有三色：近青色者，谓之青茧；黄者，名之曰金茧；白者，曰银茧。"此皆广东俗语命名也"。此三色，恰如人生之青年、中年、老年。青年者，国家之栋梁；中年者，家庭之顶梁柱；老年者，社会之验金石。人生唯有把握好这三个时间段，才能创造属于自己的价值。

诚哉，斯言蚕之形，与凡虫略异。陈启沅对蚕的观察细致入微："手六，而足八，手尖如针。足六尖而二扁，扁足居于后。尾之背有尖钉。初生，毛乌而密。及大，毛白而疏。大意看之，几不及见。身则节节如冬虫草，行则伸缩而前。背有指甲印四个者，曰明印；无印者，曰光身。尾有小黑点者，曰大花尾。头有绉纹，如老人之额。牙二，生分左右如钳。嘴紫色，如赤豆。"唯有热爱、投入，才能观察得如此细致。

陈启沅比较了别国之蚕与我国所产的区别之后言："亦大同而小异耳。所吐之丝，有三色：有黄、有白，有嫩黄近青色，称之曰青茧。黄者，名之曰金茧。白者，曰银茧。此皆广东俗语命名也。"

蚕食桑叶，陈启沅对植桑提出自己的见解："若夫耕桑之义，亦与养蚕相因，植地宜肥美，泥宜润泽而不淤；喜通风，能受日晒。虽喜雾雨，亦不宜过多。忌北风霜雪，不宜露蘘。流水浸之，即落叶而无大害；淤水侵之，数日即败。"

对于市场价格，陈启沅言："价视蚕之丰收而议值。蚕丰，桑价常沽至五六元银一百斤；贱则不值一铜钱。以常价而论，近十数年，每担可议价银一两。"

陈启沅还比较各桑蚕产区的种桑之法，比如湖、浙、粤三地，"湖浙种桑，与广东不同"，湖浙是"初植之年，不采其叶，并不斩其枝，常留

---

① 《三字经》：蚕吐丝，蜂酿蜜。人不学，不如物。

三四年而采叶者为佳"，广东则于"冬至节前后，尽斩其树，只留其头，待来年发薎"。桑叶的质量直接关系蚕丝的质量，陈启沅已认识到广东桑出丝不如湖浙桑，"广东桑叶品质同浙江桑叶相比，一般比较差"，盖缘于气候条件的差异，江浙桑树生长较慢，桑叶长得实在，广东气候炎热多雨，桑树生长迅速，却由于日照不足，桑叶长得"单薄"，营养价值较低，蚕吃了低营养的桑叶，自然"叶丝转化率也比较低"。①"湖州的生丝产量为全国各州府之冠"②，"广东丝则不及江浙丝质好"③。从数量上，广东也不如江浙，清朝的一份资料表明，浙江"最近茧产年约八九千万斤，称全国第一"，广东"茧额年约七八千万斤"。④

比较之后，陈启沅得出了什么结论呢？

只要"先观天时，次则地利，然后参以人事"，便可"补天时地利之不足"，⑤广大蚕农只要"勤力其中"，便能化不利为有利，每年可多产，以量取胜，"何患无谋生之路耶"。

陈启沅通过对比，告诉蚕农要知此知彼，天时是无法改变的，地利也是无法改变的，这是客观的条件。但是人和是可以改变的，一个"勤"字，便可补拙。而改变之方便是机器缫丝、单车缫丝和手工缫丝并存，将市场进行细分，各取其利。

事实上，世界主要蚕丝生产国家是中国、意大利、日本和法国。表4.2 为世界主要蚕丝国家生丝产量之比较。

表4.2 世界主要蚕丝国家生丝产量占比

单位：公担、%

年 份	合计产量	主要国家所占比例			
		法国	意大利	中国	日本
1871—1875 年平均	127574	5.16	24.86	60.74	9.25
1876—1880 年平均	123827	4.12	15.52	68.36	12.00
1881—1885 年平均	130245	4.84	21.24	59.58	14.34
1886—1890 年平均	155860	4.44	21.99	53.57	20.00
1891—1895 年平均	193565	3.86	19.04	50.81	26.29

资料来源：徐新吾：《中国近代缫丝工业史》，第63页。

---

① 刘仕贤、梁家勉：《蚕桑谱注解》，第31~32页。
② 彭泽益：《中国近代手工业史资料》第二卷，第75页。
③ 徐新吾：《中国近代缫丝工业史》，第60页。
④ 刘锦藻：《清朝续文献通考》卷385，实业八，叶考，商务印书馆《万有文库》本。转引自徐新吾：《中国近代缫丝工业史》，第53页。
⑤ 陈启沅：《蚕桑谱》，第26页。

正如当年继昌隆创办后的 1876 年，因"欧洲气候不佳，意法等国蚕茧严重歉收，估计全欧新丝收成，仅及寻常年度三分之一，洋商之采购华丝者争先恐后，有类狂易，价值因之飞涨……"① 市场，抢占先机最为重要，当求大于供的时候，外商对于湖丝、浙丝、广东丝，也无心挑剔了。正是在这一年，继昌隆赚了大钱。

身在桑田，陈启沅对这片土地的习性了如指掌。广东属亚热带范围，气候温煦，雨水充沛，即便在阳台上随意扔两个蒜头，不培土，不泡水，几天工夫也能冒出绿芽。这是植物生长的天堂。陈启沅言，"耕桑之义……植地宜肥美，泥宜润泽而不淤；喜通风，能受日晒。虽喜雾雨，亦不宜过多。忌北风霜雪，不宜露蘁。流水浸之，即落叶而无大害；淤水侵之，数日即败"。所谓露蘁，即桑根暴露出地面。② 陈启沅所言乃植桑中的宜忌事项，简明扼要，一看就懂，易于学习和纠正，"基本上概括了桑树所需的主要生态条件"③。而桑树四季常绿，随摘随生，蚕始终衣食无忧。"蚕儿的饲养只 17、18 天即可结茧，如遇气温较低季节也只 22、23 天，故全年养蚕次数可多至八九造，普通也有六七造"。④ 陈启沅认为，每年除练种外仍分六造。四月中旬为头造，相隔三十三日，又为二造，计至九月尾而六造全矣。十月间，有用火房而养者，曰寒造。连练种通计，每年共得八造。

"总论"之后，陈启沅首先阐述了练种之法。

在《论练种法》⑤ 中，陈启沅依然用比较之法，"考湖浙之蚕种有二：一曰盐种，一曰灰种"，用盐水洗的是盐种，用灰水洗的是灰种。但此"他山之石"不适合广东，盖因地利不同。"广东之蚕，亦有二种：一名大造，又曰大蚕；一名轮月，又曰连蚕"，大造收种于夏初，连蚕收种于七月，除此之外其他月份所收蚕种，都不如这个时间的好。收种之后，用干竹筒装好，挂在半壁之间，避免蠹虫所伤。待到大寒前后将蚕种摊开在筬篙（一种收丝竹具）之内，渐渐变色而出，观其出得八九，则开始喂桑。绝不可大大咧咧粗放式喂养，而是"以薄刀切至如毛发之幼，使蚕仔舐其胶，初非食其叶也"。此法便是将桑叶叠好，卷成圆柱形，切去参差不齐之头尾，然后用锋利的桑刀切成"丝桑"。越是有经验的老农，切得便越

---

① 班思德编：《最近百年中国对外贸易史》，第 153 页。转引自严中平：《中国近代对外贸易史资料》第二册，科学出版社 2016 年版，第 1221 页。
② 刘仕贤、梁家勉：《蚕桑谱注解》，第 30 页。
③ 刘仕贤、梁家勉：《蚕桑谱注解》，第 31 页。
④ 徐新吾：《中国近代缫丝工业史》，第 119 页。
⑤ 陈启沅：《蚕桑谱》，第 45～52 页。

粗细一致。然后均匀而疏松地将丝桑撒在蚕座上，供小蚕食用。此法与饲养幼儿有何差异？幼儿初生，若非吮吸母亲之乳汁，而是喂以饭菜、肉食，怕是一个都活不下来。笔者妻女也曾在家中养蚕，不为获利，只是好奇心大发，寄情其中而已，却不懂养蚕之法，随便到外面采些桑叶，撕成碎片，蚕宝宝饿了也倒是吃，也倒是长，也能吐丝。依照陈启沅之法，显然是没有将心比心，视若婴儿，怠慢它们了。之后，视蚕的生长程度，逐渐调整桑叶粗细，按照哺育婴儿的过程，既不能营养过剩，也不能营养不良，是个细心加耐心的活计。

世间万事万物付出才有收获，蚕吐丝，蜂酿蜜，前提是，养蚕人、养蜂人付出了辛劳。

"练种之时，每日只饲四次，间或太寒冷，则饲三次亦可。"练种之房舍，亦有讲究，"宜黑密"，一则使其不受风寒，二则不受光照。据广东蚕研所（1965年）试验表明①，蚕期光照程度对产卵的越年性有很大影响：在蚕期每日光照 15～24 小时者，几乎全部产不越年种；每日光照 3～12 小时者，几乎全部产越年种；每日 24 小时黑暗区，则多数产不越年种，少数产越年种。越年之种，"归而不出"，不会即时孵出幼虫。但又不可闭气，"若闭气，其蚕必受湿而生浮症"。养蚕的确是一门学问，蚕为活物，养容易，养好难。而广东的气候冷暖无常，有时连天炎热，有时阴雨连绵，有时气温突降，和北方差不多。如何让蚕在黑密之室活得惬意，茁壮成长，不下些功夫显然不行。为解决黑密之室温度无常的问题，陈启沅提出"煖气以补之"，用"滚水之气以煖之"。此二法也要择机择时而用，不可乱用。此外，还有一法，"用炭火载在盆上，以炉灰盖其边……使房内暖气常得七十度"，但是此法亦要结合室外天气情况，若本来天气炎热，再连续三日炭烤，室温升至八十五度之外，则一切"尽化为乌有矣"。养蚕之法，方法很多，但一着不慎，前功尽弃。陈启沅指出，市场上有急功近利之人，用八十二三度之暖火，使其十七八日成熟，恰在清明后三两天，骗人作冷辏换钱，害人不浅。何为冷辏？低温养蚕矣。是指在早春之时，不以人力加温，任其低温生长。此法耗时费劲，以陈启沅看来，"冷辏练种艰难"，但是在自然状态下生长，不速成，质量最好。中国古时养蚕都在自然条件下进行，蚕之生死听天由命。到了光绪时代，一般不敢直接用炭火加温，按照现在的说法，用力过猛。有的是将蚕放在贴身处，或与蚕同睡，靠人的体温加温，有的是将热水加入锡器或瓦罐，再用棉被或棉质衣物包裹，让热度缓慢而均匀地释放，如此，蚕的感受是暖而不热。

---

① 刘仕贤、梁家勉：《蚕桑谱注解》，第36页。

司马迁曾接受腐刑，被谓之下蚕室，受了此刑的男子，一时怕风怕冷怕光，身体孱弱得犹如蚕仔。但是，不管是用人体当被窝，还是用盆盆罐罐加热，局限在于无法多养，不能扩大化再生产，成不了气候。另外，"冷轒"之法也常出现"蚕儿入眠七日而不能蜕皮者，极大多数均在眠中死亡"，未死者亦易"生长发育不良"。现今养蚕，条件好了，技术进步了，"有些地方开始试用空调设备调节蚕室的温湿度"。① 陈启沅深知"冷轒"之难，亦提倡使用"火器"，但须使用得当，"非入眠时候，不可用煖器"，"大眠起后，断不可用煖器"。此法究竟有无道理？注解者言："从现在的观点来看，这是有一定科学道理的。"② 如苟铁军言："此书的内容常常带有科学观察的精密度。"③

谈完练种之法陈启沅又论"放蛾泡水要法"④。放蛾泡水，是指制种和浸汤的意思。"蚕原由卵生，然其生卵之初，则必变蛾而后生卵"，正所谓破茧成蝶。蛾子逃之夭夭，留下卵。这属于自然的"孵化"和"蜕变"。然自然之力有时亦有变数，"练种成茧后，约半月而出蛾"，天略寒，迟个四五日的也有，若天气再不给力，过了二十日，其虫仍"僵而不出"，俨然人之顺产与难产。泡水之法使用得当，可促其顺产，又能"十分有效地杀灭蚕卵内微粒子病病原"⑤。但泡水若不得法"或生或死，变症多端，劳而无功耳"。对于水温陈启沅得出明确结论，"假如是夜寅时初，寒暑针在六十五度，较水则用一百一十三四度……倘在丑初泡水，则用冻半度……""各法所用度数，虽未得谓之尽善，但谱其意再加考订，便可精益求精云"。陈启沅此法，迄今为止，仍被沿用，"广东多化性蚕种通常仍沿用这种浸汤方法进行人工孵化处理"⑥。

陈启沅在《养蚕赞育篇》⑦ 中道，养蚕之道有十法：一曰知性，二曰辨色，三曰掣风，四曰避热，五曰掣雨，六曰审症，七曰防蝇，八曰掣蚁，九曰护茧，十曰缫丝。此十法乃养蚕缫丝之秘诀，十法之外，"俱小得失耳"。陈启沅比较湖浙土人养蚕之法，虽明知其妙，却告诫广东蚕农"不能照此法"，并不厌其烦，逐条例证，细致精到，足以体现深入实践与专业研究之精神，可谓字字得来不容易，"所述各法，皆系数十年中亲手

---

① 刘仕贤、梁家勉：《蚕桑谱注解》，第37页。
② 刘仕贤、梁家勉：《蚕桑谱注解》，第37页。
③ 苟铁军：《评介》，陈启沅：《蚕桑谱》，第8页。
④ 陈启沅：《蚕桑谱》，第53～60页。
⑤ 刘仕贤、梁家勉：《蚕桑谱注解》，第38页。
⑥ 刘仕贤、梁家勉：《蚕桑谱注解》，第42页。
⑦ 陈启沅：《蚕桑谱》，第61～75页。

考究得来，非道听途说之比也"①。

陈启沅在《论缫丝法》②中道："缫丝之法，举国大同而小异也"，丝之优劣，"非茧之不同也"，乃"工之不同矣"，因工之不同，故丝分下等、中等、上等，他要破除的正是缫丝工艺的瓶颈。

《蚕桑谱》究竟写于哪一年？据黄景坤、吴建新所言，是 1886 年（光绪十二年）③，又名"广东蚕桑谱"。陈启沅自己写了序。依后来作序者潘衍桐所言，此书先"传钞不已"，"是篇一出，粤人先受其惠，湖人亦不得专其美"。《蚕桑谱》先是"以抄本形式在南海、顺德的蚕区流传开来"。④

潘衍桐言，《蚕桑谱》问世之后，大家"怂恿付梓"。潘衍桐为本书作序，是 1897 年（光绪二十三年仲春之月⑤）的事。前后已 11 年余。这一年，陈启沅 62 岁，"广东当局将《广东蚕桑谱》首次刊行"⑥。

潘衍桐，南海人，清同治七年（1868 年）戊辰科成进士，入翰林，授编修。

潘衍桐在序中言："蚕桑之利，莫盛于东南，东南之利，莫大于浙西。……吾粤土丝之美，不及湖丝，栽桑饲蚕之法，亦不若湖之周且备。……而出丝终逊于湖者，岂地力之所限欤，抑人事之未尽也？比年风雨不时，疹疠大作，业蚕事者，强半折阅；大都胶于成法而阁识变通，昧于时宜而不知审择，寒暖失其调，燥湿乖其节，乌能尽委咎于天时哉。"天时、地利乃客观因素，但通过陈启沅所提供的适当的方法，能改变不利之因素。潘衍桐在序中点明了自己与陈启沅的关系："吾友陈君芷馨，心焉悯之，因出所著《蚕桑谱》示其乡人，仿而行之，屡著其法"，正所谓"仁人之言，其利溥哉"。而"篇中诸法具备，洪纤靡遗"，《蚕桑谱》从大处着眼，小处着手，考订甚详，操作性极强，等于陈启沅在手把手教乡人植桑养蚕缫丝之法。但为了使乡人能够看懂，起到普及的作用，文中"间或杂以方言，参之俗字，取其明白如话，不尚艰深，阅者庶谅陈君之苦心也夫"。对于此点，陈启沅自有说法："是书每用俗字者，盖因乡音各县所叫不同，非俗字无以肖俗语，无俗语不得村佬明白，勿以作破体字哂之。"⑦

1902 年（光绪二十八年），"岭北人吴對在天津某官署看到此书，大

---

① 陈启沅：《蚕桑谱》，第 26 页。
② 陈启沅：《蚕桑谱》，第 77～88 页。
③ 黄景坤：《陈启沅传》，第 15 页；吴建新：《陈启沅》，第 70 页。
④ 吴建新：《陈启沅》，第 70 页。
⑤ 潘衍桐：《〈蚕桑谱〉序》，第 3 页。
⑥ 吴建新：《陈启沅》，第 74 页。
⑦ 陈启沅：《蚕桑谱》，第 25 页。

喜过望"①。吴簠何许人也？经查有关资料，应为此人：字阆生，号树堂，山东海丰（今无棣）人，是晚清匡时救国名臣吴重憙次子。监生，赏戴花翎，历任东河同知、河南候补道、江南江安督粮道、两淮盐运使，诰授资政大夫。序中的话亦证实这一点："壬寅冬，簠省侍严君天津节署，于凌云台太守处假得此本，癸卯春，携之至豫。"吴簠得到此书如获至宝，翌年携带此书到了河南，为"讲求纺织……深通其法"，"使桑阴比邻，蚕织兴而物利厚"，遂"爰将此谱重刊，以广其传"，若"为两河士庶劝"，则"不第偶遇凶荒，流亡可免，且见利权不溢，地无游民"。吴簠更甚为感慨，"以云溥利，孰有溥于此者乎！予以是益为言富国者望矣"。吴簠与陈启沅应不相识，"粤东陈氏，独以此倡行岭南，尝即其亲所阅历者，制为谱"。吴簠作序乃自发，只有一个目的，"俾蚕桑之法，人人可按籍而稽也"，属吴簠拿他山之石，来指导属地植桑养蚕，使民告别"寝久而废"，得"培养之法"，达"中州沃壤接轸"的目的。②

《蚕桑谱》亦引起官府重视，从陈启沅之子陈锦篸与清政府的有关函件可窥一斑。

《蚕桑谱》附载"己酉十二月初四日奉广东劝业道陈宪台批示"：

> 查该职之父陈故绅启沅，平日讲求实业，并倡办南顺机器缫丝厂，以开风气。举凡种桑养蚕缫丝诸法，靡不悉心研求其奥旨。所撰《蚕桑谱》一书，考订精详，皆经验之语，洵足为蚕桑家之楷模。该职现拟印备千本，普送各县，响导同胞，具见热心公益，殊堪嘉尚。仰即刷印缴呈，以便转发各属，俾资仿效可也。缴到《蚕桑谱》十本存此批。③

这是1909年的事。陈启沅已故去多年。从此函可见，该书本次印刷达千本，且通过官方渠道下发各地，成为蚕桑种植的经验之谈，或者具有教科书的意义。此书在陈启沅身后得以官方广泛推广，或许是他未曾想过的。2015年广西师范大学出版社影印出版了《蚕桑谱》（图4.13）。

1908年（光绪三十四年），陈锦篸编辑一份海军总理衙门函件④，函件言："至光绪三十一、三十二两年，每年出口之丝四百余万斤，每百斤

---

① 吴建新：《陈启沅》，第74页。
② 吴簠：《〈蚕桑谱〉序》，广东省南海市政协文史资料委员会：《南海文史资料》第24辑（《蚕桑谱专辑》）。
③ 陈启沅：《蚕桑谱》，第34页。
④ 陈启沅：《蚕桑谱》，第32～33页。

扯计时价银一千元，则卖出价银已逾四千余万，为粤省绝大之利权也。因之仿造丝业者日众，以至蚕桑不足供给"，故"特著此书刊刻，为蚕桑推广之计"。①

上下两封函件对照，《蚕桑谱》通过官方渠道普送各县，应在1908—1909年间。

陈锦篔，生卒年不详。据有关资料，其字竹君，号云泉仙馆，又号畸目老人，擅国画。曾创办奇和堂药局，售药所得，拨养乡老贫亲。民国成立，暗助革命，不自居功。民国五年由政府给以"乐善好施"匾额。至今，在国内几家书画拍卖网站均有陈锦篔的国画作品"上架"，价格不菲，看来是遗传了陈启沅的艺术基因。

图 4.13　广西师范大学出版社 2015 年版《蚕桑谱》封面

一个疑问是，既然《蚕桑谱》已在民间一纸风行，缘何陈氏后人还要正儿八经地呈报官府？苟铁军言，这是一部"配合广东的蚕丝业和蚕桑农业发展的可资利用之书"，进一步讲，"陈启沅及其子孙辈于此时推出此书，也与该家族在社会发展中的进取相关"。②

对于《蚕桑谱》的价值，苟铁军认为，"陈氏著作并非当时独一无二的同类农书"，但与其他农书侧重点不同的是，《蚕桑谱》"比较注重养蚕和缫丝的生产过程，而于种桑则不算详细"，另外，"《蚕桑谱》的内容，注重生产细节之描述，而不太注意学理之解释"。③

对于此点，陈启沅在《蚕桑谱》的《凡例》中亦有这样的话，"是书专为教人种桑养蚕之法，故所作文理，但求明白易晓，不计工拙，是与村人道，非与文人道也"，"篇中多有复述句，亦欲其透辟明白，语无误解，方能了然于胸。因妇人孺子亦业斯道，故不得不然"。陈启沅也明确指出，《蚕桑谱》专为结合广东天时地利而作，"若别省谱用，则宜在寒暑针度变

---

① 陈启沅：《蚕桑谱》，第 32～33 页。
② 苟铁军：《评介》，陈启沅：《蚕桑谱》，第 2 页。
③ 苟铁军：《评介》，陈启沅：《蚕桑谱》，第 6～7 页。

通观看，方无误用"。①

故而，苟铁军认为，《蚕桑谱》"一方面具有近代资本家对于农业的需求和教导，另一方面也是传统子部农业类相关的学问的延伸"，在内容和表达上，"带有着新旧学问过渡性的特征"。该书"是近代社会史的参考资料"，又"可资近代科技史进行详细探讨"，而对于研究中国经济史的学者而言，"此书中所载蚕桑技术的收益，具体到各时节西樵桑业、蚕种、蚕茧、蚕丝的价格，又出自对于价格最为敏感的商人之手"，故而"在同时期尤为难能可贵"。②

吴建新亦言，"该书的流传对晚清蚕桑科技的传播发挥了很大的作用"，由此证明陈启沅还是一个"蚕学家"。③

第五节　算学专才　风水名师

著书立说绝非易事，一要理论功底，二要实践经验。陈启沅从事实业之余著书立说，百舍重趼而不敢息。幸而其博学多才，对诸多方面的研究又从未止步，按照他自己的话讲，"性癖学艺，靡不追寻"④。在心上用功，在事上练，理论出自实践，实践又出真知，故其有生之年，著述颇丰。其所著《联吟集》《菊宜谱》《农桑谱略》《验方拾遗》《艺学新篇》《课儿尺牍》诸稿，自云"皆一时消遣之作"⑤，实乃谦逊之辞。可惜的是，这些著作"已经散佚"⑥。

陈启沅著作颇丰，但以其名字命名的只《陈启沅算学》（图4.14）一部，可见他自己是格外看重这部著作的。

陈启沅缘何对算学情有独钟？盖因其"利来利往"之间从未曾离开过算数。但这只是其中一个原因。

"算学"便是数学。"顺德、南海蚕业和淡水养殖结合的基塘农业与一般的田间劳作不同，这种集约型的专业化行业需要经营者粗通文墨和计算"⑦。如果从事农业的劳动者劳动的目的是为了自给自足，便用不到什么

---

① 陈启沅：《蚕桑谱》，第25～26页。
② 苟铁军：《评介》，陈启沅：《蚕桑谱》，第7～8页。
③ 吴建新：《陈启沅》，第75页。
④ 陈作海：《缫丝风云录——记中国近代民族工业先驱陈启沅》，第120页。
⑤ 《自序》，陈启沅：《陈启沅算学》，广西师范大学出版社2015年版，第14页。
⑥ 吴建新：《陈启沅》，第76页。
⑦ 吴建新：《陈启沅》，第2页。

文墨和计算；用到文墨和计算，说明交易或生意频繁。这是符合事实的。

陈启沅著此书的目的先前或许是为一己之便利，他"原期家藏适用，何敢灾及枣梨（指雕版印刷）"，不敢"出以问世"，生怕"贻笑方家"。但亲友知道他写了这本书，"辄来借览"，之后他"不堪友人屡劝"，才付梓印刷。

面向大众，陈启沅力求使书稿通俗易懂，使"阅者一目了然"①。他眼里的"阅者"是一般读者，更多的是需要用到算数的商人、百姓。而一般百姓、商人，受文化知识水平所囿，需要一本通俗易懂的算学

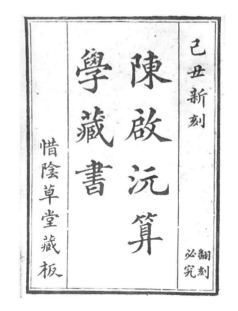

图4.14 《陈启沅算学藏书》

书，以便时时查阅，满足生活、工作之需。故书稿内容"由浅入深""剖列清解""了然于胸""自能类推"②。甚至为达到使"妇人孺子读之而得知所以然"的目的，陈启沅丢掉"文不喜平""笔不喜直"的古训，冒着被大智之人取笑的风险，力争让本书既直且平，"平则初学者易晓，直则初学者易明"，因为在陈启沅眼里，"世间之人中材者多"，陈启沅将自己亦列入中材之人的范畴，深知"中材学艺之苦"。③

这便是一本普及版的算数书，属于一部"学习心得式著作"④，系陈启沅将"平生所得，随笔记之"⑤之作。陈启沅写作本书的时间跨度长达十余年，乃"寝馈此者十数年矣，综群书之大成，日积月累，编著一十三卷"⑥而成。

中国乃数学古国。陈启沅之算学心得既是"综群书之大成"，而其又未受过西方数学教育，如此，他所言"群书"应以中国的算数书为主。中国算书的纂修始于战国⑦，实则更早便有"算数"。司马迁《史记·夏本

---

① 《自序》，陈启沅：《陈启沅算学》，第17页。
② 《例言》，陈启沅：《陈启沅算学》，第23页。
③ 《例言》，陈启沅：《陈启沅算学》，第19页。
④ 钟莉：《评介》，陈启沅：《陈启沅算学》，第1页。
⑤ 《自序》，陈启沅：《陈启沅算学》，第14页。
⑥ 《自序》，陈启沅：《陈启沅算学》，第15页。
⑦ 钟莉：《评介》，陈启沅：《陈启沅算学》，第2页。

纪》中有这样一段话："禹会诸侯江南，计功而崩，因葬焉，命曰会稽。会稽者，会计也。"① 几千年前的这一次诸侯大会，是中国历史上第一次会计、审计工作大会，大禹在这里对治水工作论功行赏，分发奖金，都离不开算数。至唐代，算书编纂体例逐渐完备，已有"算经十书"，如《周髀算经》《九章算术》《孙子算经》《五曹算经》《夏侯阳算经》《张丘建算经》《海岛算经》《五经算术》《缀术》《缉古算经》。这些书成为唐朝国子监算学教材。宋元时期算学发展迅速，到明代逐步衰落。陈启沅"首遵《数理精蕴》，其次《算法统宗》《屈氏数学》《梅氏丛书》，皆经领会，择其至精且详者，师其意而受其法，删其繁而表其奥"②，《陈启沅算学》遂成。

提到中国算学不能不提珠算，珠算被誉为中国第五大发明。2013年12月4日，联合国教科文组织保护非物质文化遗产政府间委员会第八次会议在阿塞拜疆首都巴库通过决议，正式将中国珠算项目列入联合国教科文组织人类非物质文化遗产名录。而明代最重要的数学书则推程大位的《算法统宗》。《算法统宗》集珠算之大成，从理论和实践上确立了算盘用法，成为珠算史上的一个里程碑。③ 陈启沅对珠算格外偏爱，认为"古为商者多从珠算以其利于贸易，但为仕者宜从笔算以其省于随带也"。陈启沅认为，学算数，应先学珠算而非笔算，从珠算到笔算，"变其法甚易"，"如先笔算然后学珠算略难"。④ 故《陈启沅算学》以珠算为本。

陈启沅撰写本书之时西方算学已传入中国，"西方数学的概念和内容逐渐为中国传统算学所吸收"⑤。而陈启沅又有游历安南之经历，故对西方数学也应有所了解。如钟莉所言，"陈启沅的算学专著，不管是内容还是术语，都深受中国传统算学的影响，但又同他的异国经历、实际需要密切相关"，"受中国传统算学和近代西学的影响"，"吸收了中西数学的概念和内容"。⑥

特别是在陈启沅兴办继昌隆缫丝厂之后，算数的应用已不再局限于商贸往来，靠一把算盘管理一个工厂恐怕捉襟见肘、顾此失彼。陈氏后人言，"（陈启沅）能计算出蒸汽的力度，可发挥到多少的效能"⑦。13卷《陈启沅算学》中，包含十种"测量比例"，其中就有涉及蒸汽锅炉、蒸汽

---

① 司马迁：《史记》，中华书局2014年版，第110页。
② 《自序》，陈启沅：《陈启沅算学》，第17页。
③ 钟莉：《评介》，陈启沅：《陈启沅算学》，第3页。
④ 《例言》，陈启沅：《陈启沅算学》，第28页。
⑤ 钟莉：《评介》，陈启沅：《陈启沅算学》，第3页。
⑥ 钟莉：《评介》，陈启沅：《陈启沅算学》，第4、6页。
⑦ 陈天杰、陈秋桐：《广东第一间蒸汽缫丝厂继昌隆及其创办人陈启沅》，第59页。

力度等方面的知识和介绍。此外，作为一个生产加工厂，成本核算、购销、薪酬、赊欠、统计工时等诸多方面都要用到算数，算数不精，企业管理会变成一锅粥。《陈启沅算学》来源于继昌隆的生产与实践，既是陈启沅工作所需，又是其累积多年算学经验的结果。

《陈启源算学》除卷首陈启沅自序、例言、目录、各面边体比例定率、周髀经解及书后测量遗术，主体内容共13卷。每一卷单独成章。

其中，卷一为《算学提纲等》、卷二为《归除因乘等》，主要介绍算学提纲十二要诀、节要歌、用字须知、大数、小数、度量衡、珠算盘式图、珠算口诀、定算盘位等，并举例说明用法。特别是以应用问答的形式解答"贸易常用之要"，实用性极强。而问题又十分贴近生活，为市井交易所需，为普通百姓提供了极大方便，如："假如有铜器一十五斤半，问该两若干？""假如有土丝每两价银一钱八分五厘，问每斤价银若干？""假如有元茶每斤价银六元二毫，问每两价银若干？"复杂一些的问题如："假如有蚕茧二百六十一箔，每茧九箔，缫得丝一斤，问共缫得丝若干？""假如有鲍鱼二百一十八斤四两，每斤价银五钱二分，问该银若干？"各式各样的问题可谓遍及生活百科、包罗万象。为让阅读者知其然并知其所以然，每一问答之后另附有大段讲解，如"陈启沅曰"或"陈启沅论曰"。此种形式的出现，大概仿效了司马迁在《史记》中的"太史公曰"。

卷二有一章为"义会新法论"。彼时"义会"盛行。何为"义会"？"义会是指珠三角民间的金融商业组织，成员集资以发放贷款的方式牟利"①，类似于如今社会的民间借贷或金融类的公司。民间集资，投资者要收利息，对外借贷，借贷者要付利息。时"义会"有月会、年会、百子会、千益会，开展金融活动，均称"投会"，"皆以本息同还之法也"。但是，利息比较难算，把钱投进去，"竟无术以定其息数"。② 出资者的利息不好算，贷款者的利息更不好算。陈启沅为此设计"投会法"，名为"倒卷珠帘"和"金蝉脱壳"，可以准确地计算出各种情形下的利息，为投资者提供方便，也避免不懂借贷业务的百姓吃亏上当。

卷三上为方田章、下为粟布章。

卷四为衰分章。

卷五为少广章。

卷六为商功章、均输章。

卷七为盈朒章。

---

① 吴建新：《陈启沅》，第80页。
② 《归除因乘等》，陈启沅：《陈启沅算学》，第227页。

卷八为方程章。

卷九为勾股章。

卷十为三角求积章。

卷十一为各形边线章。

卷十二为割圆各理章。

卷十三为测量比例章。

其中，卷三到卷九章承袭了《算法统宗》的编排，是传统的《九章算术》的演算方法，还更正了一些前人算书的错误之处。①

卷十三综合各种实用的测量和计算方法，计有：表测比例谱、器测比例谱、气测比例谱、声测比例谱、衡测比例谱、水测比例谱、影测比例谱、镜测比例谱、度测比例谱、意测比例谱，以上十题，涉及面极为广泛。其中包括机械钟表的构造原理，蒸汽动力机构造原理，光速、音速、杠杆原理，比重，光的折射、放大镜及凸凹镜之原理，各种测量仪器、仪表等。

随又补进《测量遗术》一篇，谓"别立新法推椭圆之术"，"并将弧矢形求积法，申明于此。一则使知弧矢田之要，一则为推星历之原"。②

中国算书虽不能说汗牛充栋，但"代表作"亦有不少。陈启沅专著算学，洋洋13卷，成书4本，总计1400多页（广西师范大学出版社2015年影印出版，图4.15），究竟有无价值？有何价值？

---

① 陈作海：《缫丝风云录——记中国近代民族工业先驱陈启沅》，第123页。
② 《补遗测量遗术》，陈启沅：《陈启沅算学》，第1454页。

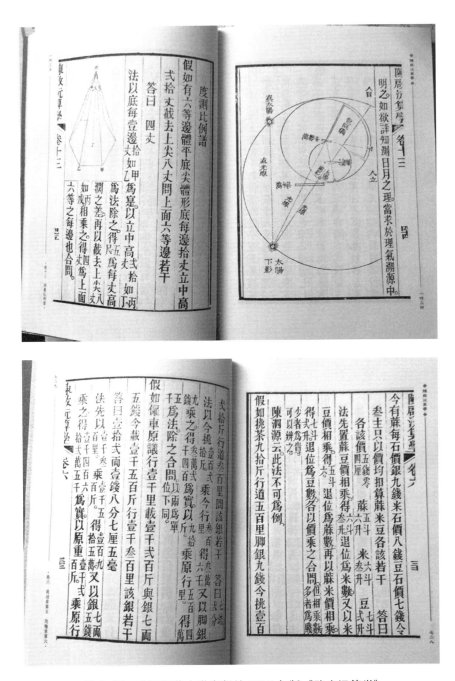

图 4.15　广西师范大学出版社 2015 年版《陈启沅算学》

陈作海言:"《陈启沅算学》是当时较全面的算学著作,其内容包含了今天的高中数学内容,但其应用部分则大大多于当今的高中数学课本",书中"除计算原理和方法外,还介绍很多实际应用的方法,内容十分广泛，这是一般算学书少见的，是一本较为实用的算学书籍"。①

吴建新言："陈启沅将算学运用于工业设计，是清代许多算学家不能企及的。"②

钟莉言："中国古代的算书，大多一题一法，而不会通其理"，《陈启沅算学》"以《算法统宗》为基础，综合了《数理精蕴》《屈氏数学》《梅氏丛书》等精髓，其由易到难、由浅入深的编排体例以及平直的言语文辞对于初学算学者来说较为适宜"。③

笔者未曾查阅其他算学书籍，就《陈启沅算学》的内容而论，其将算学之题分门别类，按题立术，演草附图，详加解释，确实于阅者有益。当然，全书附图非陈启沅所绘，而是出自其子陈简芳之手。

《陈启沅算学》究竟价值几何，因历来少有人提及或研究，故而不甚明朗；但时隔百年之后还能影印问世，亦是其价值的一个体现。《陈启沅算学》对于研究古代数学是否有很大的历史文献价值尚待进一步挖掘。

陈启沅在《陈启沅算学》自序中言："且理而不言数者，圣人也。然圣人亦未尝不言数，盖据理以为数，即数已寓于理之中。昔孟子有曰：天之高也，星辰之远也，苟求其故，千岁之日至，可坐而致也。"世间万物，阴阳两界，"理数二字难逃"，理常而不变，数变而有常。故理曰定理，数曰定数。看似无解，但圣人说，天那么高，星辰那么遥远，如果寻求它们过去的状态，或者千年以后的今日，也是可以推算出来的，"岂非即其理以推其数哉"。④

陈启沅眼里的数既是定数，也是变数；理为数之冠，数为理之身，或理为深根，数为茂叶。而《陈启沅算学》便是深植于理学基础上的根深叶茂之作。不知笔者此语是否契合陈启沅写作该书之本意。

陈启沅另著有《理气溯源》（图4.16）。这是一本风水学专书，分为《提要辨谬》《考原便览（上、下）》《罗经管见》《黄道恒星表》《利用合璧谱略》。陈启沅是"晚清南海乡间有名的风水先生"，"乡中人常请他视察葬地和阳宅的风水"，由是"他在乡间具有很高的威望"。⑤ 但是，一个人精力再好，时间毕竟有限，陈启沅既"精于此道"，"花三十年时间研究风水学"，自然会减少在缫丝技术研究方面所投入的精力，如吴建新所言，

---

① 陈作海：《缫丝风云录——记中国近代民族工业先驱陈启沅》，第123页。
② 吴建新：《陈启沅》，第81页。
③ 钟莉：《评介》，陈启沅：《陈启沅算学》，第7页。
④ 《自序》，陈启沅：《陈启沅算学》，第13页。
⑤ 吴建新：《陈启沅》，第81~82页。

"这是很可惜的"。①

图 4.16 《理气溯源》

外界对陈启沅的学问评价甚多。例如，其"通晓诸子百家"。此话评价成年后的陈启沅颇为合适。有人评价陈启沅"凡诸子百家、星象舆地诸书靡不涉猎"②，这指的是陈启沅的阅读范围非常广泛，博览群书。"尤精易理"③，此处的"易"是指《易经》。《周易》是中国古代的哲学书籍，亦称《易经》，简称"易"。有人言，作为"笃学"④之人，陈启沅"算学也在行"⑤。陈孺直言其父乃"造诣甚深之理数学家"⑥。

由此可见，陈启沅一生的兴趣在于掌握客观规律和变化，研究事物的机理，是一个心思缜密之人。这与其改良缫丝机器和缫丝工艺并著有多种门类的著作一脉相承。

第六节 斯人已逝 气息长存

烈士暮年，壮心不已。在即将走完人生旅程的时候，陈启沅还在为天下黎民百姓奔波。

---

① 吴建新：《陈启沅》，第 82 页。
② 《陈启沅列传》，（清）郑荣等修，桂坫等纂：《南海县志》，第 1728 页。
③ 《陈启沅列传》，（清）郑荣等修，桂坫等纂：《南海县志》，第 1728 页。
④ 《陈启沅列传》，（清）郑荣等修，桂坫等纂：《南海县志》，第 1728 页。
⑤ 吴建新：《陈启沅》，第 2 页。
⑥ 陈孺直：《先父芷馨公事略》。

《申报》记载了这样一件事：

粤东患潦

广州访事人云：上月初旬，连日大雨滂沱，江水骤涨，曲江县属石角围被水冲破，附近三十余里皆成泽国，沿江民屋倒塌数十椽。是处共分三堡：一为大燕堡，男妇九百余名口；一为月冈堡，男妇七百余名口；一为大角堡，男妇四百余名口。共计二千余人流离昏垫，惨不忍言。有陈启沅者，好善士也，亲往彼处，目击灾情，函禀大宪，请饬各善堂赶紧运米施振，以救饥黎。①

很难想象，68岁高龄的陈启沅是如何"亲往彼处"，他在生命进入倒计时时仍为救济灾民奔走，体现的是"大道""大爱""大善"，正应了孟子所言：老吾老以及人之老，幼吾幼以及人之幼；体现了孔子所言：大道之行也，天下为公。

海纳百川，有容乃大。

对于陈启沅去世的时间仍存在诸多争议。

《辞海》载：约1905年②。吴建新和黄景坤言：光绪二十九年，即1903年③。陈作海言：1904年，即光绪二十九年的农历七月初三④；但是，1904年为光绪三十年。

据陈孺直记载，陈启沅"终于光绪三十年甲辰，享寿六十有九"⑤，这一年是1904年，日期为"七月初三日子时"⑥，陈启沅在其家乡简村逝世。

陈启沅的逝世惊动了简村和附近各村的人，他们都受过陈启沅的恩惠，"大家都哭得十分伤心，痛哭流涕"。

陈启沅出殡之日，工厂停工，农民收工，"全村人都去送七老爷最后一程"，年老的送到村口，由陈启沅的儿子陈蒲轩等拜谢劝回，青壮年的一直送到十多里外的墓地，沿途有的村也设了路祭。⑦

陈启沅被安葬于今南海区小塘镇鹧鸪岗，这是他自己选定的墓地。⑧

---

① 《申报》1903年6月2日第3版。
② 《辞海》，第220页。
③ 黄景坤：《关于陈启沅和继昌隆丝偈几个问题之我见》，南海政协文史资料研究委员会编：《南海文史资料》第十辑，1987年，第25页；吴建新：《陈启沅》，第85页。
④ 陈作海：《缫丝风云录——记中国近代民族工业先驱陈启沅》，第109页。
⑤ 陈孺直：《先父芷馨公事略》。
⑥ 《芷馨太老爷》手稿。
⑦ 陈作海：《缫丝风云录——记中国近代民族工业先驱陈启沅》，第109页。
⑧ 陈作海：《缫丝风云录——记中国近代民族工业先驱陈启沅》，第109页。

也有说其"葬于罗村招大小葫芦岗"①。

墓碑上的碑文是当时南海知县亲笔所写:"岭南畸人陈启沅之墓",但是,由于历史的原因,陈启沅的墓地遭到破坏,墓碑更不知何处去了。②笔者从陈启沅纪念馆看到一幅墓地的图片,刻有"陈奇和堂"四个字(图4.17)。

图4.17　陈奇和堂

资料来源:陈启沅纪念馆。

司马迁曰:人固有一死,或重于泰山,或轻于鸿毛。陈启沅之死,重于泰山。他一生的奋斗都在为实现一种理想:"不难野无恶岁,处处丰年。"③ 这是一个有良知的书生振聋发聩的呐喊,尽管在不算漫长的人生和事业征程中,官府掣肘,不明就里的百姓曲解他的良心,乡邻怒目而对,背后的宗族险些使出"杀手锏",这位势单力薄的书生一度几乎绝望和沉沦。

但他又敏感地甚至以一种窥视的方式早早洞悉了世界正在发生的秘密、变革;他清楚地认识到那是一种潮流,机器的旋转势不可挡,他所能抓住的只是因时而动,顺势而为。饱读诗书的他何尝不知道老子几千年前发出的"道法自然"的警世箴言?或者,倘若他能听到若干年后孙中山的一句话:世界潮流浩浩荡荡,顺之者昌,逆之者亡,一定会发出会心的微笑。

---

① http://www.gd-info.gov.cn/shtml/nhq/mingren/2011/01/26/35347.shtml。
② 陈作海:《缫丝风云录——记中国近代民族工业先驱陈启沅》,第109页。
③ 陈启沅:《蚕桑谱》,第18页。

机器在陈启沅眼里先是机器，机器提供的效率可以解救贫苦的百姓；又不单是机器，而是一种先进生产力，这种力量的爆发可以拯救一个民族、一个国家。

可是，那个时代的陈启沅注定是孤独的。暮年清廷，病入膏肓，闭关锁国，软弱无能，以掩耳盗铃的方式阻遏着发动机的轰鸣。登东山而小鲁，登泰山而小天下[①]，执政者、士大夫坐井观天，岂知天下之大！不知耻，焉能后勇！

好在，陈启沅的一生波澜壮阔，可圈可点。缫丝工业，如星星之火。著书立说，共为广传。

"由一乡而行之一国，由一国而行之天下"[②]——与其说这是一位书生的足迹，不如说这是一位书生的力量，而此种力量是任何的机器所不能及的。

陈启沅的精神一直在延续。

2003年12月23日，陈启沅二兄陈启枢的曾孙女、70多岁的陈妙如，向南海区政府无偿捐赠了当年陈启沅设计建造的房屋中的其中一座及其内所有物品。

2008年3月4日，陈启沅的孙子陈作溥、曾孙陈少恂将陈启沅微书象牙粒两粒分别放大1410和1234倍拍摄的图片捐给南海陈启沅纪念馆。

陈启沅的曾孙女陈安薇是广州市人大代表，"我希望包括我儿子在内的其他人，在未来想要知道祖先故事的时候，至少有处可寻，我现在就正在做这样的工作"。

陈树华是陈启沅的曾孙，曾任广州浪奇纪委副书记。他的父亲是陈作溥（陈启沅九子陈孺直之子），曾在华南农业大学蚕桑系工作，退休后，陈作溥仍发光发热，参与编撰《农业大词典》的《蚕桑篇》。

1992年5月14日，陈启沅亲属陈小恺、陈少恂等将绮亭陈公祠使用权捐赠给南海市政府。1994年4月8日，陈启沅纪念馆维修工作开始，2001年结束。1999年7月22日，绮亭陈公祠被命名为南海市第二批爱国主义教育基地。2002年4月15日，陈启沅纪念馆开馆暨南海市爱国主义教育基地揭幕仪式在西樵区简村绮亭陈公祠内举行。2002年7月17日，绮亭陈公祠被公布为广东省第四批文物保护单位。

在距陈启沅纪念馆200米处，修建有启沅公园。另外，西樵还有启沅东路、启沅西路。南海博物馆立有陈启沅全身像，称之为近代工业先驱，

[①] 《孟子·尽心上》。
[②] 潘衍桐：《〈蚕桑谱〉序》。

与詹天佑、康有为、何香凝等并称为"南海群英"（图 4.18 至图 4.20）。

图 4.18　陈启沅全身像
资料来源：南海博物馆。

图 4.19　"南海群英"
资料来源：南海博物馆。

图 4.20 游客缅怀陈启沅的丰功伟绩

资料来源：卓尔吉一湄摄。

2016 年，《蚕桑谱》被《广州大典·子部》收录。

2017 年 3 月 28 日，中央电视台摄制的大型纪录片《记住乡愁》第三季之《记住乡愁·西樵古镇——男儿当自强》，在中央电视台中文国际频道（CCTV4）播出。央视导演王晓宇说："西樵山是南方中国文明的起源地，也是中国走向近代的一个缩影。这里涌现了康有为、陈启沅等自强不息，引领中国变革的人物。"

2017 年 5 月 17 日，位于广州市惠福西路五仙观广场西侧的南粤先贤馆正式开馆，56 位南粤先贤率先"入驻"，陈启沅与赵佗、张九龄、慧能、孙中山等一同名列其中。入选者是"在广东历史上（含粤、港、澳、琼）在政治、军事、文化、经济等各个领域中为国家民族做出过重要贡献，在全国有重要影响，值得后人景仰的名人"[1]。

画境能争造化工，无非空色色仍空。

皇家六子留须稿，寄与来人辨异同。

---

[1] 昌道励、宾红霞：《32 年磨一剑"海选"56 位先贤——南粤先贤馆诞生记》，《南方日报》2017 年 5 月 18 日，第 GC04 版。

未成一篑学为山，云树沧茫咫尺间。
笑煞愚公移不得，笔尖消却数天闲。①

穿过历史的烟云，透过陈启沅的这两首诗，也许，你还能揣摩到什么。

而今人，对陈启沅的缅怀亦尽在字里行间（图4.21）：

咏陈启沅

杨启元

南粤士何贤，流光照九天。
珠玑通日月，罗绮映桑田。
富国功难续，持家马不前。
孤星应有恨，回首已茫然。

图4.21 《咏陈启沅》（杨启元诗，王志敏书）
资料来源：

咏陈启沅、陈启枢兄弟

---

① 陈启沅的《联吟集》失传，这是其子陈锦篔的画作上的陈启沅作的两首诗。

佚名①

一门七子仲昆存，聊得束修笑白云。
庆幸弃书承父志，换来青史载殊勋。

安南合力启鸿蒙，几许霜寒凛冽风！
桃李一时虽寂寞，春来日暖自青葱。

南天一炬继昌隆，照亮山川映碧空。
缵业操盘黄脸孔，方知姑姁本神农！

回馈乡亲岂敢忘，善堂开得亮心膛。
胸襟长有芝兰桨，拍击空明沂月光。

人生开卷不糊涂，诸子百家满脑颅。
富贵晓从勤苦得，男儿须著五车书！

逝者如斯夫。

---

① 笔者从网友樊圃的博客上看到，原稿未标注作者姓名。

附录　陈启沅大事年表

1836 年（道光十六年三月初七）　1 岁
生于广东省南海县简村。

1837—1849 年（道光十七年至道光二十九年）　2～14 岁
在故乡简村生活。读"四书五经""算学""成语考"及《三字经》《千家诗》《孝敬》《秋水轩尺牍》等，晓诸子百家。

1850—1851 年（道光三十年至咸丰一年）　15～16 岁
两赴童子试。

1852—1854 年（咸丰二年至咸丰四年）　17～19 岁
在乡村教书，读书，做塾师，务农。

1855 年（咸丰五年）　20 岁
远赴安南谋生。

1856—1871 年（咸丰六年至同治十年）　21～35 岁
在安南"蓄意经营"，成巨富；考求汽机之学，学西人缫丝之法。

1872 年（同治十一年）　36 岁
回国，赴江、浙、沪一带考察；

1873 年（同治十二年）　37 岁
在南海简村筹建继昌隆；研制机器大偈。是年秋，继昌隆开业。

1881 年（光绪七年）　46 岁
继昌隆遭遇风波，停业。

1882 年（光绪八年）　47 岁
继昌隆移至澳门，粤和昌开业。

1883 年（光绪九年）　48 岁
撰写《理气溯源》。

1885 年（光绪十一年）　50 岁
继昌隆回迁南海，世昌纶开业；研制机汽单车。

1886 年（光绪十二年）　51 岁
著《蚕桑谱》，传抄于民间。

1887 年（光绪十三年）　52 岁
建百豫坊。

1889 年（光绪十五年）　54 岁
《陈启沅算学》《理气溯源》刻印。

1892 年（光绪十八年）　57 岁
修筑吉水窦。

1893—1896 年（光绪十九年至光绪二十二年）　58～61 岁
创办克勤义学学堂、普济善堂、崇正善堂、永生号机米厂等。

1897 年（光绪二十三年）　62 岁
《蚕桑谱》刻印。

1900 年（光绪二十六年）　65 岁
受两广总督府委派，处理韶州锑矿纠纷；作为为首者具禀总督，要求禁止联和公司运米出洋，免致广东缺粮、米价上涨。

1903 年（光绪二十九年）　　68 岁
5 月，去往曲江赈济灾民。

1904 年（光绪三十年七月初三）　　69 岁
在南海逝世。

参考文献

一、实录、资料汇编

曹振中. 南海纺织工业史概况 [C] //南海政协文史资料研究委员会. 南海文史资料: 第10辑 (陈启沅与南海县纺织工业史专辑). 1987: 76-84.

陈滚滚. 陈联泰与均和安机器厂的概况 [C] //广东省佛山市南海区政协文史和学习委员会. 南海文史资料: 第40辑. 2009.

陈启沅. 蚕桑谱 [M]. 桂林: 广西师范大学出版社, 2015.

陈启沅. 陈启沅算学 [M]. 桂林: 广西师范大学出版社, 2015.

陈启沅传 [M] //郑荣, 桂坫, 等. 南海县志 (四). 台北: 成文出版社有限公司, 1947.

陈孺直. 本身大事记 [M]. 手稿.

陈孺直. 陈氏近代族谱简略 [M]. 手稿.

陈孺直. 家中先人事略 [M]. 手稿.

陈天杰, 陈秋桐. 广东第一间蒸汽缫丝厂继昌隆及其创办人陈启沅 [C] //中国人民政治协商会议广东省广州市委员会文史资料研究委员会. 广州文史资料: 第8辑. 1963: 58-71.

广东省南海市政协文史资料委员会. 南海文史资料: 第24辑 (蚕桑谱专辑). 1994.

广州市方志办, 广州海关志编委会. 近代广州口岸经济社会概况——粤海关报告汇集 [M]. 广州: 暨南大学出版社, 1995.

何花落. 赞陈启沅引进我县第一套近代机器缫丝设备 [C] //南海政协文史资料研究委员会. 南海文史资料: 第10辑 (陈启沅与南海县纺织工业史专辑). 1987: 63-71.

湖南省博物馆、中科院考古研究所文物编辑委员会. 长沙马王堆一号汉墓发掘简报 [M]. 北京: 文物出版社, 1972.

黄景坤. 陈启沅传 [C] //南海政协文史资料研究委员会. 南海文史资料: 第10辑 (陈启沅与南海县纺织工业史专辑). 1987: 3-20.

黄景坤. 关于陈启沅和继昌隆丝偈几个问题之我见 [C] //南海政协文史资料研究委员会. 南海文史资料: 第10辑 (陈启沅与南海县纺织工业史专辑). 1987: 21-25.

康有为. 我史 [M]. 南京: 江苏人民出版社, 1999.

李时珍. 本草纲目 [M]. 哈尔滨: 黑龙江科学技术出版社, 2011.

梁家勉，刘仕贤．蚕桑谱注解［C］//广东省南海市政协文史资料委员会．南海文史资料：第 24 辑（蚕桑谱专辑）．1994：25 - 62．

南海市地方志编纂委员会．南海县志［M］．北京：中华书局，2000．

潘衍桐．蚕桑谱序［C］//广东省南海市政协文史资料委员会．南海文史资料：第 24 辑（蚕桑谱专辑）．1994．

彭泽益．中国近代手工业史资料：第二卷［M］．北京：生活·读书·新知三联书店，1957．

识燕归．陈启沅轶事三则［C］//南海政协文史资料研究委员会．南海文史资料：第 10 辑（陈启沅与南海县纺织工业史专辑）．1987：72 - 75．

陶迎春．陈启沅：我国第一家机器缫丝厂创始人［N］．经济参考报，2008 - 07 - 25（12）．

徐新吾．中国近代缫丝工业史［M］．上海：上海人民出版社，1990．

王烨．中国古代纺织与印染［M］．北京：中国商业出版社，2015．

吴甽．蚕桑谱序［C］//广东省南海市政协文史资料委员会．南海文史资料：第 24 辑（蚕桑谱专辑）．1994．

袁进．"绮亭公生祠"质疑［C］//南海区政协文史和学习委员会．南海文史资料：第 39 辑．

二、论著

陈作海．缫丝风云录——记中国近代民族工业先驱陈启沅［M］．广州：华南理工大学出版社，2017．

费孝通．费孝通文集：第三卷［M］．北京：群言出版社，1999．

胡颂平．胡适之先生晚年谈话录［M］．北京：新星出版社，2006．

黄仁宇．万历十五年［M］．北京：中华书局，2007．

邱捷．晚晴民国初年广东的士绅与商人［M］．桂林：广西师范大学出版社，2012．

苏耀昌．华南丝区：地方历史的变迁与世界体系理论［M］．郑州：中州古籍出版社，1987．

孙中山．建国方略［M］．北京：中国长安出版社，2011．

魏斐德．大门口的陌生人［M］．王小荷，译．北京：新星出版社，2014．

吴建新．陈启沅［M］．广州：广东人民出版社，2012．

三、论文

柴文华．康有为的保皇情结及伦理维度［J］．中国哲学史，2008（4）．

陈德华．继昌隆缫丝厂值得探讨的几个问题［J］．苏州大学学报：哲学社会科学版，2000（1）．

陈力．八旗文状元——崇绮［J］．北方文物，2011（1）．

段怀清．胡适和他的《容忍与自由》［J］．社会科学论坛，2007（10）（上）．

扶之．漫话清代的花翎［J］．人文杂志，1996（4）．

郭琪．蒙古状元崇绮的跌宕人生［N］．中国档案报，2015-10-16（2）．

胡厚宣．殷代的蚕桑和丝织［J］．文物，1972（11）．

黄世瑞．广东对外开放史上蚕丝业的兴衰及其经验教训［J］．农业考古，1996（1）．

黄星光．广东省蚕桑产业发展战略研究［J］．蚕业科学，2009（3）．

家族轶事［N］．新快报，2012-11-20（A52）．

贾熟村．义和团时期的光绪帝［J］．湖南科技学院学报，2010（5）．

冷东，阮宏．一口通商制度中的十三行与丝绸贸易［J］．海南师范大学学报：社会科学版，2014（7）．

梁光南．珠江三角洲桑基鱼塘生态系统分析［J］．农史研究，1988（7）．

林广志．晚清澳门华人赌商的产业投资及其特征［J］．华南师范大学学报：社会科学版，2009（6）．

林广志，吕志鹏．澳门近代华商的崛起及其历史贡献——以卢九家族为中心［J］．华南师范大学学报：社会科学版，2011（1）．

刘青松．缫丝厂的风化和风水［J］．中国经济和信息化，2011（7）．

明月．近代蒙古族状元崇绮［J］．内蒙古社会科学，1997（4）．

明月．蒙古族科举第一人［J］．寻根，2007（3）．

倪文君．天使与魔鬼的两极印象——鸦片战争前西方人眼中的广州人［N］．南方都市报，2013-04-28．

邱捷．清代广东丝绸出口与"海上丝绸之路"［J］．学术研究，2017（5）．

曲从规．陈启源与中国近代机器缫丝业［J］．史学月刊，1985（3）．

孙方一．广东近代民族资本主义企业领导模式研究［J］．广东技术师范学院学报，2012（5）．

孙健．中国第一家民族资本近代工业的出现［J］．学术研究，1979（3）．

孙玉杰．近代民族企业中的官商关系探析［J］．云南财贸学院学报：社会科学版，2006（6）．

汤开建．晚晴澳门华人巨商何连旺家族事迹考述［J］．近代史研究，2013（1）．

汪敬虞．从中国生丝对外贸易的变迁看缫丝业中资本主义的产生和发展［J］．中国经济史研究，2001（2）．

王丽娃．晚清广东新式机器工业发展与社会变迁［D］．广州：暨南大学，2006．

王翔．甲午战争后中国传统手工业演化的不同路径［J］．江西师范大学学报：哲学社会科学版，2006（4）．

杨育峰．中国第一代民族工业家陈启沅［J］．中国绿色画报，2004（10）．

渊然．另类富豪陈廉伯［J］．大经贸，2010（9）．

张茂元．近代珠三角缫丝业技术变革与社会变迁：互构视角［J］．社会学研究，2007（1）．

张茂元，邱泽奇．技术应用为什么失败［J］．中国社会科学，2009（1）．

张楠，彭法．论清代官僚制度中体现的孝观念［J］．中州学刊，2012（9）．

张志建. 南海早期的民族工业——继昌隆缫丝厂 [J]. 历史教学，1986（1）.

周建波，孙淮宁. 洋务运动期间华侨对国内投资及其作用 [J]. 生产力研究，2009（19）.

朱文炜，汤肯堂. 中国最早的近代工业资本家代表人物陈启沅 [J]. 上海经济研究，1983（4）.

朱英. 中国第一个民族资本的近代企业是哪一家？[J]. 历史教学，1981（5）.

后　　记

　　走近陈启沅，仿佛受了某种力量的驱使。

　　本书的写作长达两年多时间。两年里，我去了陈启沅的故乡简村，去了澳门，去了西樵山，去了陈启沅曾经去过的诸多地方。

　　我在探寻一位先贤的足迹，感受一位智者的力量。

　　我感觉到了陈启沅身上的光芒，那不是一个农家子弟的光芒，也不是一个商人的光芒，是一位书生的光芒，透着坚毅、睿智、果敢。

　　由书生而商人，再由商人而书生，陈启沅的一次次转变，如"破茧成蝶"。

　　只是，他不是庄周梦中的那只蝴蝶。

　　一只现实主义的蝴蝶，却做着"实业兴国"的大梦。

　　他的梦时而虚幻，时而迷离；时而中断，时而清晰。

　　为这个梦，他努力了一生。

　　陈启沅的贤，体现于"仁"。仁者，爱人也。他爱父母，爱兄弟，爱孩子，爱乡亲，爱百姓——爱祖国。为百姓之利，为国家之利，不计得失，不计名利，得失之间，考评的非小利，而是大利。大利高悬，仁义自见。

　　陈启沅的智，体现于"变"。变者，变通也。考不中，他当教书匠；务农不成，去当商人；修钟表、卖酱油、学机器，样样精通；触礁搁浅，"曲线救国"，积蓄实力，青山常在柴不断。

　　还有他的明。不是聪明的明，是日月之明的明。天地之大，持而盈之，岂能长久？继昌隆也好，世昌纶也罢，在历史的烟云中，最终都是浮云与尘埃，唯有"蚕学""算学"流芳百世，永不凋谢。

　　大智之人，比常人要多走三步路：一步，是苦难；一步，是磨炼，一步，是超越。陈启沅还多走了一步，便是完美。他的人生，完美无瑕，功遂身退，天之道也。

　　他注定是一个流芳百世的人；他的后代，注定为此而自豪和骄傲；研究者与写作者，如我之类，注定会被感染而孜孜以求他所有的细节。

人生一世，草生一秋，一个"愧"字往往隐含其中。惭愧、愧对、羞愧……即便不为外人所识，自心犹如明镜。陈启沅，无愧于家人，无愧于乡邻，无愧于自己的内心，更无愧于祖国，

他是一个有良知的人。

我是在与良知对话。

本书的写作，得到佛山市南海区政协、南海区博物馆的支持，得到佛山科学技术学院佛山岭南文化研究院的部分资助，得到佛山市社会科学界联合会的扶持。陈启沅之后人陈作海、陈树华等先生亦提供诸多珍贵资料，提出宝贵意见。中山大学出版社编辑李海东先生与我函件往来，亦提出许多修改意见。

本书是在诸多专家、学者研究成果基础上的再一次咀嚼与回味，是站在众人肩膀之上的一次瞭望。如果有什么价值，是大家的价值；有什么缺点，是我的缺点。囿于本人的学识、见解，不妥甚至谬误之处在所难免，希望各位专家、学者不吝赐教，吾必虚心受教。

应笔者之邀，中山大学历史系原主任，中山大学历史系教授、博士生导师邱捷先生百忙之中欣然为本书稿审读、把关，纠正了许多错误，提供了很多宝贵的资料，先生提携扶持年轻作者的热心与无私，让我极为感动。

谢谢所有关心和帮助我的人。

许　锋

2018 年 5 月 29 日于听风轩